데모스의 민주주의

데모스의 민주주의

— 정치 공동체와 주체적 역량에 관한 철학적 시론들

한상원

도서출판 b

| 차 례 |

제III부 다시 만나는 세계시민주의

　이 책은 필자가 수행한 여러 연구 프로젝트의 산물로 출현할
수 있었다. 먼저 경상국립대 경제학과 교수를 역임하신 정성진
선생님이 연구책임자로 있는 한국연구재단 사회과학연구지원사
업(SSK) 프로젝트 '포스트자본주의와 마르크스주의의 혁신'은 필
자를 이른바 포스트 맑스주의 정치철학자들과 그들의 논의주제들
에 대한 분석으로 이끌었다. 이 과정에서 필자는 포퓰리즘, 인권의
정치, 시민권 등의 개념에 대한 깊은 관심을 갖게 되었다. 이 개념
들에 대해 경험적이고 현실적인 측면에서 연구를 수행하는 방법
도 있지만, 필자는 조금 더 원론적인 이론적·개념적 수준의 논의
를 전개해야 할 필요성을 느끼고 그런 연구를 진행하고 있다. 왜냐
하면 우리가 경험적 수준에서 사용하는 용어들이 그 본래적인
양가성과 복잡성이 망각된 채 일상에서 여러 혼란과 착시, 편견과
뒤섞인 채 사용되기도 하기 때문이다. 그러나 그렇게 개념적 수준

에서 주로 논의를 진행하다 보니 이런 주제들로 학술발표를 하게 되면 언제나 '한국사회에 어떻게 적용되느냐'는 질문을 받기도 하고 또 한국적 현실과 서구 이론의 괴리가 지적되기도 했다. 필자는 최대한 그러한 괴리들을 인식하면서도 동시에 개념적 논의 그 자체가 갖는 유의미함을 포기하고 싶지 않았다. 이 책에 담긴 필자의 고민들은 그 결실의 일부가 아닐지 생각한다. 필자의 연구가 아직 끝나지 않았기 때문이다.

또 김만권 전 참여사회연구소장님이 주도한 경제·인문사회연구회의 두 개의 연구프로젝트, 곧 "적대주의 정치'에 대한 이해와 해법'과 '열린 세계에서 시민으로 살기: 규범 수용자에서 규범 창출자로'는 필자에게 반지성주의와 세계시민주의에 대한 심층적인 분석을 수행할 기회를 제공해 주었다. 특히 필자는 반지성주의 비판과 세계시민주의에 대한 강조 모두 우리 사회에 필요한 가치들이지만, 이들 이론 기획이 갖는 내재적 한계들에 대해서도 고민하게 되었다. 그래서 반지성주의가 지식인 전문가주의로 빠지지 않을 가능성, 그것이 급진적 민주주의의 전망과 결부될 수 있는 가능성을 고민했고, 또 세계시민주의가 자기반성을 수행해야 할 필요성을 제시했다. 그리하여 필자는 연구 결과물로 제출된 글 외에도 별도로 반지성주의와 세계시민주의에 관한 글을 쓰겠다고 생각했고, 그 결실이 이 책에 담기게 되었다. 물론 이러한 주제에 관한 필자의 연구는 앞으로 계속될 것이다.

어쨌거나 이러한 여러 훌륭한 연구 과제들에 참여한 덕분에 정말로 좋은 선생님들을 알게 되었고, 또 세분화된 주제에 관한 연구를 수행할 수 있었다. 필자는 이 연구 프로젝트에서 만난 여러 선생님, 박노자, 김현강, 김덕민, 사이토 코헤이, 안잔 차크라바티, 정구현, 고민지, 오병헌, 고진우, 김주호, 김현, 이헌미, 이소영, 송경호, 송민석, 장휘 선생님께 감사 인사를 전해드리고 싶고, 참여사회연구소의 송은희 간사님과 토론회에서 논평을 맡아주신 이승원 선생님, 그리고 한국철학사상연구회의 발표에서 논평을 맡아준 이지영, 한길석, 이승준 선생님께도 감사 인사를 드리고 싶다. 같이 프로젝트에 참여하지는 않았지만, 여러 차례 초대 손님으로서 훌륭한 아이디어들을 제시해 주신 박권일, 손희정 선생님께도 감사드린다. 그리고 특히 연구책임자를 맡으신 정성진 교수님과 김만권 교수님께 감사드리고 싶다.

마지막으로 이 책의 출간을 결정해 주시고 사려 깊게 제목 제안과 편집을 도맡아 주신 도서출판 b의 여러 선생님께도 깊은 감사 인사를 드린다. 인문학이 어려운 시대에 비판적 인문학의 출판이라는 사명에 매진하고 있는 출판사 선생님들의 노고에 학자로서 고개 숙여 인사드린다.

서문

민주주의의 위기, 주체의 위기

이 책은 지난 2018년 이후 내가 쓴 정치철학적 주제들의 논문 모음집이다. 각 글은 서로 다른 주제와 구조를 가지고 있지만, 나는 논문을 작성할 때부터 단행본으로 묶을 것을 염두에 두고 있었기에, 각 글 사이에 일정한 역할 분담과 주제 배치가 이뤄지고 있다는 것을 독자들은 눈치챌 수 있을 것이다. 여기 실린 모든 글은 서로 다른 주제들과 방향을 가지고 있지만, 공통적 강조점을 주장하고 있다. 그것은 민주주의의 위기는 민주주의의 '과잉'이 낳은 귀결이 아니라, 민주주의의 '결여'가 낳은 귀결이라는 지적이다.

많은 학자들이 지금의 시기를 민주주의의 위기로 정의하고 있다. 이 책에 실린 글들도 그러한 '위기'에 대한 문제의식을 공유하며 출발한다. 그러나 이 위기의 대안으로 민주주의를 '확장'할 것인가, 아니면 민주주의에서 민주적 요소를 '축소'할 것인가 하는 물음은 근본적인 수준에서 다뤄져야 한다. 왜냐하면 이 위기에 대한 진단 속에서 그 처방으로 탈정치적 민주주의를 제시하는 경향들이 존재하며 심지어 주류적인 의견을 형성하고 있는 것처럼 보이기 때문이다. 이러한 경향들은 우익 포퓰리즘이나 권위주의 정치세력의 부흥, 반지성주의나 혐오 정서의 확산 등의 현상을 극복하기 위해 민주주의를 절차적 합의와 전문가 결정으로 환원하는 해결책을 제시한다. 그러나 이러한 견해에서는, 민주주의의 민주적 요소들이 계속해서 축소되어 온 것이 바로 지금의 민주주의 위기를 낳고 있다는 사실이 너무나 쉽게 간과된다.

달리 말해, 오늘날의 위기는 민주주의가 근본적인 수준에서부터 탈정치화, 탈민주화를 경험하고 있다는 사실에서 기인한다. 이것이 뜻하는 바는, 지금의 위기가 다름 아닌 정치적 주체의 공백으로 인한 위기, 즉 주체의 위기, 주체성의 위기라는 사실이다. 점차 유권자들을 소비자 정체성을 가진 집단으로 대우하는 기성 정치세력의 관점 속에서는 민주주의democracy가 근본적으로 데모스demos의 권력kratos에서 비롯한다는 사실이 망각되고 있다. 민주주의에서 데모스 혹은 인민people은 집권 세력의 시혜에 의해 도움을 받아야 하는 사람들이 아니라, 자신의 권리를 스스로 발명하며, 요청하고, 심지어 그것의 실현을 강제하는 집단적 힘을 행사하는 집단이다. 민주주의는 바로 그러한 의미에서 집합적 주체를 요청한다.

이렇게 본다면, 자크 랑시에르가 말하듯이, 민주주의는 사회

제도도 아니고 국가 질서의 일부를 이루는 체제의 이름을 말하는 것도 아니다. 고대 아테네의 전통에서 현대에 이르기까지, 민주주의는 제도화된 질서나 체제의 관념과 함께, 그러한 체제를 구성해 내고 동시에 변혁하기도 하는 주체의 참여라는 관점에서 사유되어왔다. 민주주의 정치는 고립되고 원자화된 개인이 집단적으로 수행되는 정치적 행위의 장에 참여함으로써, 그 사회의 주권자로 거듭나는 주체화 과정으로 이해되어야 한다. 이러한 맥락에서 나는 정치를 사회적 지배에 대항하는 개인들의 주권적 연합으로 규정하고, 민주주의 정치에 고유한 역동성은 그러한 연합이 실행되기 위한 주체화 속에서 드러난다고 생각한다. 이런 맥락에서 오늘날 민주주의에 절실하게 요청되는 것은 새로운 권리 담론이다. 한나 아렌트와 아렌트를 차용한 에티엔 발리바르를 빌려 이를 표현하자면, 그것은 '권리들을 가질 권리', '정치에 대한 권리', 곧 '주체가 될 권리', 나아가 '권리의 주체가 될 권리'다.

그러나 오늘날 오로지 유권자로서의 정체성만 남은 다수 대중은 그러한 주체가 될 권리를 박탈당했으며, 현대 정치는 점차 주체를 배제하는 민주주의로 전락해 가고 있다. 그러는 사이 사회를 운영하는 집권 세력들은 그들의 정치적 스펙트럼을 떠나 시장의 사적 권력을 강화하고, 기업의 이윤 추구의 권리가 사회의 공적 이익과 다수의 관심을 넘어 전 사회를 초월하는 불가침의 영역이 되도록 만들었으며, 그 결과 불평등과 불안정으로 인해 예속된 삶을 살아가야 하는 오늘날의 프레카리아트precariat에게 자신의 삶에 대한 책임은 각자가 져야 한다는 각자도생의 이데올로기를 강요했다. 경제적으로 배제된 자들이 정치적인 주체가 될 권리에서도 배제되고 있다. 무한경쟁에 내몰린 원자화된 개인들의 고립된 삶은 이러한 이중적인 배제에 직면하여 무기력과 좌절에 내몰리고 있다.

그러나 이 순간, 누군가 이 배제된 자들을 주체로 호명한다. 그리고 그러한 집합적 주체성에 이름을 부여한다. 고립과 배제에 시달려야 하는 개인들은 자신들을 집단적 주체성으로 호명하는 이 힘에 폭발적으로 반응한다. 이것이 우익 포퓰리즘 운동이 미국과 유럽에서, 또 한국과 동아시아에서도 폭발적인 힘으로 표출된 이유였다. 그런데 이러한 상황에서 이제 민주주의를 위기로 몰고 가는 주범이 포퓰리즘이라는 비난이 등장했고, 누구나 포퓰리즘을 쉽게 비난하게 되었다.

그런데 여기서 이 위기에 대한 처방은 위기 자체를 더 재생산하는 방식으로 나타난다. 포퓰리즘의 출현을 두려워하고 이것이 민주주의를 근본에서 파괴하고 있다는 목소리들은, 민주주의의 절차적 성격과 전문가 합의, 대의제의 요소를 더 강화하는 방향의 처방을 그 대안으로 제시하고 있다. 즉 그러한 주장들은 '주체 없는 민주주의'를 포퓰리즘에 대한 처방으로 제시한다. 그러나 우리가 보았듯이, 민주주의의 위기 자체가 바로 그러한 주체의 상실이 아니었던가? 따라서 오늘날 목격되고 있는 것은 '포퓰리즘 비판'이라는 담론 지형이 민주주의의 탈정치화를 가속화하는 것이다. 오늘날 누군가 포퓰리즘 운동의 한계를, 특히 우익 포퓰리즘 운동의 파괴적인 성격을 강하게 비판하고 싶다면, 그는 그 이전에 그러한 포퓰리즘이 등장하게 된 배경을 이해하고, 민주주의 그 자체가 탈주체화, 탈정치화, 나아가 탈민주화되는 이 상황을 먼저 고발해야 할 것이다. 이 책은 바로 이러한 문제의식을 담고 있다.

따라서 필자는 이 책을 민주주의를 '민주적' 방식으로 확장하려는 기획의 일부로 이해한다. 앞서 소개된, 오늘날 민주주의 위기의 원인이 민주주의의 '과잉'인가 민주주의의 '결여'인가 하는 물음은 여기서 결정적이다. 이 책에 담긴 글들은 인민주권의 민주적 원리가 점차 상실되어 가는 현재의 상황에서 민주적 주체성을 사유하기 위한 시론이다.

오늘날 혐오의 정치화와 그 거대한 대중적 동원력을 볼 때마다 이 현실에 좌절하다가도, 그에 맞서는 흐름이 기어이 어떻게든 터져 나오는 것을 보게 된다. 정치는 늘 우리를 실망시키지만, 때로 우리에게 어떠한 감동을 주는 찰나의 순간들이 있다. 그 순간이 바로 발터 벤야민이 말하는 지금시간Jetztzeit이다. 그러한 순간이 만들어 내는 새로운 성좌에 대한 기대는 우리로 하여금 정치를 포기하지 못하게 만든다. 그리고 우리는 그러한 정치에 대한 권리를 민주주의의 핵심적 이해 방식이자 존재 이유로 받아들여야 한다. 자기결정과 집합적 자기 통치를 위한 정치의 권리 속에서 우리는 민주주의의 이름으로 해방적 대항 정치를 만들어 가야 할 근본적 이유를 발견한다.

제I부

인민의 이름으로: 포퓰리즘의 시대

제1장 "우리, 인민"은 누구인가

정치의 가능성과 한계로서 인민주권

1. 들어가며: "우리, 인민"은 오늘날 해방적 구호인가?

1989년 11월 9일 발생한 베를린 장벽 붕괴와 이후의 독일 통일 과정은 단지 두 분단국가의 재결합과 하나의 국가 형성이라는 국가주의적 관점에서 분석될 수 없는 사건이었다. 동시에 기억돼야 할 것은 그러한 통일 과정에서 동독의 주민들이 '우리가 인민이다! Wir sind das Volk!'라는 구호를 내세우며, '인민의 공화국'을 표방하지만 정작 인민의 목소리를 묵살해 온 정치체제에 대해 인민 자신의 저항을 보여주었다는 점이다. 즉 분단 독일의 통일 과정은 인민 자신의 정치적 주체화 과정이기도 했다.

그러나 그로부터 30년 이상이 지난 오늘날 사태는 훨씬 복잡하다. 오늘날 '우리가 인민이다!'라는 구호는 시민들에 의한 장벽의 붕괴, 그리고 타자에 대한 개방성이라는 맥락과는 동떨어져 있는 것처럼 보인다. 베를린 장벽 붕괴의 도화선이 된 라이프치히의 '월요시위' 25주년을 맞아 2014년 드레스덴에서 다시금 월요시위를 시작한 우익단체 페기다^{PEGIDA}(서양의 이슬람화에 맞선 애국적 유럽인들)가 이 구호를 다시 전면에 내세우고, 우익 포퓰리즘 정당 '독일을 위한 대안^{AfD}' 역시 이를 자신들의 선거 구호로 채택하면서, 이 구호는 구동독 지역에서 난민과 이민자의 유입에 반대하고 국경 통제를 요구하는 우익 포퓰리즘 정치세력의 상징으로 받아들여지고 있다.

한국에서도 이와 유사한 현상을 발견할 수 있다. '국민이 우선이다'라는 구호는 "대한민국의 주권은 국민에게 있고, 모든 권력은 국민으로부터 나온다"라는 헌법 1조 2항의 내용과 결부되어, 2016년 부패한 정치권력의 퇴진을 요구하는 대중 시위의 정서를 표현했지만, 이 구호는 곧이어 2018년에는 예멘 난민 반대 시위 당시에 참가자들이 내세웠던 구호로, 2020년 코로나19의 확산 초기에는 중국인 입국 금지를 요구하는 시위의 구호로, 즉 배타적인 국경 강화의 논리로 사용되기도 했다.

이러한 현상들은 인민$^{\text{Volk, people}}$이라는 개념의 이중성을 그대로 드러낸다. 인민이란 용어는 로마 공화정에서의 포풀루스^{populus} 전통 이래, 하나의 정치 공동체 전체를 지칭하기도 하지만, 동시에 그 공동체의 일부, 즉 지배적 엘리트와 대립하는 평민들 내지 하층민들을 지칭하는 개념으로 사용되어 왔다. 즉 인민은 동시에 전체이자 부분인 어떤 집합을 나타낸다. 미국 헌법 전문^{前文}에 등장하는

"우리, 인민We, the People"이라는 표현에서 집약적으로 표현되듯, 현대 민주주의에서 인민은 다시금 민주주의의 주체로서의 다수 대중을 가리키는 말로 사용되기도 하며, 동시에 한 국가 내에서 시민권을 가진 사람들 전체의 집합, 곧 국민국가를 구성하는 국민을 지칭하는 개념으로 사용되기도 한다. 바로 이러한 이 개념의 다층성과 모호성으로 인해, '인민에게 정치를 되돌려 주자' 혹은 '인민에게 권력을! Power to the people!' 같은 구호는 서로 극단적으로 대립하는 모든 정치세력이 자신들에 대한 지지를 호소하며 사용할 수 있는 것이 되었다. 그렇다면 인민 개념은 이러한 모호함으로 인해 의미를 상실한 개념일 뿐인가?

오늘날 신자유주의와 세계화의 물결 속에서 '인민'의 범주는 상실되었거나, 기껏해야 '포퓰리즘'이라는 이름의 기형적 정치운동에 동원되며 보수적 민족주의와 타자 혐오에 젖어 있는 수동적인 군중을 지칭하는 이름으로 간주되기까지 한다. 이에 따라 인민주권popular sovereignty 역시 낡은 이념으로 치부되어 버리고 종종 인권의 실현을 저해하는 방해물 정도로 생각되기도 한다.[1] 그것은 낡은 국민국가적인 경계 내에 수립된 정치 질서로서, 오늘날의 국제질서에서 낡은 민족주의와 국수주의를 상징하는 것에 지나지

---

1. Chantal Mouffe, "The 'End of Politics' and the Challenge of Right-wing Populism," ed. Francisco Panizza, *Populism and the Mirror of Democracy* (London and New York: Verso, 2005), p. 52.

않는 것으로 표상된다. 그렇다면 오늘날 인민 혹은 인민주권이란 시대에 뒤처져 버린, 공허하고 텅 빈 구호에 지나지 않는 것일까?

그러나 현대 사회가 민주주의의 이념에 의해 운영되고, 민주주의가 그 자체로 불완전한 어떤 대상일지언정 결코 포기할 수 없는 현대 정치의 출발점을 이루고 있다면, 민주주의의 근간이 되는 인민 또는 데모스의 권력이라는 지향점을 포기할 수 없는 것 역시 사실이다. 이 글은 인민주권이 보여주는 역설들을 드러내는 가운데, 그러한 역설들 속에서도 '미완의', '도래할' 인민주권 개념이 현대 민주주의의 사유에서 포기될 수 없는 것임을 동시에 보여주고자 한다. 이를 위해 먼저 근대적 인민주권 개념이 어떤 뿌리를 가지고 있는가를 고찰해 보기로 하자.

2. 근대정치와 인민의 탄생

마거릿 캐노번의 책 『인민』은 인민주권 개념이 갖는 역설적 성격을 다음과 같이 표현한다. "인민주권은 처음에는 왕권을 지지하기 위해 쓰였으나, 나중에는 오히려 왕권에 맞서는 저항을 정당화하기 위해 쓰였다."[2] 이것은 매우 역설적인 현상이다. 어떻게 하나의 개념이 왕권을 지지하는 데 사용되다가, 이어 왕권에 도전

---

2. 마거릿 캐노번, 『인민』, 김만권 옮김, 그린비, 2015, 29쪽.

하고 저항하는 데 사용될 수 있는가?

이를 설명하기 위해 캐노번은 인민 개념이 갖는 로마 공화정의 뿌리를 제시한다. 원로원과 집정관, 민회가 권력을 분산적으로 소유하며 혼합정치 체제를 유지했던 로마 공화정에서는 어떤 정치인이든 인민populus, 즉 평민plebs들의 지지를 의무적으로 추구해야 했던 전통이 있었으며, 이러한 전통은 공화정이 제정으로 이행한 뒤에도 남아 있었다. 아우구스투스는 로마의 민회와 원로원이 그에게 합법적으로 부여한 권력만을 행사했으며, 이후 황제들은 무언의 선거, 곧 지지 의사를 확인하는 절차를 거친 뒤에야 인민 권력의 대리자 행세를 할 수 있었다. 즉 황제의 즉위는 황제가 행사하는 주권 권력이 인민을 대리한다는 사실을 공표함으로써 이루어졌다. 황제의 정당성은 인민의 '동의'에서 나온다는 이러한 법적 형식성은 '렉스 레기아lex regia'라고 불리었으며, 이후 '주권자 인민'이라는 표상에 영향을 미쳤다는 것이 캐노번의 설명이다.

캐노번은 이렇게 말한다. "그러므로 '인민'은 역사적으로 아주 오랜 시간 동안 놀라운 정치적 탄력성을 지닌 말이었다고 할 수 있다. 이런 탄력성과 관련해 볼 수 있는 예는, 절대 권력을 정당화하기 위해 고안된 바로 이 렉스 레기아가 결국에는 인민의 저항을 위한 개념적 도구로 드러났다는 것이다."[3] 렉스 레기아 이후, '간접

---

3. 같은 책, 35쪽.

적 승인indirect authorization'의 관념이 확산되었는데, 이는 '인민의 이름으로' 수행되는 권력의 정당화가 필수적으로 되었음을 의미한다. 그런데 이러한 관념은 다시금 근대에 이르러, '인민의 이름으로' 수행되는, 권력에 대한 저항을 정당화하기도 했다는 것이다.

모든 정당한 정부의 원천은 인민의 승인popular authorization에 있다는 렉스 레기아의 전통과, 정부의 정통성을 뒷받침해 주는 인민의 존재라는 관념은 '인민의 동의'와 '인민 자신의 정부'라는 개념이 일치하지 않는다는 사고로 이어졌다. 인민은 '승인'하는 존재이며 권력을 정당화하는 존재로 인식된다. 이러한 관념은 홉스의 국가철학에도 영향을 주었다고 캐노번은 주장한다. 실제로 홉스는『시민론』에서 이렇게 밝히고 있다. "모든 코먼웰스[국가]에서 인민이 군림한다. 심지어 군주제에서조차 인민이 권력을 수행한다. 왜냐하면 인민의 의지는 한 사람의 의지를 통해 표현되기 때문이다. (…) (역설적으로) 국왕은 인민이다."[4] 어떻게 절대군주론자였던 홉스는 군주제에서도 '인민이 권력을 수행'한다고 주장할 수 있었는가? 이 문장은 홉스의 은밀한 민주주의적 성향을 드러내는가? 그렇다고 볼 수도, 아니라고 할 수도 있다. 왜냐하면 인민의 의지가 한 사람의 의지로 표현됨에 따라, '국왕은 곧 인민'이며, 이는 인민의 의지는 그것을 담아낼 군주라는 매개체 없이는 성립 불가

---

4. Thomas Hobbes, *On the Citizen*, ed. & trans. Richard Tuck and Michael Silverthorne (Cambridge: Cambridge University Press, 1998), p. 137.

능하다는 사실을 나타내기 때문이다.

이러한 홉스의 주장은 민주주의를 이해하는 칼 슈미트의 관점에도 영향을 미쳤다. 인민의 통일된 의지가 단 한 사람의 군주를 통해 표현된다는 홉스의 표상은 민주주의를 동질적인 인민의 존재와 동일시하는 슈미트의 관점으로 연결된다. 그에 따르면, 모든 민주주의는 동질적인 인민의 의지가 정의롭고 이성적이라는 전제를 가지고 있는데, 의회제 민주주의에서는 이러한 인민의 의지를 다수결 원리에 따라 의회의 의지와 동일시한다. 그러나 슈미트는 민주주의는 다수결이 아니라고 단언한다. "단순한 다수 확인을 통한 의지의 형성이라는 방법이 의미 있고 유지될 만한 것이 되는 것은, 전 인민의 하나의 실체적인 동질성이 전제될 수 있을 때다."[5] 진정한 인민의 동질성은 '동의'와 '만장일치'를 통해 표현되어야 한다. 그것의 직접적 표현은 인민의 '갈채'를 통해 출현한다. 모든 인민이 갈채를 통해 주권자의 권위를 승인하는 순간, 하나의 동질적인 인민의 의지가 나타나며, 민주주의가 완성된다. 이처럼 슈미트에게서 모든 민주주의는 불가분의 동질적인, 완전한, 통일적인 인민의 전제에서 비롯하는 것이다. 우리는 이러한 역설, 즉 인민의 동의라는 민주주의적 원리가 어떻게 권위주의로 전화되는가 하는 물음을 잠시 후에 검토해

---

5. Carl Schmitt, *Legalität und Legitimität* (Berlin: Duncker & Humblot, 1993), p. 29.

볼 것이다.

우선은 인민 개념의 역사적 고찰로 돌아오기로 하자. 캐노번은 렉스 레기아라는 로마적 유산인 '예비적 권위로서 인민' 개념은 중세에 이르기까지 왕권을 정당화하는 기능을 수행했지만, 이후에는 군주제에 대항하는 근대적 혁명의 과정에서도 이 개념이 반복적으로 사용되었다고 말한다. "정당한 권위의 궁극적 원천이 인민이라는 중세의 상식적인 주장은, 어느 특정한 왕이라 할지라도 그들이 지닌 권위는 자신의 왕국을 이루고 있는 특정한 결속된 인민 덕분이며, 인민은 최후 수단으로써 그 권위를 회수할 수 있다는 저항 이론으로 변모했다."[6] 18세기 일어난 미국 혁명의 성과로 만들어진 미국 헌법은 "우리 미국의 인민들We, the people of America"이라는 문구로 시작한다. 이제 인민은 정치적 저항을 통해 새로운 헌정을 만들어 낼 구성적 주권자constituent sovereign이자, 새로운 정부를 운영할 지배자로서의 역할을 맡게 되었다. 미국 정부는 '인민의 정부'를 표방했다. 이는 근대적 형태로 인민의 역사가 정치 무대에서 본격적으로 시작된 사건이며, 19세기 말에 미국 인민당People's Party과 포퓰리즘 정치운동의 출현 역시 미국에서 목격되었던 것은 따라서 우연이 아니다.

이처럼 근대정치의 핵심을 이루는 폭발적 개념으로서 인민은 그 뿌리를 로마 제정과 이어지는 중세 군주정에서의 렉스 레기아

---

6. 마거릿 캐노번, 『인민』, 46쪽.

개념에 두고 있었다는 사실, 즉 인민의 동의란 군주의 정당성에 대한 간접적 승인이라는 형태로 출현했다는 사실은 인민주권 개념에 대한 우리의 이해에 혼란을 자아낸다. 단적으로 우리는 이렇게 물을 수 있을 것이다. 인민주권은 이전의 군주주권과 근본에서 분리되는, 통치자와 피통치자의 일치를 위한 해방적인 정치적 이념일 수 있는가? 먼저 우리는 이에 대해 회의적인 관점들을 살펴보며, 뒤이어 다시 인민이라는 기표가 지닌 잠재력에 주목하는 논의로 건너가 보도록 하자.

3. 인민주권 개념의 쟁점들

인민주권이란 무엇인가? 이 질문은 '주권이란 무엇인가'라는 물음으로 소급된다. 주권 이론의 선구자인 장 보댕은 이렇게 답한다. "주권은 절대적이고 영원한, 국가의 권력이다."[7] 그렇다면 그것은 국가의 힘과 권력, 즉 국가나 정부의 행위 역량에만 적용되는 개념일 뿐인가? 그러나 동시에 주권은 국가를 이루는 다수 인민의 자기 통치와 관련된 개념이기도 하며, 이 두 의미는 어떤 주권 이론에도 항상 동시에 존재해 왔다. 즉 "다수에 대한 정당한 지배

---

7. 장 보댕, 『국가에 관한 6권의 책 1: 국가·권리·주권론』, 나정원 옮김, 아카넷, 2013, 245쪽.

의 실행"과 거꾸로 다수에 의한 "자율적 자기 통치"라는 주권의
상이한 이념들은 "현대의 정치적 실천이 작동하는 양극단을 이룬
다"고 말할 수 있다.[8] 이렇게 본다면, 주권 개념은 일종의 모순적
통일체라고 말할 수 있다. 주권은 "국가의 최상위 권위를 나타내는
개념"[9]이면서 동시에 "특정한 국가에서 정부, 시민 또는 신민의
권리와 의무에 대한 헌법적 개념"[10]이기도 하다. 즉 주권은 영토적
으로 분리된 국가의 최상의 권위에 대한 표현이면서, 동시에 그
안에 거주하는 시민들의 권리의 총합이라는 이중성을 갖는다. 이
처럼 국가의 권위와 인민의 권리라는 이중성은 인민주권이 갖는
역설적 논쟁들 속에 반영된다.

1) 군주주권과 인민주권

보댕의 주권론은 종교개혁의 시대, 교회의 권위와 독립적인
세속적 국가권력의 절대성을 주장하기 위한 시도로 제시된 것이
었다. 즉 근본적으로 보댕의 주권론은 종교 권력이라는 중세적
권력 개념에 대한 반대를 함축하고 있었다. 그러나 보댕이 주권을

---

8. Jan Weyand, *Souveränität und Legitimation: Ein Essay über das Versch-winden des Politischen in der Kritischen Theorie*, jour fixe initiative berlin (Hg.) *Souveränitäten: Von Staatsmenschen & Staatsmaschinen* (Münster, 2010), p. 19.
9. 로버트 잭슨, 『주권이란 무엇인가』, 옥동석 옮김, 21세기북스, 2016, 16쪽.
10. 같은 책, 17쪽.

기술하면서 제시한 내용들, 즉 절대적인, 분할 불가능하며 무기한적인 세속적 주권이란, 본래 전통적 신학에서 '신'에 귀속되던 속성들이었다. 따라서 보댕의 주권론은 자신이 반대하던 것을 반복했다고 말할 수 있다.[11] 신의 속성을 빌려 세속 군주의 주권을 정당화하는 이러한 방식은 점차 세속화되어, 이후에는 신을 대체하여 인민의 이름으로 주권을 정당화하는 설명이 등장한다.

30년 전쟁 이후 교황청은 세속 군주들이 맺은 베스트팔렌 조약을 거부해 버렸다. 그러자 군주들은 종교개혁과 동맹함으로써 세속적 권력을 늘려나가는 전략을 택했다. 루터 이후의 종교개혁은 교황이 신관직sacerdotium과 세속적 통치권regnum이라는 두 개의 칼을 동시에 쥐려는 바티칸 교회를 공격했으며, '기독교 공화정'이라는 이념에서 벗어나 종교의 족쇄로부터 해방된 군주의 권위를 강조했다. 주권은 그러한 교회의 권위로부터 벗어나려는 군주가 벌인 투쟁의 산물이었다.[12] 그러나 이러한 이유에서 군주의 세속 권력은 언제까지나 종교의 관점에서 주권을 정당화할 수는 없었다. "이들의 정당성과 법적 권리를 보장하는, 세속적 정부의 주권적 권위에 대한 또 다른 근거를 찾아야 할 필요"에 직면하여, 인민 The people이 주권의 새로운 기초로 등장하기 시작한다.[13]

---

11. Jan Weyand, *Souveränität und Legitimation*, p. 15.
12. 로버트 잭슨, 『주권이란 무엇인가』, 88쪽.
13. 같은 책, 109~110쪽.

이러한 맥락에서, 인민주권은 그 개념상 사실상 군주주권의 세속화된 형태였다고 말하는 것이 가능할 것이다. 또한 앞서 살펴보았듯, 인민주권이 '렉스 레기아'라는 군주의 정당성 획득 방식으로부터 비롯한 것이라면, 인민주권과 군주주권의 거리는 생각만큼 먼 것이 아니었다고도 말할 수 있을 것이다. 푸코에게 인민주권은, 17세기 확립된 군주주권 모델이 새롭게 탄생한 규율 권력에 더 이상 부합하지 못하자, '주권의 민주화'를 통해 규율 권력에 상응하는 형태로 진화한 결과를 말한다.[14] 푸코는 프랑스 혁명 과정에서의 인민주권과 군주주권의 연속성을 다음과 같이 주장한다. "프랑스 혁명은 왕을 타도했을까요? 전혀 그렇지 않습니다. 프랑스 혁명은 왕들의 과업을 완수했으며, 그 진실을 글자 그대로 말했습니다. 프랑스 혁명은 군주제의 완수로서 읽혀야 합니다."[15] 즉 푸코에 따르면, 인민주권의 길을 닦았다고 알려진 프랑스 혁명은 실은 인민주권을 통해 군주제에 선포된 주권 개념을 ('규율 권력'이라는 새로운 권력 형태에 맞게) 완성한 것이었다.

프랑스 혁명이 절대주의 주권을 완성했다는 관점은 아렌트에게서도 발견된다. 그녀에 따르면, 프랑스 혁명은 종래의 절대주권을 대체하는 새로운 절대자의 등장으로 귀결되었다. 그것은 '국민국

---

14. Verena Erlenbusch, "The Concept of Sovereignty in Contemporary Continental Political Philosophy," *Philosophy Compass* 7/6 (2012), p. 369.
15. 미셸 푸코, 『사회를 보호해야 한다』, 김상운 옮김, 난장, 2018, 280쪽.

가'의 이름으로 수행된 혁명적 독재에서 분명히 드러난다. 혁명은 새로운 권위주의와 폭력으로 귀결되고 말았던 것이다. 인민은 그들이 혁명의 주체로 호명되는 사이, 그러한 혁명적 독재의 권위를 승인하는 존재로 전락했다.

프랑스에서 군주정의 몰락은 치자와 피치자, 정부와 인민 사이의 관계를 변화시키지 않았으며, 정부의 변동이 이들 간의 반목을 치유할 수 있는 것 같지도 않았다. 이러한 측면에서 혁명 정부는 예전과 다름없이 인민의 정부와 인민에 의한 정부가 아니라 기껏해야 인민을 위한 정부였고, 최악의 경우 인민과 전혀 무관하게 스스로를 규정했던, 대표를 자임한 자들에 의한 주권 찬탈이었다.[16]

자코뱅은 정부 형태에 대한 질문을 던지지 않고 인민에 의한 독재를 선언했다. 이 때문에 프랑스 혁명은 애초의 목표인 공화정 정부의 수립에 도달하지 못하였는데, 이는 '만장일치'를 통해 동질적 인민의 의지를 형성하려는 그들의 의도가 공화정이라는 정부 형태와 양립 불가능한 것이었기 때문이다. 루소는 이처럼 동질적인 인민의 의지를 형성하겠다는 자코뱅의 목표를 표현해 줄 이론적 수단들을 가지고 있었고, 이 때문에 자코뱅은 다수의 의지를

---

16. 한나 아렌트, 『혁명론』, 홍원표 옮김, 한길사, 2017, 153쪽.

하나로 만들어 낸다는 루소의 일반 의지론을 쉽게 끌어들일 수 있었다.

혁명 이후의 통치 형태에 대한 물음을 진지하게 제기한 미국 혁명과 달리 프랑스 혁명이 통치 형태에 대한 물음을 진지하게 던지지 않은 이유는 이처럼 단일한 의지를 가진 '인민'을 정치적 주체로 내세웠기 때문이다. 이제 중요한 것은 통치 형태가 아니라 인민의 행복과 복지에 있었으며, 아렌트는 이를 필연성에 의한 자유의 대체로 규정한다. 나아가 혁명의 주체인 인민이 자신의 고통과 불행을 근거로 한 폭력을 수행함에 따라서, 혁명은 정치적 성격을 스스로 상실해 버리고 말았다. "인민은 정치 영역에 개입하는 데 그치지 않고 갑자기 쏟아져 들어왔다. 그들의 필요는 격렬했고, 사실상 전前정치적이었다. 폭력만이 그들을 지탱할 만큼 강력하고 신속할 수 있는 듯했다."[17]

프랑스식 인민 개념, 즉 인민의 통일성 역시 사실상 인민이 먹고사는 문제, 즉 (아렌트적 구별에 따르면) '자유'가 아닌 '필연성'에 집단적으로 종속됨에 따라 가능했던 것이었다. 이러한 의미에서 인민의 단결이란 인민의 필연성으로의 종속이자 획일적 폭력을 뜻하는 것이었다. 이렇듯 인민이 행사하는 폭력은 그들이 '하나의 의지'에 종속되었다는 느낌을 통해 정당화되는 것처럼 보였다. 인민을 종속시키는 새로운 권위가 혁명의 이름으로, 인

---

17. 같은 책, 175쪽.

민 자신의 이름으로 등장한 것이다. 자코뱅의 독재는 이러한 인민의 새로운 예속을 달성하는 데 성공을 거두었다. 이것이 프랑스적 인민 개념의 실질적 귀결이다. "프랑스식의 인민 개념은 애초부터 하나의 조직으로 행동하고 하나의 의지에 사로잡힌 듯 행동하는 대중, 즉 수많은 머리를 가진 괴물이라는 함의를 지니고 있었다."[18]

프랑스 혁명에 대한 가장 가혹한 비판은 아감벤에게서 도출된다. 그에 따르면 프랑스 혁명 이후 탄생한 인권Human Rights, Droits de l'homme 개념이 전제하는 자연권 사상은 "출생이라는 단순한 사실이 바로 권리들의 원천이자 담지자로 등장"[19]하는 것을 뜻한다. 아감벤에게 이것은 근대정치가 갖는 치명적 한계이자 위험이었다. 인간의 생물학적 신체를 정치권력으로 포섭시키는 동일한 논리는 근대에 두 번 전개되는데, 한번은 (리바이어던의 형상을 통해) 신권통치에서 절대왕권으로의 이행으로, 이후 또다시 (프랑스 인권선언의 형상을 통해) 왕권으로부터 인민주권론으로의 이행으로 이어졌다. 이를 통해 형성된 근대 국민국가에서는 절대왕정에선 분리돼 있었던 출생과 주권이 더욱 근본적으로 결합하여, "국민"국가의 수립으로 이어졌다. 따라서 근대 주권은 고유한 생

---

18. 같은 책, 179쪽.
19. 조르조 아감벤, 『호모 사케르: 주권 권력과 벌거벗은 생명』, 박진우 옮김, 새물결, 2008, 249쪽.

명에 대한 정치권력으로의 포함이라는 사건을 통해 출현했으며, 이러한 맥락에서만 근대 국민국가와 인권선언의 등장이라는 역사적 사건이 곧바로 제국주의, 세계대전과 전체주의의 등장으로 이어졌다는 사실을 이해하는 것이 가능하다고 아감벤은 과감하게 주장한다.

이렇듯 인민주권과 군주주권의 연속성에 대한 주장들이 갖는 현실적 함의는 인민주권 개념이 갖는 해방적 성격에 대한 부인에서 나타난다. 즉 인민주권은 군주에 대한 승인 혹은 군주를 대체하는 새로운 권력 집단이 행사하는 무조건적인 권한에 대한 승인을 그 필연적 귀결로 갖는 개념이라는 것이다. 나아가 인민주권을 의심하는 또 다른 논리는, 그것이 갖는 필연적인 배타성에서 기인한다.

2) 국민주권과 인민주권

우리가 살고 있는 국민국가 체제에서 국민주권national sovereignty과 인민주권popular sovereignty은 상호 수렴될 수밖에 없다. 그런데 이러한 결합은 주권의 실현 과정에서 타자성의 배제라는 근본적인 한계를 낳는다. "하나의 결속체로서 인민은 그 경계를 지녀야 한다."[20] '인민'은 전 세계의 모든 '인간'을 지칭하지 않는다. 하나의 인민은 정치적 결속과 공통의 정서적 유대감을 필요로 하므로,

---

20. 마거릿 캐노번, 『인민』, 104쪽.

인민 범주의 무제한적 확장은 사실상 불가능하며, 어느 정도의 배타성은 필수적인 것이 된다. 근대정치에서는 하나의 인민과 하나의 민족(국민)을 동일시하며, 인민주권과 국민주권 사이의 동질성은 이러한 조건에서는 불가피한 것이다. 여기에서 '인류 전체의 보편적 평등'을 추구하는 자유주의적 관점과 통치자와 피통치자의 일치라는 인민주권의 원리를 강조하는 민주주의적 관점 사이에 차이가 나타나는데, 후자의 경우에는 정치적 통일성과 연합적 의지를 창출하는 과정에서 '인민'에 속하는 자와 속하지 않는 자 사이의 구분이 불가피하다.[21]

그렇다면, 서두에서 언급한 대로, 오늘날 국경에 대한 통제를 요구하며 이민자와 난민의 추방을 주장하는 우익 포퓰리즘의 주장이 인민 또는 국민이라는 이름으로 등장하는 현상은 자연스러운 것일 수도 있다. 아렌트는 이러한 맥락에서 인민주권이 궁극적으로는 국민주권에 지나지 않으며, 따라서 국민국가의 국경이라는 배타성의 논리를 뛰어넘지 못한다고 비판한다. 그에 따르면, 국민국가의 등장에 따라 국가는 자국 영토에 거주하는 모든 사람의 보호라는 기능을 상실하고, 오로지 출생이라는 기원과 사실에서 기원하는 '국민'만을 시민으로 인정하기 시작했다. 이것이 국민국가의 비극인데, 이를 아렌트는 "국민nation에 의한 국가 점령"이

---

21. Chantal Mouffe, *The Democratic Paradox* (London: Verso, 2000), p. 43.

라고 부른다.[22] 아렌트에 따르면, "민족주의는 본질적으로 국가가 국민의 도구로 되는, 시민이 국민의 성원과 동일시되는 이러한 도착증의 표현이다."[23]

이러한 도착증으로 인해 프랑스 혁명 이후 선언된 인권 개념에는 모순이 발생한다. 그것은 인권선언이 제시하는 동일한 핵심적 권리가 모든 인류의 양도할 수 없는 유산이면서 동시에 특수한 국민의 특수한 유산으로 간주된다는 사실에서 비롯하며, 현실적으로는 인권이 국민국가의 시민으로 국적을 소유한 사람의 권리로 나타날 수밖에 없는 문제를 드러낸다. 국가를 상실하고 고향을 떠난 사람들, 즉 난민과 무국적자는 국민국가의 성원이 아니라는 이유로 이러한 권리에서 배제될 수밖에 없으며, 차별적인 폭력과 수용소 감금, 강제 이주 등을 겪을 수밖에 없었다. 국민국가의 논리에 포섭된 인권 개념은 이처럼 정치 공동체에 대한 소속을 상실한 사람들의 권리, 그들이 자신들의 정치체를 가질 권리에 대해서는 아무런 말도 하고 있지 않은 것이다.

아렌트의 주권 비판은 이후 국제관계를 바라보는 시각에, 특히 인권과 주권이라는 두 개념 사이의 대립 구도를 둘러싼 논쟁이 전개되는 데 커다란 영향을 미쳤다. 어떤 논자들은 인권을 현실적

---

22. Hannah Arendt, *The Origins of Totalitarianism* (New York: Meridian Books, 1962), p. 230.
23. 같은 책, p. 232.

으로 뒷받침할 수 있는 시민권 제도가 갖는 가능성과 한계에 주목하는 반면, 다른 한편으로 예컨대 세계시민주의자들은 개별 국가의 주권을 제약할 수 있는, 주권보다 더 고차원적인 권위를 갖는 국제기구를 창립해야 하며, 그러한 국제기구의 정당성은 인권으로부터 정초된다고 주장한다. 인권의 보편성이 개별 국가의 특수성을 능가하는 국제 사회의 규범이 되어야 한다는 것이다.[24]

그렇다면 인민주권이란 아렌트가 비판하듯, 국민국가라는 배타적 정치 공동체에 소속된 사람들을 위한 배제의 논리, 차별의 논리에 지나지 않는 것일까? 그렇다면 특정한 경계를 가질 수밖에 없는 '인민'이라는 개념이 정치적 해방의 집단적 주체로 설정되거나, 사실상 국민국가의 배타성의 논리를 뒷받침할 뿐인 인민주권이 민주주의 정치의 유효한 작동 원리로 간주되는 것은 더 이상 무의미한 일이 될 것인가?

다음 절에서 우리는 이러한 의구심 속에서도 인민 내지 인민주권의 범주를 재사유해야 한다는 주장을 펼치는 논자들을 살펴보면서, 인민과 인민주권 개념이 여전히 잠재력을 가진 것인지 검토해 보고자 한다.

---

24. Robert Fine, *Cosmopolitanism* (London: Routledge, 2007), pp. 70~71.

4. 구성적 데모스는 가능한가? — 라클라우, 발리바르, 버틀러

1) 라클라우: 포퓰리즘과 정치적 범주로서 인민

인민 혹은 인민주권에서 비롯하는 현대 정치의 한계를 기술하는 이론가들의 정반대 편에서 라클라우는 인민을 주체로 호명하는 것이 정치의 핵심 과제라고 주장한다. 그는 인민을 주어진 사회적 범주가 아니라, 헤게모니적 실천에 의해 구성되어야 할 정치적 범주로 규정한다. 그리고 인민을 주체로 호명하는 정치는 곧 포퓰리즘을 의미한다. 현대 정치에서 조롱과 비난의 대상이 되는 포퓰리즘을 강하게 긍정함으로써 라클라우는 '인민'을 중심으로 한 정치에 관한 사유가 민주주의에서 핵심이 되어야 함을 주장하고 있다.

라클라우에 따르면, 근현대 정치철학에서 종종 발견되는 포퓰리즘에 대한 비난과 조롱은 '대중'에 대한 편견과 모욕에서 비롯한 것이다. 이에 반해 라클라우는 "포퓰리즘은 정치적인 것 자체의 존재론적 구성에 관한 어떤 것을 이해하기 위한 지름길"이라고 주장한다.[25] 여기서 정치적인 것의 존재론적 구성이란 무엇인가? 그것은 인민의 주체로의 호명과 어떤 관련을 갖는가?

---

25. Ernesto Laclau, *On Populist Reason* (London and New York: Verso, 2005), p. 67.

라클라우는 다양한 '사회적 요구social demand'들이 특정한 역사적 순간에 등가적 접합을 통해 광범한 사회적 주체성을 구성하는 "인민적 요구들popular demands"로 전화되며, 이는 잠재적인 역사적 행위자로서 '인민people'을 구성한다고 주장한다. 예컨대, 우리는 특정한 주민 집단이 당국에 자신들의 요청을 제기하지만 이것이 받아들여지지 않는 상황에서 자신의 권리를 선언하는 인민으로 호명되는 과정을 떠올려 볼 수 있다. 라클라우에게 인민이란 경험적으로 존재하는 사회적 범주가 아니라, 역사적 우발성 속에서의 정치적 실천 과정에서 구성되는 정치적 범주다. 그리고 이렇게 인민의 범주를 정치적 주체 개념으로 제시함으로써 민주주의를 풍성하게 만드는 개념이 바로 포퓰리즘이다.

라클라우는 포퓰리즘의 전제들을 다음과 같이 제시한다. 첫째는 '인민'을 권력으로부터 분리하는 내적인 적대적 전선의 형성이다. 둘째는 '인민'의 출현을 가능케 해줄 요구들의 등가적 접합이다. 마지막으로는 (정치적 동원이 더 높은 단계에 이를 때) 정치적 동원이 더 높은 단계에 이를 때까지는 막연한 연대감을 넘어서지 못했던 다양한 요구들이 안정적인 의미화 체계로 통합된다.[26]

이처럼 '인민의 내적인 구조화'는 다양한 형태로 제기되던 민주적 요구들이 막연한 연대감을 넘어, 확실한 담론적 동일성으로 결정화되는 국면을 통해 이루어진다. 포퓰리즘의 '인민'을 구성하

---

26. 같은 책, p. 74.

는 것은 바로 이러한 결정화의 국면이라고 라클라우는 설명한다. 그러면서 그는, 이러한 결정화crystallization의 논리적 구조는 맑스의 『자본』에서 일반적 등가형식에서 화폐형식으로 이행에 상응하는 것이라고 주장한다.[27]

그런데 이러한 인민의 구성 혹은 요구들의 등가연쇄의 결정화란 무엇이며 어떻게 가능한가? 그것은 배제된 자인 평민, 플렙스plebs가 자신을 인민 전체, 포풀루스populus의 총체성으로 제시함으로써 공동체적 공간의 연속성에 균열을 일으키는 순간 시작된다. 왜냐하면 하나의 공동체를 이루는 평민, 플렙스의 목소리가 받아들여지지 않을 때, 이들은 주어진 공동체의 포풀루스의 총체성이 허위적인 총체성임을, 즉 그것이 특정한 집단을 배제함으로써 전체가 아니라 부분에 불과함을 증명하는 것이기 때문이다. 그들의 요구들이 좌절되고 배제되지 않는 사회를 열망하는 플렙스는 참된 보편적 포풀루스truly universal populus의 공동체를 구성하고자 하며, 이러한 열망은 곧 현존하는 상황에 대한 부정이다.[28] 이렇듯 인민people이라는 범주는 이중적이다. 그것은 포풀루스, 즉 공동체

---

27. 같은 책, p. 93. 맑스의 가치형식 분석에서 I. 단순 가치형식, II. 총체적 또는 전개된 가치형식에 이어 III. 일반적 가치형식이 등장한다. 여기서 아마포는 상품 세계의 모든 사물들과 관계함으로써 일반적 등가물이 된다. 이 일반적 등가물은 다른 모든 상품의 가치를 표현해 주므로, 사실상 화폐의 기능을 수행하고 있다. 그리하여 III. 일반적 가치형식은 IV. 화폐형식으로 이행한다.

28. 같은 책, p. 94.

를 이루는 인구 전체, 보편성을 의미하면서, 동시에 그 안에 존재하는 특수한 집단, 즉 배제된 플렙스를 의미하기도 한다. 이 이중성이 나타내는 긴장, 곧 배제된 플렙스가 이 배제에 항의하면서 참된 포풀루스의 구성과 새로운 보편성을 추구하는 상황에서 인민의 다양한 요구들이 결정화되고, 인민의 통일성이 형성된다.

　이러한 인민의 구성을 위해서는 등가연쇄들의 총체성을 구현할 공통의 지시자가 존재해야 한다. 그것은 그 자체로는 하나의 특수한 요구이면서, 동시에 더 넓은 보편성을 위한 기표가 된다. 민주적 요구들의 다양성으로부터 인민적 동일성을 구축함으로써 이 기표는 헤게모니를 실천하게 된다. 이러한 특수하면서 동시에 보편성을 담지하는 사회적 요구의 역사적 사례로 라클라우는 1989년 직후 동유럽에서의 '시장'을 들었다. 당시에 '시장'에 대한 요구는 관료 지배의 종식, 시민적 자유, 서구적인 삶 등의 의미를 대표하는 기표가 되었다(물론 이것은 재앙적인 결과로 귀결되었고, 시장의 자유는 시민의 자유와 동일시될 수 없다는 것이 이후 나타난 역사의 귀결이었지만 말이다). 거꾸로 1917년 러시아 혁명 당시에는 '빵, 평화, 토지'가 그러한 대표적인 기표가 되었다. 중요한 것은 이처럼 어떤 기호는 역사적 우연성의 성좌 속에서 헤게모니적 기표로 나타날 수 있다는 사실이다.

　그런데 라클라우는 이러한 인민적 동일성의 구성 과정은 반드시 부정성의 요소를 필요로 한다고 지적한다. 예컨대 자유, 평등, 정의 등의 용어들은 부정적 용법으로 사용된다. 즉 그것들은 부자유, 불평등, 불의에 대항하는 의미 속에서 구체적 효력을 나타낸다. "이 용어들의 의미론적 역할은 어떠한 긍정적 내용을 표현하는 것이 아니라, 구성적으로 부재한 충만함의 이름으로 기능하는 것이다."[29] 예컨대 자유, 정의 등의 텅 빈 기표들은 그들 각각의 특수한 내용을 넘어서는 보편성의 이름이 되며, 이를 통해 정치적인 의지의 결합이 이루어지기 위한 매개체가 될 수 있다.

라클라우는 이러한 논의를 통해, 망각된 '인민적' 정치의 전통을 부활시키는 것을 오늘날 급진 민주주의 정치의 핵심적 과제로 제시한다. 그리고 인민적 동일성을 창출하고, 집합적 행위자로서 인민을 호명하는 행위는 결코 전체주의적 예속을 의미하는 것이 아니라, 정치적인 것에 본질적인 민주적 헤게모니의 실천을 의미한다. 왜냐하면 라클라우가 보기에, 정치는 적대의 공간이며, 인민은 그러한 적대 속에 구성되는 정치적 행위의 집합적 담지자로서 유의미한 존재이기 때문이다. 오히려 인민을 주체로 호명하기를 거부하고, 집합적 주체의 적대적 실천을 사유하기를 거부하는 현대 정치이론들의 편향 때문에 오늘날 인민 내지 인민주권이라는 기표는 우익 포퓰리즘의 전유물이 되어버렸다. 이 때문에 라클라우는 포퓰리즘과 인민을 두려워할 것이 아니라, 급진 민주주의적인 방식으로 재사유할 것을 주장한다.

---

29. 같은 책, p. 96.

2) 발리바르: 인민주권의 이중성을 직면하기

인민주권의 역설을 적극적으로 사유하면서도 그것의 잠재력을 포기해서는 안 된다는 논의도 존재한다. 발리바르는 국민주권과 인민주권의 불가피한 상호결합을 인정하면서도, 양자의 간극을 이용해 새로운 정치체에 대한 권리를 요구하는 시민권의 정치를 전개하고자 시도한다. 먼저 발리바르는 '인민' 개념의 이중성을 지적한다. 인민이라는 개념 속에는 에트노스ethnos, 즉 배타성을 갖는 혈연적 집단이라는 '상상적 공동체'로서의 의미와 함께, 데모스, 즉 대표와 결정, 권리들을 수행하는 정치적 공동체의 집합적 주체라는 의미가 동시에 포함되어 있으며, 이로 인해 이 개념은 언제나 내적 긴장 속에 존재하게 된다. 그런데 발리바르는 이러한 긴장 관계를 이해하는 것이 중요하다고 말한다. 오늘날 특정한 시민적 권리들은 특수한 국민적 소속과 관련되어 존재한다. 반면, 이러한 소속을 혈연적 에트노스의 측면에서 강조하다 보면, 국민적 동일성의 배타적 추구와 이로 인한 사회적 아파르트헤이트로 귀결될 수밖에 없다. 그럼에도 발리바르는 에트노스와 데모스 중 하나를 포기하는 것이 불가능한 현실의 상황에서, 양자의 관계를 어떻게 설정할 것인가의 문제를 지속적으로 제기해야 한다고 주장한다. 즉 단순하게 '국민국가의 혈연적 배타성에 반대한다'고 선언하는 것만으로 곧장 국제주의적인 데모스의 정치가 도출되는 것은 아니다. 이러한 사고는 현실에 기반을 두지 않은 추상적 가정에 불과하다. 오히려 중요한 것은 이러한 현실의 아포리아를 인정하면서, 새로운 시민권의 정치를 발명(재창조)해 나가는 것이다.

내가 보기에 아포리아의 핵심은 바로 여기에 존재한다. 곧 인민의 새로운 형상, 다시 말해 한편으로는 역사적 공동체들에 대한 소속^{ethnos}과, 다른 한편으로는 집합적 행동, 생존과 노동, 표현에 대한 기본권과 동시에 시민적 평등, 언어들과 계급들, 성들의 동등한 존엄성을 획득함으로써 시민권을 연속적으로 재창조하는 것^{demos} 사이의 관계에 대한 새로운 형상을 집합적으로 발명해야 할 필연성에, 하지만 우리가 맞닥뜨린 그 불가능성에 바로 아포리아의 핵심이 존재한다.[30]

이러한 아포리아는 오늘날 우리가 직면한 현실의 핵심이다. 민주주의는 언제나 해방의 기획들 그리고 새로운 시민권의 확장을 위한 역사적 투쟁 속에 전개되어 왔으나, 그러한 기획들은 이후에 자기 자신과 대립하는 폐쇄적이고 배타적인 표상들 속에 고립되어 버리곤 했다. 이러한 아포리아 속에서 어떻게 민주주의가 가진 해방적 계기들을 확장해 나갈 것인가? 이러한 관점은 민주주의를 주어진 정치체제로 고찰하는 것이 아니라, 부단히 시민권을 확장해 나가는 고유한 운동의 과정으로 바라보는 발리바르의 시

---

30. 에티엔 발리바르, 『우리, 유럽의 시민들?: 세계화와 민주주의의 재발명』, 진태원 옮김, 후마니타스, 2010, 33쪽.

각을 함축한다. 이것은 민주주의의 '봉기적' 요소를 말한다. 발리바르에 따르면, (아렌트의 '권리들을 가질 권리'에 해당하는) '정치체에 대한 권리'란, "모든 민주주의의 건설construction 또는 헌정/구성constitution과 분리될 수 없는 구성적 요소"인데, 이것이 의미하는 바는 "민주주의란 정의상 상위의 권위에 의한 지위의 부과 및 기능의 배분으로 구성되는 것이 아니라, '인민', 데모스 — 시민권의 기원에서부터 이 용어가 획득한 이중적인 의미에서 — 의 직접적이거나 간접적인 참여와 개입에 의해서만 구성된다는 것을 가리키는, 민주주의의 '봉기적' 요소"인 것이다.[31]

따라서 문제는 에트노스와 데모스라는 동일성 내의 차이들, 하나의 개념 내부의 긴장을 직면하고, 바로 이 긴장이, 에트노스의 동질성 속에서도 폐쇄성에 고착되지 않는 가운데, 데모스의 구성적 역량이 실현될 수 있는 해방적 정치의 변증법적 운동이 출현할 수 있는 계기가 됨을 이해하는 것이다. 다른 말로 하자면, 발리바르는 "인민주권과 국가 주권 사이의(또는 민주주의적 요구와 공적 권력의 구성 사이의) 변증법"[32]을 이해해야 한다고 말한다. 인민주권은 언제나 그것이 가능한 제도적 틀로서 국가 주권을 요청한다. 동시에 국가 주권은 자신을 '승인'할 수 있는 인민적 토대를 필요로 한다. 이러한 사실은 인민주권이 (국민)국가 주권과 결부되어

---

31. 같은 책, 235쪽.
32. 같은 책, 353쪽.

있기 때문에 인민의 (신민으로의) 예속과 배타적 경계의 강화라는 귀결을 낳는다는 것일까? 물론 그렇다. 그러나 이로부터 동시에 직시해야 할 사실은, 국가 주권이 인민주권으로부터 자신의 기초를 발견해야 하는 근본적인 '제한' 속에 놓여 있다는 것이며, 이는 (스피노자적인 의미에서) 국가나 정부가 최종적으로 두려워해야 하는 대상은 다름 아닌 인민들이라는 것이다. 따라서 인민주권이 나타내는 인민들의 봉기적이고 동시에 구성적인(헌정을 정초하는) 운동은 국가 주권의 운명을 결정할 수 있는 근본적인 심급이다.

이러한 맥락에서 볼 때, 민주주의적 시민권을 인민주권과 대립시키고 후자를 국민국가 시대의 유산 정도로 치부하며, 포스트국민적postnational 상황 속에서는 시민권이 인민주권에 대해 우위를 갖는다고 보는 주류 헌정주의의 견해에는 문제가 있다. 왜냐하면 이들에게서 인민주권이 낡은 것으로 상정되어 준거점으로서의 기능을 상실함에 따라, 역으로 민주주의적 시민권 역시 해소되고 있기 때문이다. 민주주의는 "집합적 역량 내지 공동체의 역량 이외의 다른 역량을 갖지 못한 이들" 곧 인민 또는 데모스들에게 "실제로 부여된 권리들의 실재성을 항상 자신의 척도로 삼는다"는 점을 고려할 때,[33] 인민주권이라는 개념은 민주주의적 시민권에 대한 정의에 유령처럼 들러붙어 있을 수밖에 없다. 이를 발리바르는

---

33. 에티엔 발리바르, 『정치체에 대한 관리』, 진태원 옮김, 후마니타스, 2011, 234~235쪽.

"인민주권으로서의 주권의 유령적인 실존"[34]이라고 부르는데, 이는 국민국가를 넘어서 시민권을 확장하려는 모든 시도는 (그것이 인민주권을 넘어서는 세계시민주의를 지향한다고 하더라도) 인민주권이라는 물음을 피해 갈 수 없기 때문이다. 결국 시민권이란 정치적 공동체라는 '소속'과 그러한 소속을 갖는 사람들 사이의 집단적 동질성을 요청하며, 인민 내지 인민주권은 시민권의 정치를 근본적으로 조건 짓는 심급이다. (타자와 구분되는) '우리'에 대한 정의 없이 권리의 무한한 확대를 향해 나아갈 수 있는 정치란 실재하지 않는다.

이것은 시민권의 정치가 근본에서 불가능하다는 지적이 아니다. 오히려 그것은 시민권 제도가 인민들의 집합적 역량의 수준에 따라 변화 가능함을 지칭한다. 근대 국가들은 적어도 이상적으로는 인민의 봉기를 통한 헌정/구성constitution을 통해 생성되었다는 관념적 토대를 가지고 있으며, 비스마르크의 프로이센처럼 위로부터 구성된 국가들조차 궁극적으로는 인민의 '승인'을 통해 민주주의적인 방식으로 자신을 꾸며내야 한다. 이렇게 보았을 때, 인민주권이라는 원리는 근대 국가에 뿌리 깊게 내재해 있는 한계개념이라고 할 수 있다. 발리바르는 시민권의 새로운 발명과 확장이라는 시민권의 정치가 이렇게 근대 국가의 운명을 결정짓는 인민주권의 원리와 결합할 때, 실질적인 민주적 봉기와 구성의 운동이라

---

34. 같은 책, 235쪽.

는 원동력을 얻을 것이라고 보고 있는 듯하다.

　인민주권은 분명 역사적으로 군주주권과의 연속성 속에 등장했으며, 따라서 '불편한' 어떤 것이 분명하다. 그러나 이러한 역설적 형상 속에서도 인민주권은 (군주주권의 요소를 닮아) 신민들을 복종시키면서도, 동시에 국가의 최고권위를 수평적으로 해소하고, 인민이라는 집합적 주체가 자신을 주권자라고 규정하게 만들며, 시민들의 공동체를 유일한 주권자로 만들어 내는 기능을 맡기도 한다.[35] 특히 1789년의 프랑스 혁명 직후 등장한 '인간과 시민의 권리선언La Déclaration des droits de l'homme et du citoyen'에서 혁명 세력은 스스로 인민주권 원칙을 선언하는데, 이 선언은 결코 전통적 군주주권과의 연속성으로 환원할 수 없는 새로운 주권 개념의 요소들을 등장시킨다. 발리바르의 인권선언 해석에 따르면, 여기서 주권 개념은 "평등주의적 주권"의 형태로 선언됨으로써 전통적 주권 개념의 전복이라는 혁명적 혁신을 달성하는데, 이를 통해 그것은 전통적 군주주권 개념이 갖는 주권의 '초월성'과 급진적으로 단절하고 "인민의 자기–구성self-constitution of the people"이라는 내재성의 요소 속에 정치적, 사회적 질서를 기입하는 효과를 낸다.[36] 이를 다른 말로 표현하자면, 인민주권은 (그 자체로 세속화된 군주주권

---

35. 같은 책, 257쪽.
36. Étienne Balibar, *Equaliberty: Political Essays*, trans. James Ingram (Durham and London: Duke University Press, 2014), p. 42.

이기만 한 것이 아니라) 국가의 주권을 세속화한다. 따라서 인민주권은 국가 주권의 한계개념이자, 동시에 '국가에 맞서, 국가를 활용하여' 새로운 시민권의 정치가 나올 수 있는 가능성이다.

3) 버틀러: 인민적 신체의 수행성

마지막으로 인민주권을 실체화된 관념이 아닌, 신체의 수행성 속에 '구성되는' 것으로 보려는 시도가 존재한다. 버틀러는 최근 연구들에서 한 개인에게서 나타나는 신체적 수행성을 넘어, 집합적 주체로서 '인민'이 구현하는 신체의 수행성에 주목하고 있다. 인민이 모일 때 출현하는 특수한 형태를 가진 권력의 수행이 존재하는데, 이를 버틀러는 이렇게 표현한다. "인민의 집회는 인민이 말하는 바를 넘어서서 의미화한다. 그리고 그 의미화의 양상은 여러 신체가 모여 이루는 어떤 단결된 실천이며, 어떤 복수 형태의 수행성인 것이다."[37] 집회와 같은 인민의 단결된 행동은 기존의 지배적 개념에 의문을 제기하는 신체적 형태로 출현한다. 그리고 다양한 신체들의 집결은 복수적이고 수행적인 '출현할 권리'를 실천하는 것이다. 어째서 집회는 신체의 수행성이 되는가? 다수 대중이 모여 이뤄진 집회는 실제로 신체들의 마주침이고, 부딪힘이며, 다양한 신체들이 이뤄내는 조화의 표현이다. 참여자들이

---

37. 주디스 버틀러, 『연대하는 신체들과 거리의 정치: 집회의 수행성 이론을 위한 노트』, 김응산·양효실 옮김, 창비, 2020, 17쪽.

함께 이뤄내는 구호 소리, 함성 소리와 같은 소리의 영역에서, 다채로운 의상과 피켓이 이뤄내는 시각의 영역에서, 그리고 스크럼을 짜고 주먹을 흔드는 신체적 행동들이 이뤄내는 공통의 움직임 속에서 집회는 신체들로 이뤄진 정치적 예술작품이기도 하다. 그 안에서 개인은 집단과의 연대를 확인하며, 자신의 주장에 대해 강한 확신과 자신감을 갖게 된다. 이와 같은 수행이 모여 인민을 형성한다.

이처럼 거리로 몰려나와 '우리ᵂᵉ'를 내세우는 이들은 누구인가? 때로는 말과 행동과 몸짓으로 자신을 주장하고, 더 흔하게는 공적 공간에 함께 모여 자신을 주장함으로써, 보이고, 들리고, 만져지고, 드러나고, 끈덕지게, 상호의존적인 집단을 형성한 이 일군의 '우리'는 누구인가? '우리, 인민ʷᵉ, ᵗʰᵉ ᵖᵉᵒᵖˡᵉ'을 인민주권으로 강화시켜 주는 이 발화행위는 그런 집회에서부터 태어난 것이라고 흔히 생각하겠지만, 사실 그런 집회 자체가 이미 발화이며, 인민주권을 실행하고 있다고 말하는 편이 조금 더 적절할 것이다.[38]

---

38. 주디스 버틀러, 「우리, 인민 — 집회의 자유에 관한 생각들」, 알랭 바디우 외 지음, 『인민이란 무엇인가』, 서용순·임옥희·주형일 옮김, 현실문화, 2016, 65쪽.

각 개인에게 자기 삶의 모든 책임을 떠넘기는 신자유주의 사회에서 공공 집회는 개인의 불안감과 좌절감을 넘어서는 신체들의 연대를 실천한다. 그리고 여기에서 버틀러는 인민주권의 형태를 발견한다. "내가 제안하고 싶은 바는 이런 집회 형태들이 잠정적이며 초기 단계인 인민주권의 형태로 이해될 수 있다는 것이다."[39] 이렇듯 버틀러는 주권 개념 그 자체에 대해 반대하는 정치철학의 논의와 결을 달리한다고 볼 수 있다.

> 나는 몇몇 이들이 '주권'을 일종의 나쁜 용어로서 간주하게 됐음을 알고 있다. 이때의 주권은 정치를 단수의 주체와 연관짓고, 집행 권력의 형식을 영토적 주장과 연관짓는다. 때로 주권은 지배와, 또 때로는 종속과 같은 뜻으로 사용된다. 그럼에도 주권은 우리가 온전히 잃고 싶지는 않은 다른 함의들 역시 갖는 것 같다.[40]

그렇다면 주권은 어떤 함의를 갖고 있는가? 주권을 순전히 부정적인 것으로 간주하는 경향은 주권 개념이 인민 동원에 결정적이라는 사실을 망각하는 것이다. 버틀러에 따르면 "주권은 정치적 자기-결정 행위를 기술하는 한 가지 방식"[41]이다. 즉 주권은 인민

---

39. 주디스 버틀러, 『연대하는 신체들과 거리의 정치』, 26쪽.
40. 같은 책, 233쪽.

을 억압하기만 하는 심급이 아니라, 인민이 자기 스스로 정치적 주체가 되어 집단적인 의사를 표현하고 공적 문제에 대해 결정을 내릴 수 있는 계기를 제공하기도 한다. 이런 의미에서 인민주권은 정치체제를 선출할 수도, 그것을 와해시킬 수도 있다. 즉 인민의 직접행동을 통한 출현 속에서 우리는 "국가 주권과 구분되는 인민주권의 형태, 국가 주권과 스스로를 구분하는 게 임무인 주권 형태의 작동"을 보게 된다.[42]

이렇듯 버틀러는 인민의 직접적인 집합적 정치 행동을 중시하고 여기에서 국가 주권과 구분되는 인민주권이 출현한다는 사실을 강조하면서도, 인민의 범주에 대한 전통적인 표상에 대해 반대한다. 즉 인민이란 그들이 이구동성으로 한목소리를 내는 경우에조차, 결코 '통일체'로 존재할 수 없다. 인민은 항상 내적으로 분열되어 있고, 인민이 출현할 때조차 다양성으로서만 존재한다. "인민은 모든 쟁점에서 하나로 통일될 필요가 없으며 그럴 수도 없다. 그리고 인민의 이름으로 단결 행동이 일어나기 위해 꼭 인민이 단일한 공간에 함께 모여 있을 필요도 없다."[43] 오히려 이처럼 출현하면서도 동시에 부재해 있는 특징이 인민의 특수성을 형성하며, 바로 이런 의미에서 인민은 국가에 의해 포획되지 않는,

---

41. 같은 책, 234쪽.
42. 같은 책, 233쪽.
43. 같은 책, 241쪽.

포획 불가능한 주체이다. 인민주권이란 이처럼 포획 불가능한 인민이 그들의 이름으로 통치하는 국가의 주권과 분리되는 시점에서 출현하는 것이다.

인민주권은 일상적으로 투표에 의한 대의제의 형태로 표현되지만, 인민은 때로 집회의 형태로 직접 모임에 따라 자신들이 선출한 대의제 권력을 무화시키거나 새로운 권력으로 대체하기도 한다. 인민이 권력의 담지자라는 인민주권의 내용은 이처럼 대의제의 원동력이 되기도 하지만, 동시에 대의제와 독립적인 차원에서 작동하기도 한다. 즉 "인민주권은 자신이 정당화하려는 바로 그 대의적 체제로부터 분리된 성찰적인 자기-제작의 형태다."[44]

달리 말하자면, 인민주권은 투표 행위에 의해 선출된 권력으로 이전되지만, 이러한 이전은 결코 완전하지 않다. 인민주권은 정권을 만들어 내기도 하지만, 그것을 퇴진시킬 수도 있기 때문이다. 인민주권은 선출된 의회 권력의 정당성을 보증하지만, 동시에 그것을 비합법화시킬 수 있는, 완전히 제도화될 수 없는 형태의 권력이다. 인민주권은 언제나 자신이 창설한 의회 권력을 초과하는 권력이다. 인민주권에 의해 정당성을 보장받는 의회 권력은 이러한 인민주권을 두려워할 수밖에 없으며, 여기에서 인민주권의 현실적인 힘이 존재한다. "달리 말해, 민주주의적 통치의 조건은 궁극적으로는 인민주권의 행사에 바탕하고 있기 때문에, 그것은

---

44. 같은 책, 246쪽.

어떤 민주주의적 질서에 의해서도 결코 완전히 포섭될 수 없다.ˮ[45] 버틀러의 이러한 관점은 '의회'와 '인민'의 대립이라는, 직접민주주의자들이 가정하는 추상적 이분법의 소박한 관점을 넘어서, 자기-제작자로서 인민이 어떻게 스스로 창출한 권력을 다시 무효화시킬 수 있는가에 관한 역동적 구조의 통찰을 제시해 준다.

5. 나가며: 미완의, 도래할 인민주권

우리는 인민 그리고 인민주권 개념이 갖는 이중성과 그로 인한 역설에 대해 살펴보았다. 인민주권은 민주주의의 핵심으로서 통치자와 피통치자의 동일성을 담은 이념이기도 하지만, 동시에 군주주권의 연속성 속에 탄생했다는 태생적인 한계를 가지고 있으며, 정치권력의 권위를 승인해 주는 수동적인 역할을 담당하기도 하고, 국민주권과 동일시되어 국민국가의 경계를 강화하는 논리로 이용되기도 한다. 즉 인민주권은 지배로부터의 해방을 담은 이념이면서, 동시에 새로운 지배를 정당화하거나 차별과 배제의 폭력을 낳기도 한다. 인민주권이 태생적으로 갖는 이러한 역설을 피할 방법은 없어 보인다. 역사적으로 우리는 '인민'의 이름이 해방적 정치를 추동했던 경험과 함께, '인민'의 이름으로 자행된

---

45. 주디스 버틀러, 「우리, 인민 — 집회의 자유에 관한 생각들」, 67쪽.

수많은 폭력과 공포통치, 독재를 보아왔다. 따라서 인민이라는 이 신비로운 개념은 급진적인 해방적 사유와 비극적인 폭력의 가능성을 모두 내포하고 있는 것으로 보인다.

동시에 우리는 인민주권을 강하게 긍정하는 논의들을 살펴보았다. 라클라우는 (그가 포퓰리즘이라고 부르는) 인민적 호명을 통한 적대의 창출을 급진 민주주의를 위한 조건으로 사유하며, 발리바르는 인민주권의 이중성으로부터 새로운 시민권의 정치의 가능성을 낳을 변증법적 긴장을 읽어내고자 했다. 마지막으로 버틀러는 공공 집회에서 출현하는 인민의 집합적인 신체적 수행성이 인민주권의 원동력이 됨을 주장했다. 이러한 논의들이 인민주권의 태생적 이중성과 그로 인한 역설적 귀결을 사라지게 만드는 것은 물론 아니다. 그럼에도 이러한 논의 속에서 우리는 인민주권이 그 이중성에도 '불구하고' (또는 그러한 이중성으로 인해) 갖게 되는 의미를 성찰하게 된다. 왜냐하면 '인민'이라는 기표는 분명히 정치 공동체의 기원을 이루는 집합적 주체의 해방적 몸짓과 정치적 실천에 관한 상상력을 자극하며, 따라서 급진적인 정치적 이론과 실천으로부터 근본적으로 제거할 수 없는 범주이기 때문이다. 다음과 같은 캐노번의 언급은 이러한 인민 개념이 갖는 회피할 수 없는 성격을 나타내준다.

그러나 민주주의는 또한 (근대성의 특성이기도 한) 정치를 통한 구원을 약속하는, 구원적 전망들의 보고이기도 하다. 그

약속된 구원자가 바로 '인민'이다. 하나의 신비로운 결속체로서 인민은 비록 우리, 보통 사람들로 이루어져 있지만, 극적이고 구원적인 정치적 출현을 가능하게 만드는 권위 있는 존재로 변신할 수 있는 능력을 지니고 있다. 우리가 인민의 주권을 일상의 정치적 실천 속으로 옮겨 놓을 수 있다고 생각함에도 불구하고, 우리는 초월적인 주권 인민이 어떻게든 정치적 쇄신을 가져다줄 것이라는 기대를 떨쳐 버릴 수가 없다.[46]

실로 우리는 그러한 기대에서 벗어날 수 없어 보인다. 그러나 그러한 기대 속에서도 우리는 인민 개념이 갖는 이중성과 역설에 대해서도 예리하게 직시해야 한다. 구원의 희망 속에 이 (유사 신비로운) 개념이 갖는 가능성을 과장해선 곤란하다. 그러나 동시에 이 개념이 갖는 확장성과 가능성에도 불구하고, 그것의 역설적 성격으로 인해 이를 폐기해서도 곤란할 것이다.

인민주권은 늘 출현하는 것은 아니다. '인민'이라는 범주가 시장에서 경쟁하며 각자의 이해관계 속에 골몰해 있는 경쟁하는 '개인'들로 해체되는 현대 사회에서 인민은 숨죽이고 있고, 잠을 자고 있다. 그러나 인민이 출현하는 어떤 순간, 잠자던 집합적 행위자가 거리와 광장에 출현하는 어떤 순간은 '미완의' 인민주권이 그 가능성을 보여주는 순간이며, 일상이 정지하고 아래로부터

---

46. 마거릿 캐노번, 『인민』, 156쪽.

의 예외가 출몰하는 순간이다. 주권이 소멸한 것처럼 보이는 시대, 그럼에도 오히려 비밀리에 경제적 자기 보존의 원리 속에 자신을 합리화하며 자신의 주권을 만인에게 강요하는 자립화된 경제적 권력이 사회 전체를 지배하는 오늘날, 정치는 그러한 출몰을, 곧 대항—주권으로서의 인민주권의 출몰을 기다리고 있는 것인지도 모른다.

제2장 포퓰리즘, 데모스, 급진 민주주의

라클라우와 무페의 '인민' 담론 구성에 관하여

1. 들어가며

지난 2016년 6월의 영국 브렉시트Brexit 국민투표 결과와 미국 트럼프 대통령의 당선은 대개 제1세계 유권자들 사이에서 일어나는 '우경화'의 증거로만 여겨졌다. 그런데 이 현상을 단순히 우경화로만 특징짓기에는 무언가 부족함이 있다. 오히려 이러한 기성 정치세력의 붕괴와 소위 '포퓰리즘' 세력의 대두라는 현상은 양가적 혹은 다면적 특징을 갖는다. 2015년 그리스에서 급진좌파연합 시리자Syriza의 집권, 2014년 창당한 스페인 포데모스Podemos의 약진, 2015년과 2019년 포르투갈 의회 선거에서 활약한 좌파 블록 Bloco de Esquerda, 영국 노동당에서 좌파 돌풍을 일으킨 제레미 코빈, 그리고 미국의 알렉산드리아 오카시오-코르테스를 비롯한 '민주적 사회주의자들DSA' 등은 좌파적인 방식으로 기성 정치에 균열

을 냈고, 2016년과 2020년 미국 민주당 대선후보 경선 과정에서
버니 샌더스의 약진 역시 두드러졌다. 반면 프랑스 국민전선[FN]과
그 후신인 국민연합[RN], 독일의 '독일을 위한 대안[AfD]', 오스트리아
자유당[FPÖ]과 같은 우파 포퓰리스트 정당 역시 정반대의 방향에서
기성 정치의 위기가 낳은 공백을 메우고자 시도했다. 따라서 어느
스펙트럼에서 바라보건, 포퓰리스트로 분류되는 정치세력의 급성
장은 이제 기정사실이 되었다.

　기층 민중의 정서와 목소리를 대변하지 않는 기성 정치세력을
교체해야 한다고 성토하는 이러한 정치세력들의 성장은 샹탈 무
페가 2018년 출간된 그의 저작 『좌파 포퓰리즘을 위하여*For a Left
Populism*』에서 언급한 '포퓰리즘적 국면*populist moment*'이 현재진행형
임을 보여준다. 그러나 이 책에서 무페가 전달하고 있는 메시지는
거센 논란을 일으켰다. 특히 과연 포퓰리즘을 좌파의 전략으로 수용
하는 것이 바람직한가 하는 논쟁이 제기되었는데, 이는 포퓰리즘의
성격을 어떻게 정의해야 하는가에 관해 사람마다 매우 상이한 관점
들을 갖고 있으며, 이 운동이 기존의 좌우 정당정치와 계급정치의
틀을 통해 분석할 수 없는 요소들을 드러내기 때문이다.

　필자는 여기서 다음과 같은 질문을 던져보고자 한다. 오늘날
포퓰리즘 정치에 대해 상당수의 지식인이나 언론이 드러내는 공
포감은 어떻게 해석되어야 할까? 포퓰리즘에 덧씌워지는 배타성
에 입각한 중우정치, 반성되지 않은 대중의 원초적 정념(예컨대
혐오 정서)을 동원하는 대중 선동정치 등의 클리셰는 그 근본에서

대중 혹은 인민이 주체가 되는 민주주의 자체의 가능성에 대한 부정으로 이어지는 것은 아닌가? 랑시에르는 좌·우파를 막론하고 나타나는 이러한 포퓰리즘 비판에서 "그들에게 본질적인 것은 민주주의적 인민의 이념 자체를 위험한 군중의 이미지와 결합시키는 것"이라고 비판한 바 있다.[1] 그렇다면 포퓰리즘에 대해 많은 사람이 드러내는 공포와 우려 속에는 이처럼 '인민'을 '위험한 존재'로 표상하는 관점이 녹아있는 것은 아닌가 하는 반문을 제기할 수 있다. 따라서 포퓰리즘에 대한 물음은 근본적으로 민주주의의 주체로 상정되는 인민 혹은 데모스를 어떤 존재로 사유할 것인가에 관한 논의로 귀결된다. 그리고 이러한 맥락에서 포퓰리즘에 대한 논의는 그것에 대한 각자의 이해 방식이나 지지 혹은 반대 여부와 상관없이, "대중들의 직접행동과 대의제 사이의 제도적 관계에 근본적인 질문"을 던진다.[2]

바로 이러한 물음을 제기하면서, 포퓰리즘을 두려워하지 않고, 그 안에서 적극적으로 인민주권의 사유를 발견해 냄으로써 신자유주의 이후 민주주의의 후퇴를 극복해야 한다고 주장하는 것이 라클라우와 무페의 포퓰리즘 논의의 핵심을 이룬다. 이러한 혁신적 주장을 통해 라클라우와 무페의 논의는 포퓰리즘과 정치의

---

1. 자크 랑시에르, 「찾을 수 없는 포퓰리즘」, 알랭 바디우 외 지음, 『인민이란 무엇인가』, 서용순·임옥희·주형일 옮김, 현실문화, 2016, 181쪽.
2. 이승원, 「직접민주주의의 정치철학적 기반에 관한 연구 — 포퓰리즘인가 민주주의인가?」, 『시민과 세계』, 2018, 16쪽.

관계에 관해 논의하는 데 우회할 수 없는 필수적 준거점을 형성한다.[3] 이 글의 과제는 이러한 논의들을 상세하게 검토함으로써, '포퓰리즘적 국면'을 형성하는 오늘날 민주주의의 위기와 이를 돌파할 수 있는 전망에 관해 고찰해 보는 것이다.

2. 라클라우: 정치의 근본 계기로서 포퓰리즘

1) 인민과 계급의 변증법: 포퓰리즘과 맑스주의의 새로운 돌파구

'맑스주의의 위기'가 논의되기 시작한 시점인 1977년 출간된 책 『맑스주의 이론에서 정치와 이데올로기: 자본주의, 파시즘, 포퓰리즘Politics and Ideology in Marxist Theory: Capitalism, Fascism, Populism』에서 라클라우는 포퓰리즘을 위기에 처한 맑스주의를 돌파하기 위한 전략으로 제시한다.

포퓰리즘이 비록 마오주의, 나치즘, 페론주의, 나세르주의, 러시아 나로드니키 운동 등 완전히 이질적인 대상들을 지칭하는 모호한 개념임에도, 라클라우는 포퓰리즘이라는 형태의 운동 속에서 한 가지 공통의 가능성을 발견한다. 그가 보기에 포퓰리즘은 기존

---

3. 진태원, 「포퓰리즘, 민주주의, 민중」, 『을의 민주주의: 새로운 혁명을 위하여』, 그린비, 2017, 86쪽.

맑스주의의 계급 환원주의 정치를 대신할 새로운 주체 형성 전략을 마련해줄 수 있는 탈출구가 될 것이다. 라클라우의 전제는 토대-상부구조 도식을 폐기하고, 정치의 주체를 경제적 토대로부터 일방적으로 정의 내리지 말아야 한다는 것이다. 이러한 전제 속에서 그는 (산업적 의미의) '계급' 범주 이외에 '인민' 범주를 정치의 주체로 도입할 것을 주문한다.

그람시의 '국민적-인민적 집합의지national-popular collective will'라는 개념에 착안한 이러한 사고를 일종의 '이중전략'으로 명명할 수 있을 것이다. 여기서 계급투쟁 담론과 별도의, 그러나 계급투쟁 담론과 병행적으로 결합될 수 있는 인민적-민주적 투쟁의 전통이 발견된다. 바로 이러한 인민적-민주적 투쟁이 지배적 헤게모니 블록과 적대적 관계를 형성할 때, 이를 포퓰리즘이라고 부를 수 있다.[4]

그러나 포퓰리즘이 적대에 기반을 둔 정치적 투쟁을 형성한다고 해서 그것이 언제나 혁명적인 것은 아니다. 라클라우는 지배계급의 포퓰리즘과 피지배계급의 포퓰리즘이 언제나 구분 가능하다고 말한다. 지배계급 포퓰리즘의 사례로는 인종주의 이데올로기에 호소하여 대중운동을 통해 국가에 대한 적대를 발전시켰으나, 동시에 이를 통해 혁명의 가능성을 차단한 나치즘을 들 수 있다.[5]

---

4. "포퓰리즘은 인민적-민주적 요소들이 지배 블록의 이데올로기에 대한 적대적 선택으로 제시될 때 시작된다." Ernesto Laclau, *Politics and Ideology in Marxist Theory: Capitalism, Fascism, Populism* (London: NLB, 1977), p. 173

이에 반해 피지배계급 포퓰리즘은 인민을 민주적으로 호명하며, 이를 계급투쟁과 접합하는 가운데 적대의 확장을 낳는다. 자코뱅주의 역시 피지배계급 포퓰리즘의 사례라고 할 수 있다. 그것은 인민적-민주적 호명의 자율성이 계급사회와 조화를 이룰 수 있는 한에서의 최대치에 도달한 사례로 이해된다. 그리고 이러한 담론적 접합의 확장을 통해 계급투쟁이 인민적-민주적 담론을 수용하여 그람시적 의미에서의 헤게모니 투쟁을 수행할 때 '사회주의 포퓰리즘'이 실현 가능하게 될 것이다. 즉 '사회주의 포퓰리즘'이란 노동계급이 자신의 계급적 정체성을 넘어서 인민적-민주적 담론으로 계급투쟁의 영역을 확장하는 것을 의미하며, 이런 의미에서 결코 부정적인, 후진적 계급의식의 표현이 아니라 가장 진일보한 의식의 표현이다.[6]

라클라우가 이해하는 포퓰리즘이란 이처럼 사회적 위기의 순간에 기성 질서에 대항하는 적대적 실천 속에서 인민이 주체로 호명되는 과정이다. 따라서 그것은 새로운 현상이 아니며, 사회의 위기에 항상 수반되는 현상이다. 포퓰리즘은 정치 담론의 이중적 접합에 의해 구성되는 특수한 이데올로기적 영역에서 출현한다. 이 이중적 접합이란 "'인민'과 계급의 변증법적 긴장"을 말하는데,

---

5. 같은 책, p. 174.
6. 라클라우에 따르면, 실제로 마오의 중국 공산당, 티토의 유고슬라비아 공산당, 이탈리아 공산당은 사회주의 운동 내에서 명백히 포퓰리즘적 요소를 수용한 사례라고 할 수 있다. 같은 책, p. 174.

이 긴장은 포퓰리즘이 지배계급의 이데올로기 형태를 취할 것인지 피지배계급의 이데올로기 형태를 취할 것인지 결정짓는다.[7]

바로 이 '인민과 계급의 변증법'이 라클라우가 말하고자 하는 것의 핵심을 드러낸다. 이후 『헤게모니와 사회주의 전략』(1985)에서 드러내는 계급 중심성에 대한 완전한 폐기를 아직까지는 유보한 채, 라클라우는 여전히 맑스주의의 틀 내에서 다만 그 제한성을 넘어 사유하고자 시도하고 있다. 이를 위해 그는 '인민' 담론이 계급 담론과 모종의 긴장을 형성하지만 이 긴장이 바로 경제주의적인 계급 환원론을 넘어서는 헤게모니 정치의 고유한 생명력을 불어넣을 수 있다고 본다. 피억압 계급의 계급투쟁이 '인민적 호명'을 통한 '인민적–민주적 투쟁 담론'과의 접합을 이루지 못한다면 그것은 협소한 산업적 계급 이해관계의 제약 속에서 고립되고 말 것이다.

따라서 포퓰리즘은 피지배계급이 사회 나머지 영역에 대해 자신을 헤게모니적으로 제시할 수 있는 역량과 관련 있는 개념이다. "계급들은 그들의 담론 속에 인민을 접합하지 않고서는 그들의 헤게모니를 주장할 수 없다. 그리고 (…) 자신의 헤게모니를 주장하기 위한 이러한 접합의 특수한 형식은 포퓰리즘일 것이다."[8] 거꾸로, '인민'과 권력 블록 사이의 모순 역시 계급 없이는 발전될

---

7. 같은 책, p. 194.
8. 같은 책, p. 196.

수 없다. '인민'은 계급에 접합된 채만 존재한다. 이를 라클라우는 "사회주의적 헤게모니"[9]라고 부른다. 이러한 방식으로 사회주의 정치의 주체인 프롤레타리아트 계급과 인민적-민주적 투쟁 전통의 담지자인 인민의 포퓰리즘 정치 사이의 접합 형식은 계급투쟁의 본질을 형성한다. 라클라우는 이를 다음과 같이 정식화한다. "포퓰리즘 없이는 사회주의도 없다. 그리고 최고 형태의 포퓰리즘은 오직 사회주의일 수 있다."[10]

이처럼 라클라우는 계급 담론과 인민적 호명 사이의 변증법적인 긴장 관계 속에서도 양자를 접합함으로써 계급 환원론을 극복할 새로운 계급투쟁 담론을 제시하고자 했다. 그러나 그는 1970년대 후반의 이 입장을 이후 수정하며, 여전히 남아 있는 계급 중심의 헤게모니 접합론을 폐기하고 신사회운동이 보여주는 새로운 접합의 논리 속에서 사회적 갈등을 이해한다. 이러한 과정에서 라클라우의 포퓰리즘론 역시 그의 이론 내에서 더욱 강한 위상을 갖게 된다.

2) 급진 민주주의 전략과 포퓰리즘: 등가연쇄를 통한 인민의 구성

2005년에 발표된 글 「포퓰리즘: 이름이 중요한가?」에서 라클라우는 포퓰리즘이란 존재적[ontic] 범주가 아니라 ('존재자들의 관계

---

9. 같은 책, p. 197.
10. 같은 책, pp. 196~197.

양식'에 관한) 존재론적ontological 범주라고 말한다. 즉 포퓰리즘이 란 단어의 의미는 어느 특수한 집단의 실천을 묘사하는 정치적 혹은 이데올로기적 내용 속에서 발견되는 것이 아니라, 그 내용이 무엇이든지 간에, 사회적, 정치적 혹은 이데올로기적 내용들의 특수한 접합 양식 속에서 발견된다.

그렇다면 이 접합 양식은 어떻게 획득되는가? 여기서 라클라우 는 '요구하다'를 의미하는 demand라는 단어의 이중적 의미를 제시 한다. 이 단어는 '요청하다request'와 '권리를 주장하다claim'라는 두 가지 의미를 동시에 갖고 있으며, 이 이중성이 변증법적 의미를 창출한다고 그는 주장한다. 요청, 즉 request의 사례를 살펴보자. 예컨대 어느 마을 주민들이 시청에 버스 노선을 신설해달라고 요청하는 경우를 생각해 볼 수 있다. 주민들은 상위의 권력기관에 청원했을 것이다. 사회 내에는 이를 포함해, 상이한 요구들이 동시 에 존재한다. 따라서 이러한 다양한 요구들은 요청의 수준에서는 차이의 논리를 형성한다. 그런데 만약 이 요구들이 받아들여지지 않는 경우에는 어떻게 될까? 이 요구들은 그 긍정적인 차이의 본성을 넘어 부정적인 차원으로 이동한다. 즉 주민들은 어째서 자신들의 요구가 배제되는가를 묻기 시작하고, 요청request은 권리 주장claim으로 이어진다. 이러한 상황에서 주민들은 권리를 갖지 못한 자들로 나타난다. 그러나 이들이 이러한 배제에 항의하고 자신의 권리를 주장하는 순간, 이들은 공동체에 대한 권리를 가진 자, 인민으로 호명되며, 이 호명 과정이 곧 포퓰리즘적 정치의

순간이다.[11]

　이렇듯 모든 요구들이 그 차이에도 불구하고 스스로 재결집되는 경향을 보이는 경우를 라클라우는 "등가연쇄equivalential chain"로 명명한다. 이 요구들의 등가연쇄를 통한 결합과 이를 토대로 한 인민적 주체성popular subjectivity의 형성은 포퓰리즘 정치의 핵심적인 요소다. 그런데 이러한 등가연쇄와 인민적인 주체성의 형성은 사회의 내적 전선internal frontier을 필요로 한다.[12] 즉 사회적 공간을 충만한 것이 아니라 분열된 적대의 장으로 만드는 이중화와 이를 통한 내적 전선의 창출은 이행되지 않는 요구들 사이의 등가연쇄 구성의 조건이며, 인민적 주체성 형성의 조건이다. 그리고 이러한 등가연쇄에 통일성을 부과하는 일반적 등가물, 즉 그 자체 특수한 요구이면서 동시에 다른 모든 등가적인 요구들 사이의 접합을 실행시킬 수 있는 일반적인 요구가 존재한다. 이러한 일반적 등가물의 형성 과정을 라클라우는 헤게모니라고 부른다.[13]

　라클라우는 폴란드 민주화운동 당시의 연대노조, 즉 솔리다리노시치Solidarność의 사례를 든다. 연대노조의 요구는 그단스크 지역의 특수한 노동계급의 요구들에서 시작했지만, 이 요구들이 억압

---

11. Ernesto Laclau, "Populism: What's in a Name?" ed. Francisco Panizza, *Populism and the Mirror of Democracy* (London and New York: Verso, 2005), p. 37.

12. 같은 책, p. 38.

13. 같은 책, p. 39.

적인 사회에서 정식화되었기 때문에, 그것들은 새로운 이분화 담론 속에서, 즉 적대의 장 속에서 인민적 진영을 형성하는 기표가 되었다. 이처럼 어떠한 요구든지 간에, 그것이 특수한 요구들 사이의 접합과 이를 통한 (이 요구들의 담지자인) 주체들 사이의 집합적 결속을 형성할 수 있다면, 그것은 헤게모니적 실천을 낳는다.[14]

따라서 다양한 요구의 등가연쇄를 이루는 일반적 등가물은 실제로는 '텅 빈 기표empty signifier'에 불과하다. 이 텅 빈, 또는 (그것이 다른 것에 의해 대체될 수 있다는 의미에서) 부유하는floating 기표가 바로 헤게모니적 기표를 형성하며, 다양한 요구를 가진 주체들을 '인민'으로 호명한다. 만일 이러한 등가연쇄들이 성립되지 않는 경우, 즉 다양한 사회적 요구들이 그저 차이의 논리에 머무르는 경우에는 집합적 의지가 형성되지 않으며, 따라서 인민적 주체성이 형성되지 않는다. 이러한 의미에서 포퓰리즘은 정치 자체의 조건이다. 즉 그것은 인민적 주체성과 호명이 이루어지는 방식, 여러 집단적 실천의 담론들이 접합되는 방식을 말한다. 따라서 "포퓰리즘의 종말은 정치의 종말과 일치한다."[15]

---

14. 예컨대 한국에서 2008년 촛불시위 당시 광우병 파동이 발생한 미국산 쇠고기 수입에 대한 반대 요구는 매우 사소한 수준의 요청이었을지 모른다. 그러나 그러한 요구가 좌절되는 순간, 광장에 모인 사람들은 '주권자'로서 자신들의 집합적 목소리들이 무시당했다는 사실로부터 정권 자체의 비민주성을 규탄하는 집합적 주체가 되면서 인민적 주체성을 형성하였고, 쇠고기 수입 중단에 대한 요구는 광범위한 사회적 불만을 결속시키는 '일반적 등가물'로 기능하였다.

이 같은 라클라우의 설명 방식 속에서 우리는 계급투쟁의 담론이 인민적 투쟁의 담론과 맺는 접합 관계로서 포퓰리즘을 이해하는 그의 70년대 사고방식을 더는 발견할 수 없다. 라클라우는 이제 계급투쟁의 중심적 지위, 헤게모니적 지위를 포기하고, 각각의 사회적 요구들이 독립적인 차이들로서 존재하며, 그러나 이 요구 중 하나가 ('텅 빈 기표'로서의) 일반적 등가물로 제기됨으로써 이루는 등가연쇄에 주목한다. 이미 등가연쇄라는 표현에서부터, 다양한 사회적 요구 중 어떤 것도 '중심'의 지위를 차지할 수 없다는 분명한 메시지가 읽힌다. 그러나 동시에 라클라우는 (포스트모던적 저자들과 달리) 이 요구의 다양성이 이루는 차이 그 자체는 정치를 형성하지 않는다는 사실을 지적하면서, 일반적 등가물을 통한 등가연쇄 속에 성립되는 인민적, 집합적 주체성이 바로 정치의 조건임을 주장한다.

포퓰리즘과 정치의 관계에 관한 이러한 라클라우의 사유 속에는 공동체의 부분이면서 동시에 자신을 보편자로 제시하는 특수한 집합으로서 '인민'의 고유성에 관한 사고가 자리하고 있다. 인민의 근본적 특징은 "공동체 내에서 하나의 부문이 그 자신을 공동체 전체의 표현이자 재현으로 제시한다"[16]는 데에, 그리고 이를 통해 자신을 보편적 존재로 드러냄으로써 정치의 주체가

15. 같은 책, p. 48.
16. 같은 책, p. 48.

된다는 데에 있다. 분명 이러한 관점 속에는 치안에 의해 잘못 셈해진, 그리하여 포함되어 있으면서 동시에 배제되어 있는 데모스가 자신의 평등을 증명하는 과정을 '정치'라고 명명한 랑시에르의 사고로부터 받은 영향이 드러난다.

이러한 관점으로부터 우리가 확인하는 것은 라클라우가 말하고 있는 인민의 범주는 결코 단순히 주어진 사회의 다수 대중을 의미하지 않는다는 것이다. 그것은 오히려 인민적 호명 과정을 통해 구성되는 것이며, 이 호명 과정에서 인민은 다양한 방식으로 출현할 수 있다. 그리고 정치란 바로 이러한 개방적 과정을 지칭한다.

3) 포퓰리즘적 이성, 혹은 정치적인 것의 존재론

포퓰리즘 정치에 대한 라클라우의 이론 기획의 정점은 앞선 글과 같은 해에 발표된 『포퓰리즘적 이성에 관하여』(2005)에서 제시되고 있다. '포퓰리즘적 이성'이라는 표현에서도 드러나듯이, 이 책에서 라클라우는 매우 과감하게 포퓰리즘 정치의 대의를 옹호하면서 그것을 모든 정치의 필연적 형식으로 정의한다. 그에 따르면, 서구 근현대 정치철학에서 나타나는 포퓰리즘에 대한 비난과 조롱은 모두 '대중'에 대한 편견과 모욕에서 비롯한 것이다. 반면 라클라우는 "포퓰리즘은 정치적인 것 자체의 존재론적 구성에 관한 어떤 것을 이해하기 위한 지름길"[17]이라고 주장하면서,

---

17. Ernesto Laclau, *On Populist Reason* (London and New York: Verso,

제도적 형태의 정치 담론을 넘어서는 '정치적인 것'의 구성 과정을 이해하기 위해서는 포퓰리즘에 대한 이해가 필요함을 주장한다.

라클라우는 인민이라는 범주를 인식하기 위한 전제들을 다음과 같이 제시한다. 첫째로 그는 "'인민'을 사회적 구조의 소여로서가 아니라, 정치적 범주로서" 다뤄야 한다고 주장한다.[18] 맑스주의적인 계급 개념은 사회적 생산관계에서 그가 차지하는 역할에 따라 정의된다. 그에 따라 생산수단을 소유한 자본가 계급과 생산수단으로부터 배제되어 자신의 노동력을 판매해야 하는 노동자 계급이 구분된다. 즉 계급은 사회적이며 사회학적인 개념이다. 그러나 라클라우는 인민은 이러한 사회 구조의 관점에서 파악되는 범주가 아니라고 말한다. 인민이란 정치의 논리, 즉 '부분' — 사회적 요구를 제기하는 평민, 플렙스plebs — 과 '전체' — 포풀루스populus, 곧 구성원 전체로 이루어진 공동체 — 사이의 불일치(랑시에르적 표현대로라면 '불화')로 인해 나타나는 특수한 주체화와 구성의 과정을 수행하는 집합적 의지와 관계된 개념이다.

둘째로 바로 이러한 관점에서 인민 개념의 논리적 특징이 나타난다. "역사적인 행위자로서 '인민'의 특징은 이러한 플렙스의 부분성에 의한 포풀루스의 보편성의 손상에서 기인한다."[19] 여기

　　　2005), p. 67
18. 같은 책, p. 224.
19. 같은 책, p. 224.

에서 '특수의 보편성'과 '보편의 특수성'이라는 이중 운동이 드러난다. 전체의 일부, 따라서 특수일 뿐인 플렙스(평민과 하층민)는 자신을 배제하는 귀족들의 지배에 대항하면서 자신이 곧 포풀루스(인민) 전체임을 주장한다(특수의 보편성). 동시에 공동체 전체는 이들을 배제하려는 시도로 인해, 자신의 보편성이 기만이며, 실은 지배자들에 의한 배제의 보편성에 불과하다는 사실을 스스로 드러내 보인다(보편의 특수성). 따라서 '보편의 특수성'은 '특수의 보편성'이 성립하기 위한 조건이다. 즉 인민이란, 전체에서 배제된 자들인 플렙스가 자신을 공동체 전체를 이루는 포풀루스로 드러내는, 부분과 전체 사이의 이 이중적 논리 속에서 정치적 주체로 구성된다. 보편과 특수 사이의 이러한 역설적인 교차적 운동과 이를 통한 구성의 논리를 라클라우는 '포퓰리즘적 이성'이라고 부른다.

셋째로 이러한 보편의 특수성과 특수의 보편성이라는 이중 논리는 사회적 총체성이라는 전망을 포기해야 함을 드러낸다. 라클라우가 다루는 특수와 보편의 범주들은 총체성과 그 부분 사이의 유기적이고 목적론적 관계가 아니다. 오히려 특수의 보편성이 의미하는 바는 바로 그 보편의 특수성이라는 사실, 곧 보편이 보편으로서 성립 불가능하다는 부정적인 지표인 것이다. 이처럼 라클라우는 특수와 보편을 (긍정)변증법적으로 매개, 화해시키지 않고, 이 두 범주의 부정적 매개 관계에 주목한다. 정치는 특수적인 것이 보편자가 되는 목적론적 과정으로 환원되는 것이 아니다. 말하자면, '특수계급이면서 보편계급인 프롤레타리아트'와 같은 정식은 라클라우에게서 존재하지 않는다. 목적론적인 보편의 실현을 향한 과정 역시 존재하지 않는다. 외부 없는 총체성으로 귀결되는 보편 역시 존재하지 않는다. 따라서 라클라우는 궁극적인 목적과 화해를 실현하는 혁명이 아닌, 민주주의의 급진화가 필요하다고 말하며, 이러한 급진 민주주의 기획의 의미에서 '인민'을 "기저에 놓인 하부구조의 논리에 대한 상부구조의 효과"로 고찰할 것이 아니라, "정치적 주체성의 구축 속에 있는 일차적인 영역"으로 고찰해야 한다고 말한다.[20]

넷째로 라클라우는 인민의 동일성이 구성되는 구체적 방식에 관해 논하면서 포퓰리즘 정치에 대한 오해를 비판한다. 인민적 동일성 구성에서 중요한 역할을 차지하는 것은 무엇인가? 라클라우는 여기서 정서affect의 역할을 강조한다. 정서적 유대, 감정적 요소는 바로 이러한 인민적 동일성 형성 과정에서 근본적인 기능을 맡는다.[21] '대중사회'의 출현 초기 이에 가해진 이론가들의 비판은 대부분 대중의 정념과 감성이 갖는 부정적 기능에 맞춰져 있었다. 그들은 이를 사회적 합리성에 대한 위협이라고 보았고, 파시즘의 출현은 이에 대한 증거인 것처럼 보였다. 그러나 라클라우는 이러한 이론가들의 합리주의적 편향에 이의를 제기한다. '포퓰리

---

20. 같은 책, p. 226.
21. 같은 책, p. 227.

즘적 이성'이란 정치적 합리성을 이해하는 또 다른 방식이다. 그것은 인민적 동일성을 구성하는 정서의 역할을 그 자체로 부정적인 것으로 평가절하하지 않으며, 이것이 정치적인 것에 있어서 핵심이라는 사실을 인정하는 데에서 출발한다. 이러한 맥락에서 라클라우는 대중이 지도자에 대해 갖는 정서적 유대감을 강조한다. 이 유대감 역시 '카리스마적 통치'라는 이름으로 행사되는 전체주의적 지배로 귀결되기만 하는 것이 아니다. 지배에 저항하는 정치에서도 이처럼 인민과 지도자 사이의 유대관계는 필수적이었다.

다섯째로 역사적 조건에 대해 살펴볼 필요가 있다. 지구적 자본주의는 단지 경제적 현실만을 의미하지 않는다. 그것은 경제적, 정치적, 군사적, 기술적 결정이 내려지는 복합적 실재라고 정의내릴 수 있으며, 자본주의적 지배가 이뤄지는 방식은 그 본성상 헤게모니적이다. 따라서 지구적 자본주의에 대항하는 운동은 단지 계급적으로 조직되어서는 안 된다. '인민'의 구성 과정은 이러한 운동에서 필수적이다. 물론 인민의 구성은 어떠한 형태로 적대가 형성되는가에 따라 그 구체적 양상이 달라질 수 있다. 라클라우는 "변화의 순수한 주체는 존재하지 않는다"[22]고 말한다. 주체는 언제나 등가적 논리들에 따라 과잉결정된다. 이것이 의미하는 바는 정치적 주체란 언제나 (이러한 과잉결정에 의해 구성되는) 인민적 주체라는 사실이다. 지구적 자본주의하에서 이 과잉결정의 공

---

22. 같은 책, p. 232.

간은 확장되며, 이에 따라 인민적 주체 역시 그 범위가 확장될
수 있는 가능성이 생긴다.

이처럼 라클라우는 아직 그가 맑스주의자로 분류될 수 있었을
70년대에 그가 추구한 계급정치와 인민적 정치의 담론적 접합으
로부터 점차 멀어지면서, 계급정치의 편협성과 환원주의를 탈피
할 수 있는 '확장적' 사회운동의 출현 가능성을 적극적으로 모색하
는 과정에서 포퓰리즘의 논의를 전개한다. 그의 논의들이 주로
인민적 주체성의 형성 과정이 갖는 논리적이고 존재론적인 담론
에 초점을 맞추었다면, 그의 논의와 보조를 맞추는 무페는 이를
구체적인 정치적 정세 속에서 분석하고 새로운 형태의 담론으로
제시하기 위한 노력을 전개한다. 그 결과 등장하는 것이 무페의
'좌파 포퓰리즘' 담론이다. 다음 장에서는 이에 관해 고찰해 보기
로 한다.

3. 무페: 포퓰리즘과 신자유주의 이후의 급진 민주주의

1) 잃어버린 인민주권을 찾아서

샹탈 무페는 2000년 출간된 그의 저서 『민주주의의 역설』에서
오늘날 인민주권에 대한 인식이 소멸하면서, 민주주의 전통이 망
각되고 있다고 진단을 내린다. 우리가 '민주주의'라는 표현을 사용
할 때 강조하는 것은 인권, 법치 등 주로 자유주의적 전통에서

비롯하는 개념들이다. 반면 민주주의적인 전통, 즉 인민주권 개념은 '낡은 것'으로 치부되면서, '자유주의'와 '민주주의'의 양 날개 속에 기능하는 현대 자유민주주의 체제에서 민주주의의 요소는 소멸해 버리고, 그 결과 민주주의 사회에서 "민주주의의 결핍"[23]이 초래되고 있다. 이처럼 자유민주주의 제도들과 주류 사회에서 인민주권 개념이 망각되는 사이, 우익 포퓰리스트들이 인민주권이라는 기표를 선점하고 있다. 이제 무페는 우리에게 진지하게 묻는다. 좌파는 인민주권 개념을 근본적으로 포기할 것인가? 실제로 이론가들 사이에서는 인민주권을 비롯한 근대정치의 개념들을 낡은 것으로 치부하는 경향이 매우 강했다. 주권, 권력 등 거대 담론은 근대적인 총체성의 기획에 포섭된 사고의 반영에 불과하며, 따라서 남은 것은 탈주, 다양성, 존중, 공존 등의 가치들이다.

무페는 이러한 조류에 강력히 반발하면서, 악명 높은 국가주의 우파 법철학자이자 자유주의에 대한 날 선 비판가인 칼 슈미트를 차용한다. 무페가 슈미트에게서 차용하는 핵심은 '적대'를 통해 인민이 구성된다는 사실이다. 그리고 이러한 적대의 형성은 '우리'와 '그들' 사이의 구분을 통해 가능하며, 이는 동등한 지위와 결속력을 갖는 '인민'의 범주가 결코 추상적인 인간 또는 전 인류가 아니라, 제한적인 공동체 내에서 일정 정도의 배타성을 갖는 집단

---

23. Chantal Mouffe, *The Democratic Paradox* (London and New York: Verso, 2000), p. 4.

이어야 한다는 것을 의미한다. 자유주의적 전통에서 강조하는 추상적인 인류 전체의 절대적 평등이란 사실상 무의미한 무차별적 불평등에 불과하다. 그것은 결국 인간 집단을 고립되고 원자화된 개인들 간의 관계로 해소시킬 뿐이며, 집합의지의 형성을 통해 나타나는 정치적 주체성을 불가능하게 만든다. "민주주의의 논리는 '인민'을 구성하는 바로 그 과정에 의해 요구되는 폐쇄성의 계기를 함축한다."[24]

그렇다면 이것은 오늘날 우리가 목격하는 우익 포퓰리즘의 맹목적인 민족주의적이고 국수주의적 태도를 용인하는 자세가 아닌가? 그리고 이것은 (주권 개념의 비판자들이 주장하듯) 인민주권 개념에 내포되어 있는, 인민의 동질성에 대한 강조로 인한 배타성이 산출하는 억압적인 귀결을 승인해야 한다는 것을 의미하는 것은 아닌가? 반면 무페는 거꾸로 모든 종류의 인민적 동질성과 이를 통한 집합적 의지의 형성 과정을 (그것이 우익 포퓰리즘의 위험을 보여준다는 식으로) 평가절하할 경우, 그것은 오히려 민주주의의 '탈정치화'를 초래할 것이라고 경고한다. 바로 이 탈정치화된 민주주의, 자유주의적 절차와 형식으로 축소된 민주주의가 오늘날 전 세계적으로 목격되는 현상이다.

물론 슈미트와 같은 방식으로 인민의 동질성을 사고하는 것은 한계가 따른다. 무페에 따르면, 슈미트는 정치적 통일성political unity

---

24. 같은 책, p. 43.

을 잘못 이해하고 있다. 그는 이미 '주어진' 안정된 통일성을 전제하고 있다. 그렇다면 여기서 '우리'와 '그들' 사이의 슈미트적 구분은 정치적으로 구성되는 구분이 아니며, 언제나 주어져 있는, 이미 "경험적으로 존재하는" 경계에 대한 확인에 불과할 것이다. 결국 슈미트는 '적과 동지의 구분'을 통해 인민이 정치적으로 구성되는 과정을 중시하는 '정치적인 것'의 고유성이라는 자신의 전제를 위반하고 있다.[25]

반면 무폐는 인민의 동질성homogeneity이라는 범주를 공통성commonality으로 대체함으로써, 인민의 정치적 유대관계를 확보하면서도 이를 다원주의와 조화시키고자 시도한다. 즉 인민의 구성 과정은 주어진 정체성에 의한 동질성 확보 과정이 아니라, 정치적 접합에 의한 헤게모니적 실천의 결과인 것이며, 다양한 정체성과 관심을 가진 개인들이 인민으로 구성되는 이 과정이 바로 민주주의 정치의 본질을 이룬다.

인민이 특정한 '인종'이나 '민족'으로 호명되는가, 아니면 이러한 주어진 경험적 동일성을 넘어서 다양한 정체성을 포함하는 공통의 정치적 주체성으로 호명되는가 하는 것은 바로 이 헤게모니적 접합에 달려 있다. 즉 '누가 인민인가'를 묻는 것, 인민을 호명하는 구체적인 방식은 그 자체로 사회적 갈등을 낳으며, 민주주의 정치는 이 갈등을 피해 갈 수 없다. 무폐에 따르면, "민주주의

---

25. 같은 책, p. 54.

정치는 충만하게 구성된 인민이 자신의 통치를 실행하는 순간에 성립하는 것이 아니다. 이 통치의 순간은 바로 그 인민의 정의에 관한, 인민의 동일성[정체성]의 구성에 관한 투쟁으로부터 분리될 수 없다."[26]

이렇듯 '누가 인민인가'를 둘러싼 갈등이 현대 정치의 상황에서 좌우 포퓰리즘의 전선을 형성한다. 이를 고찰하기 전에, 우리는 포퓰리즘의 부상이 신자유주의 시대에 드러난 자유주의 체제의 실패와 맺는 연관성에 대한 그의 분석을 좀 더 고찰해 보기로 하자.

2) 자유주의 정치체제의 실패와 우익 포퓰리즘의 부상

2005년에 발표된 글 「'정치의 종말'과 우익 포퓰리즘의 도전」에 서 무페는 민주주의 정치를 사유하는 대부분의 이론적 틀 속에서 포퓰리즘 정치의 뿌리를 파악하려는 시도는 사전부터 배제되었다고 주장한다. 왜냐하면 진보적 또는 좌파적인 이론가들이 보기에 포퓰리즘이란 물리쳐야 할 악 또는 퇴치해야 할 질병에 불과했으며, 따라서 이들은 우익 포퓰리즘의 발흥을 초래한 사회적 원인을 이해하려는 노력을 기울이지 않았기 때문이다.

무페에 따르면, 민족적 전통, 민족 공동체, 인종적 유대감을 강조하는 우익 포퓰리즘은 태곳적 비합리적인 힘의 복귀 혹은

---

26. 같은 책, p. 56.

'탈전통' 시대의 시대착오주의라고 말할 수 없다. 오히려 그것은 오늘날 자유민주주의가 드러내고 있는 "포스트 정치적 합의post-political consensus,"[27]의 귀결로 이해돼야 한다. 오늘날의 포스트 정치적 국면에서 정치적 집단들은 각자의 정치적 차이들을 제거해 버리고, '제3의 길'이라는 미명 하에 시장만능주의와 공공영역의 해체라는 신자유주의적 대의에 의한 합의에 도달했다. 이러한 상황에서 좌우를 넘어서 이 엘리트 정치집단이 이루는 '탈정치적' 방식의 정치적 합의가 다수 대중의 의지를 부정한다는 문제의식은 '인민의 목소리'에 호소함으로써 이러한 기존 정치세력들의 '기득권적 합의'에 도전하는 정치집단들의 성장을 가져왔다.

이처럼 오늘날 주류 사회의 정치문화에서는 (개인 간의 혹은 집단 간의) '합의'라는 자유주의적 원칙이, 공통의 삶에 관련된 결정들에 대한 '참여'라는 민주주의의 기본 원칙을 압도하는 사회적 원칙으로 자리 잡고 있다. 이는 적대의 소멸을 예찬하는 태도로 이어진다. 공평함과 비당파성이 최고의 가치로 선언되면서, 정치적인 것의 고유성을 구성하는 정치적 갈등의 장이 사라진 공간을 '공평무사한' 사법적 판단이 대체하고 있다. 사회적 갈등과 분쟁은 (중립적 재판부에 의한) 사법적 판단의 영역으로 간주된다. 법적

---

27. Chantal Mouffe, "The 'End of Politics' and the Challenge of Right-wing Populism," ed. Francisco Panizza, *Populism and the Mirror of Democracy* (London and New York: Verso, 2005), p. 51.

이슈가 정치적 이슈를 대체하고 있다. '정치의 사법화'라 불릴 수 있는 이러한 현상은 인민주권의 원리를 더욱 소외시키면서, 정치를 소수의 엘리트 집단이 내리는 공평무사한 판단과 합의의 영역으로 축소하고 있다.

이 때문에 인민주권 개념이 수행하는 결정적인 상징적 역할이 망각되고 있는데, 정치 엘리트에 의해 박탈당한 '인민'의 권리를 대변한다고 주장하는 우익 포퓰리스트 정당의 성장 원인은 바로 여기서 발견된다.[28] 우익 포퓰리즘이 발흥하는 또 다른 원인은 이들이 정념과 집단 동일화의 효과를 활용하는 방식에 있다. 우익 포퓰리스트 정당들은 집합적 동일시의 형태를 창조하고 정념을 동원하는 유일한 정치세력이었다. 이로부터 이들은 '합리적으로 선택하는 개인'이라는 (자유주의적) 정치 주체의 표상을 전복함으로써, 집단적 주체로서 인민을 호명하는데 성공을 거두었다. 이들은 '우리'와 '그들' 사이의 적대를 통해 '인민'을 중심으로 하는 집합적 동일성을 창조한다.[29]

이러한 상황에서, 집합적 정념을 태곳적, 퇴보적 현상으로 일축하는 계몽된 엘리트의 담론들은 기반을 상실한다. 오히려 정념의 동원은 모든 정치적 현상에 내재해 있는 핵심적인 현상이다. 따라서 '집합적 동일성'과 '정념'을 활용한다는 바로 그 이유로 우익

28. 같은 책, p. 53.
29. 같은 책, p. 55.

포퓰리즘 정당들을 극우 파시즘으로 묘사해선 안 된다는 것이 무페의 주장이다. 이러한 관점은 우익 포퓰리즘을 '정치적'으로 비판하는 것이 아니라 도덕주의적 관점으로 후퇴할 뿐이다. 즉 이러한 시각은 우익 포퓰리즘을 '악'으로 비난할 뿐, 그에 대한 대안을 마련하지 못한다. 반면 무페가 보기에, 우익 포퓰리즘은 (제거해야 할) '적enemy'이 아니라 갈등적 상황에서 서로 경합하는 '적수adversary'로 이해돼야 한다.[30]

이처럼 오늘날 주류 정치사회에서 정치적 갈등을 사법적 실천으로 대체하는 경향이 자라나고, 이론진영에서는 우익 포퓰리즘을 퇴치해야 할 질병 혹은 악으로 간주하는 도덕주의적 편향이 공존하는 사이, '정치적인 것'의 고유성은 소멸하고 말았다. 이에 대한 무페의 대안은 "정치의 복원Back to politics"[31]이다. 그것은 자유 민주주의에서 민주주의적 측면을 재활성화하고, 인민주권 개념을 부활시켜야 한다는 것을 의미한다. 신자유주의 헤게모니가 초래한 '포스트 정치적' 시대에 점증하는 불평등은 원한 감정을 동원하여 이것이 더욱 폭력적인 표현 양식으로 이어질 위험이 존재한다. 따라서 그에 대항하는 정치의 발견은 막중한 의미를 갖는다고 할 수 있다. 무페가 '좌파 포퓰리즘'이라는 화두를 꺼낸 것은 바로 이러한 시대적 절박함에서였다고 이해될 수 있을 것이다.

---

30. 같은 책, p. 59.
31. 같은 책, p. 68.

3) 인터레그넘의 시대, 좌파 포퓰리즘이라는 대안

2018년 출간된 무페의『좌파 포퓰리즘을 위하여』는 출간과 동시에 커다란 센세이션을 일으켰다. 전 유럽에서 우파 포퓰리즘 정당의 선거 돌풍과 극우파 정치인들의 집권이 가시화되어 위기감이 고조된 상황에서, 포퓰리즘을 좌파의 전략으로 수용해야 한다고 명시적으로 주장하는 이 책은 많은 사람에게 놀라움과 의구심을 자아냈다.

이 책의 도입부에서 무페는 1990년대 '제3의 길' 노선 이래 사회민주주의 정당들의 우경화와 신자유주의에 대한 투항 속에서, '누가 집권해도 똑같다'는 실망감으로 인해 기존 의회 정치세력 전반의 엘리트주의에 대한 대중적 분노가 야기되었고, 이것이 우익 포퓰리즘 확산의 원인이라고 지적한다. 무페는 한발 더 나아간다. 이 전통적 의회주의 좌·우파 세력의 헤게모니적 위기 이후 새로운 정치적 전선을 형성해야 한다는 것이다. 그것은 '인민'과 '과두oligarchy' 사이의 정치적 전선의 구성을 위한 담론적 전략으로서 좌파 포퓰리즘이다.[32]

여기서 중요한 것은 신자유주의에 대한 무페의 이해 방식이다. 그는 신자유주의 시대에는 생산과정의 외부에서 새로운 형태의

---

32. Chantal Mouffe, *For a Left Populism* (London and New York: Verso, 2018), pp. 7~8.

종속이 생산되고 있다고 보고 있다. 이 때문에 계급, 젠더, 생태를 횡단하는 '포퓰리즘적' 방식으로 새로운 정치적 전선이 형성될 필요가 있다는 것이다. 그것은 신자유주의로 인해 불평등과 억압, 배제의 고통을 경험하는 모든 집단을 '인민'의 이름으로 호명함으로써 광범한 보편적 주체성을 출현시키는 과정을 의미한다. 신자유주의는 일종의 '고통의 보편성'을 낳고 있는바, 무페는 이에 대항하는 민주주의 정치의 주체는 전통적인 방식으로 특정한 계급이나 세력에게 특권적인 지위를 부여하는 방식을 넘어, "공통의 정서의 동원"[33]으로부터 귀결되는 집합의지의 형성 과정에서 각 집단 사이 접합의 논리를 통해 구성되어야 한다고 보고 있다.

오늘날 신자유주의 시대 정치적 공백을 설명하기 위해 무페는 그람시가 언급한 인터레그넘^{interregnum} 개념을 차용한다. 이 개념은 로마법상 최고 권력의 공백기를 뜻하는데, 교황의 서거 후 후계자 선출까지의 기간을 의미하기도 하며, 역사적으로는 신성로마제국의 황제 공석 시대(1254~1273)를 인터레그넘의 시대, 즉 대공위 시대$^{Great\ Interregnum}$라고 부른다. 무페가 보기에, 오늘날 국민국가 중심의 사회복지 자본주의 시대를 완전히 대체한 신자유주의적 헤게모니 권력이 정당성의 위기를 맞이한 시점에서, 새로운 대안적 권력 형태 역시 등장하지 않고 있으며, 이러한 의미에서 마찬가지로 인터레그넘, 즉 권력의 공백기를 맞이하고 있다. 무페

---

33. 같은 책, p. 8.

는 이 순간이 바로 '포퓰리즘적 국면populist moment'이라고 지적한다.

현재의 위기는 민주주의 이념의 두 기둥(평등과 인민주권)이 붕괴되었다는 의미에서 1) 포스트 민주주의post-democracy적 위기이며, 또한 그와 관련해서 '정치적인 것' 고유의 특징들이 소멸하고, 좌·우파 사이의 전선 역시 소멸해 버려 선거 과정에서 사실상 각 정당 사이에 아무런 차이도 발견할 수 없는 정치체제, 곧 2) 포스트 정치post-politics의 위기이기도 하다. 이러한 상황에서 3) 서유럽 사회의 과두화oligarchization가 추진되었는데, 자본주의 조절의 새로운 양식으로서 금융화가 진행됨에 따라, 생산적 경제가 금융 독식에 의해 희생되고 노동 인구가 감소하면서 양극화와 불평등, 빈곤화, 불안정화가 이어지고 있다.

이러한 진단하에서 무페가 보기에는, 전통적 좌·우파 정당이 모두 긴축재정에 찬성하고 중도로 수렴되는 상황에서 우익 포퓰리즘 정당들을 통해 제기되는 대중의 요구들은 상당 부분 '민주적인' 요구들이다. 따라서 여기에 대해 '정치적' 답변이 필요한 것이다. 문제는 '선한 민주주의자' 대 '극단주의자' 사이의 도덕적 대립이 아니다. 문제는 신자유주의적 합의를 수용한 엘리트 과두 집단에 대한 불만의 목소리가 우익 포퓰리즘 정당을 통해서 표출되고 있다는 사실이다. 그런데 이들이 표출하고 있는 '반反기득권 담론'은 실제로는 좌파에 의해 제기될 수 있는 것이며, 기실 좌파에 의해 '더욱 잘' 제기될 수 있는 쟁점들이다. 여기에 좌파 포퓰리즘이 돌파구를 찾을 가능성이 열린다.

그렇다면 좌파 포퓰리즘과 우파 포퓰리즘은 어떠한 방식으로 구별되는가? 그것은 '적'과 '우리'의 전선을 설정하는 방식에서 결정된다. 우파의 경우 인민주권과 민주주의 회복을 주장하지만, 실은 이들을 추동하는 것은 '인민주권popular sovereignty'이라기보다는 '국민주권national sovereignty'이다. 즉 이들은 인민을 네이션, 곧 국가, 국민, 민족과 동일시하며, 따라서 자신들의 동일성과 고유성에 위협이 되는 이주민 등 수많은 범주를 배제한 채 인민을 호명한다. 이와 반대로 좌파 포퓰리즘 전략은 과두 집단이라는 공통의 적수와 대면하여, 민주적인 요구들을 집합적 의지로 연합함으로써 '우리', '인민'을 구성한다. 즉 노동자, 이주민, 불안정 중간계급, 여성, LGBT 공동체 등의 요구들 사이의 등가연쇄를 형성하여, 이로부터 새로운 대항–헤게모니를 창출하는 것이 좌파 포퓰리즘 전략이 추구하는 목표라 할 수 있다. 따라서 무페가 상정하는 좌파 포퓰리즘 전략이란 곧 이러한 의미에서 민주주의의 심화와 확장, 그리고 급진화를 뜻한다.[34]

이처럼 좌파 포퓰리즘 전략에서 인민의 구성은 다양한 투쟁들을 집합의지 속에서 서로 접합시키고, 공통적 주체성을 형성하는 것을 의미한다. 다만 이러한 집합의지의 형성 과정은 반드시 반反본질주의적으로 사고되어야 한다. 그에 따르면, 인민이란 경험적 지시 대상이 아니라, 담론 정치적 구성의 대상이다.[35] 따라서 그것

---

34. 같은 책, p. 49.

은 수행된 접합 이전에 존재하는 범주가 아니고, (프롤레타리아 계급처럼) 사회 논리적 범주를 통해 이해되는 집단도 아니다. 또 차이를 통일성으로 환원시키는 동질적 주체 역시 아니다. 그것은 오히려 등가적 관계로 상호 접합하는 방식의 연결망이다. 그리고 이러한 연결망의 형성은 공통의 적을 지목함으로써, 즉 '우리'와 '그들'의 구분을 통해 가능하다.

이 지점에서 무페는 인민을 구성하는 헤게모니적 실행의 과정에서 정치적 지도자, 곧 리더라는 인물이 갖는 중요성을 지적한다. 라클라우가 『포퓰리즘적 이성』에서 이미 강조했던 이 지도자의 역할은 오해를 일으켰고, 이 지점에서 항상 포퓰리스트 전략에 대한 비판이 가해진다는 사실을 무페는 잘 인식하고 있다. 그러나 그는 여기서 강조되는 '카리스마적 지도자'가 곧 '권위주의'를 나타내는 것은 아니라고 말한다. 즉 지도자란 '동료 중 1인자primus inter pares'일 뿐이며, 다양한 민주적 요구들에 대한 헤게모니적 접합과 등가연쇄를 가능하게 해주는 역할을 수행할 뿐, 이 등가연쇄 속에 어떠한 위계를 부여하지 않는다. 다만 이 지도자의 역할은 근본적으로 중요한데, 카리스마적 지도자와의 정서적 유대에서 출발하는 '공통 정서common affect'가 결정화되는 과정 없이는 집합적 의지 역시 형성될 수 없기 때문이다.

무페는 프로이트 정신분석학에서의 집단 동일시 이론과 스피노

---

35. 같은 책, p. 62.

자의 정서 이론 등을 차용해, "정서적 에너지의 동원"[36]을 통한 집합의지의 창출 과정에서 언어적이고 상징적인 요소만큼이나 비언어적인 감성과 행위의 요소들이 중요성을 갖는 측면을 지적한다. 좌파 포퓰리즘 전략은 이처럼 더욱 민주적인 질서를 열망하는 공통의 정서에 기반을 둔 "집합의지의 결정화"를 목표로 설정한다.[37]

그런데 이처럼 무페가 정서 이론의 중요성을 강조하는 이유는 무엇인가? 그것은 이주민 등 타자성에 대한 혐오를 드러내는 우익 포퓰리즘에 대한 '도덕적' 비판이 무의미하다는 진단에서 비롯한다. 인간의 정서는 합리적 판단에 의해 규제되지 않는다. 오히려 이들의 혐오 정서를 대체하기 위해서는 다른 방식으로 조직되는 공통의 정서의 힘이 추동되어야 하는 것이다. "공통의 정서를 육성하는 것의 중요성을 인정하는 것은 좌파 포퓰리즘 전략에서 핵심적이다. 왜냐하면 스피노자가 예리하게 지적했듯이, 하나의 정서는 오로지 그것보다 강력한 대립하는 정서에 의해서만 대체될 수 있기 때문이다."[38] 우익 포퓰리즘을 극복할 방법은 그들의 혐오 정서를 대체할 더욱 강력한 공통의 정서를 창출할 수 있는 새로운 '감정의 정치'를 수행하는 것뿐이다.

---

36. 같은 책, p. 73.
37. 같은 책, p. 77.
38. 같은 책, p. 80.

그런데 합리주의적인 틀 속에서 사고하고자 하는 기존 좌파는 '감정의 정치'를 동원하는 포퓰리즘을 부정적, 경멸적 의미로만 언급해 왔다. 모든 형태의 포퓰리즘 운동을 민주주의의 위험으로 간주하는 이러한 담론들은 포퓰리즘이 민주주의를 강화하기 위한 전략이라는 사실을 인지하지 못한다.

반면 무페는 대항 헤게모니적 정치의 새로운 형태를 설계하기 위해 포퓰리즘이라는 용어를 "재-의미화re-signifying"해야 한다는 입장을 고수한다.[39] 그런데 여기서 중요한 것은 인민, 즉 데모스를 민주주의의 핵심적 차원으로 규정하는 관점이다. 이것만이 구좌파 담론의 계급(환원)정치를 대체할 수 있는, 다양한 이질적이고 특수한 투쟁들의 접합을 통해 구성되는 집합의지의 담론을 가능하게 할 것이다. 즉 고정된 범주를 넘어서 '횡단적transversal' 방식으로 인민을 구성하는 것, 새로운 형태의 인민적 다수성을 창조하는 것은 전통 좌파를 넘어서는 새로운 좌파의 주체 형성 전략인 것이다.

4. 오늘날 포퓰리즘 주체 전략이 갖는 의미

지금까지 살펴본 라클라우와 무페의 포퓰리즘 전략에 대해 가장 대표적인 반론을 제기한 것은 벤자민 아르디티다. 그는 포퓰리

---

39. 같은 책, p. 81.

즘 현상을 기존의 자유민주주의 질서와 온전히 양립 가능한 형태의 포퓰리즘, 즉 '재현 방식으로서 포퓰리즘'과, 자유민주주의 질서의 위험을 초래할 수 있는 '민주주의 정치의 징후로서 포퓰리즘'으로 구분한다. 후자의 경우 격동적 방식으로 대중의 요구가 표현되며, 민주주의를 확대할 가능성과 파괴할 가능성을 모두 내포하고 있다. 따라서 이 후자로서의 포퓰리즘은 (프로이트적 의미에서) 민주주의의 징후symptom이자 민주주의의 자기반성을 가능케 할 '거울'로 고찰될 수 있는데, 이러한 아르디티의 언급은 포퓰리즘 그 자체가 민주주의의 성숙을 위해 거부되어야 할 어떤 것이라는 사고를 전제하고 있다.

따라서 그는 포퓰리즘을 정치의 존재론적 조건으로 정의 내리는 라클라우의 견해에 동의하지 않는다. 포퓰리즘은 민주주의에 위기가 발생했을 때 나타나는 소음이자 징후일 뿐, 그 자체로서는 민주주의 정치와 동일시되지 않는다는 것이다.[40] 나아가 '증상'으로서의 포퓰리즘은 '민주주의 정치의 이면으로서의 포퓰리즘'으로 전화될 위험, 즉 전체주의로의 발전 가능성 역시 내포하고 있다는 것이다. 지도자에 대한 맹목적 추종, 정치적 반대파를 제압하기 위한 대중 동원, 선한 보통 사람들과 악한 엘리트라는 이분법이

---

40. Benjamin Arditi, *Politics on the Edges of Liberalism: Difference, Populism, Revolution, Agitation* (Edinburgh: Edinburgh University Press, 2007), p. 78.

위험성이 이러한 위험을 드러낸다. 따라서 아르디티는 포퓰리즘을 "민주주의 정치 내부의 주변부internal periphery"[41]로 인식해야 하며, 그 이상의 과도한 의미를 부여해서는 안 된다고 주장한다.

필자는 포퓰리즘과 전체주의의 상관성에 대한 아르디티의 이런 우려 역시 경청할 필요가 있지만, 라클라우와 무페의 좌파 포퓰리즘론이 갖는 이론적 강점이 분명히 존재한다고 본다. 그것은 첫째로, '인민'이라는 주체를 호명하려는 그들의 시도에서 나타난다. 그런데 오늘날 정치의 지형에서 '인민'이라는 주체에 관한 논의가 중심을 이루는 이유는 무엇일까? 그것은 오늘날 민주주의를 단순히 정적인 제도적 합의와 규범의 차원을 넘어서, 민주주의적 주체화 과정이라는 역동성에 비추어 고찰해야 할 실천적 필요가 제기되기 때문이다. 무페가 분석했듯이, 오늘날 신자유주의 이후의 포스트-민주주의와 포스트-정치의 상황에서 민주주의를 '합의'의 관점에서만 고찰하려는 시도는 한계에 직면한다. 이런 상황에서 인민의 직접적 참여와 집합적 결속을 통한 정치적 의지의 창출 과정을 강조하는 인민주권론의 전통이 오늘날 재조명받고 있으며, 포퓰리즘적 주체 전략은 이러한 맥락에서 새로이 '인민' 혹은 '데모스'의 주체성을 사유하는 시도로 평가받을 수 있다.

나아가 라클라우에게서 보듯, 이는 노동계급 중심주의라는 기존의 맑스주의적 정치이론이 가지고 있던 환원주의에서 벗어나,

---

41. 같은 책, p. 60.

새로운 보편적 주체성을 수립하는 시도를 의미했다. 이러한 시도는 특정한 계급, 특정한 정체성에 특권적 주체의 지위를 부여하지 않으면서, 등가연쇄와 헤게모니적 접합의 논리를 통해 다양한 사회운동들의 결속과 응집력을 반본질주의적 방식으로 이론화하고자 했다. 또한 무페가 주장하듯, 여기서의 '인민'은 경험적 개념, 즉 경험적으로 주어진 인구population집단을 의미하는 것이 아니다. 따라서 이들의 논의는 주어진 대중의 현상태를 긍정하는 추수주의 혹은 대중영합주의와는 거리가 멀다. 오히려 인민은 정치적 구성의 결과로 탄생하는 민주주의의 주체, 데모스를 나타내는 개념으로서, 이러한 인민의 구성 과정에서 정치적 지도력의 측면을 강조한다는 점에서, 그리고 이러한 사유 속에서 "계급투쟁과 민중투쟁의 단절과 연속성"[42]이라는 주제가 드러난다는 점에서 이들의 논의는 그람시적인 '현대의 군주' 이론을 현대적으로 계승하고 있다고 말할 수 있을 것이다.

둘째로 우익 포퓰리즘을 극우 파시즘의 전조로 바라보는 주류적 관점과 달리, 라클라우와 무페는 포퓰리즘과 파시즘의 개념을 엄밀히 구분하면서, 우익 포퓰리즘을 사회의 질병이자 악으로 바라보는 도덕주의적 비판을 넘어서고자 시도한다. 노동자나 가난한 시민들이 우익 포퓰리즘에 투표하는 근본적 원인에 대해 성찰

---

42. 김은중, 「라틴아메리카 포퓰리즘에 대한 정치철학적 재해석」, 『이베로아메리카연구』 23-2(2012), 52쪽.

하지 않으면서 그들을 사회의 악이자 질병으로 묘사하는 관점은 현상의 이면에 존재하는 누적된 불평등에 대한 대중적 불만이라는 주제에 대해 회피하는 것과 같다.[43] 반면 이러한 라클라우와 무페의 이론적 태도는 우익 포퓰리즘을 지지하는 대중과도 소통해야 한다는 유연하고 현실주의적인 실천적 자세로 이어진다. 아마도 이것이 그람시적인 '현대의 군주' 관점이 현재 사회에 제시해 줄 수 있는 유의미한 교훈 중 하나일 것이다. 라클라우와 무페가 인민을 경험적으로 주어진 범주가 아니라 정치적 구성과 호명의 결과로 창출되는 범주로 규정한다면, 마찬가지로 현재 대중들의 상태들에 대한 구체적인 인식 속에서 사유할 때 우익 포퓰리즘의 지지자들 역시 특정한 조건 속에서 민주주의적인 헤게모니 기표를 중심으로 한 새로운 방식의 인민적 접합 과정에 결합할 가능성 역시 배제해선 안 될 것이다.

셋째로 라클라우와 무페가 가하는 전통적 좌파의 과도한 합리

---

43. 존 주디스가 말하듯, 1886년 오스트리아 우익 포퓰리스트 정당 자유당에 투표한 유권자 중 블루칼라 노동자는 10%에 불과했으나, 국민당과 사민당의 대연정 정부가 민영화를 추진하고, 자유당이 민영화에 대항하는 항의의 목소리를 낸 이후, 자유당 지지자 중 블루칼라 노동자 비율은 47%로 상승했다. 주로 중간계급의 목소리를 대변했던 자유당은 이후 '노동자 정당'으로 이미지를 탈바꿈한다. 유사한 사례는 아버지 장-마리 르펜의 극우 색채를 지우고 소외된 하층 노동계급 정서와 여성성을 내세우며 국민전선을 프랑스 최대의 대중정당으로 만드는 데 성공한 마린 르펜에게도 적용될 수 있다(존 주디스, 『포퓰리즘의 세계화』, 오공훈 옮김, 메디치미디어, 2017, 155~157쪽).

주의에 대한 비판 역시 반추될 필요가 있다. 무페가 지적하듯, 전통적 좌파는 특정한 정치적 이념을 통해 대중을 동원하고자 하며, 이 때문에 늘 실패와 고립화를 경험한다. 반면 라클라우와 무페는 정치적 동원은 언제나 감정emotion, 정서affect, 정념passion의 요소를 통해 일어난다는 사실을 지적하며, 이러한 사실을 토대로 지도자와 지도력의 역할을 강조한다. 실제로 오늘날 현실정치에 서 대중적 동원을 끌어내는 사례들은 모두 특정한 형태의 정서적 동질성과 광범한 공감을 바탕으로 하고 있다. 한국에서 세월호 사건이나 강남역 여성 살해 이후 출연한 '애도의 정치' 등 역시 이러한 사례로 간주될 수 있다.

그리고 이러한 관점에서 언제나 대중의 정서적 유동성은 특정한 지도자와의 유대관계 속에서 정치적 구심점으로 이어지기도 한다. 오늘날의 정치는 억압과 불평등과 같은 사회적인 고통의 감정을 어떻게 치유할 것인가, 어떻게 이로부터 공통감각, 감성의 공유를 통해 인민을 정치적으로 구성할 것인가 등의 물음을 제기 한다. 이러한 공통의 정서를 통한 '인민적 주체성'의 구성이 실패 할 경우, 신자유주의가 초래하는 불안과 공포의 정념이 광범한 혐오 정서의 표출로 이어질 가능성도 존재한다. 그렇다면 우익 포퓰리즘의 일부는 바로 이러한 혐오 정서를 통해 인민을 '폭민'으 로 조직하는 대중운동으로 전환하고 있다고 말할 수 있지 않을까? 이러한 관점은 라클라우와 무페가 제기하지 않은 문제를 우리가 계속해서 사유해야 할 필요성을 제기하는 듯하다.

5. 나가며: 포퓰리즘과 정치적 합리성

라클라우와 무페가 제시하는 관점은, 포퓰리즘을 도덕적으로 비난해선 안 되며, 언제나 그것을 데모스의 구성이라는 정치의 근본적 조건 속에서 이해해야 한다는 것이다. 이것이 이들의 주장이 갖는 가장 큰 함의라 할 수 있을 것이다. 그런데 이상의 논의는 다음과 같은 추가적인 논점을 제공한다. 무페는 좌·우파 포퓰리즘의 차이를 '인민주권을 통해 민주주의를 심화시키는 포퓰리즘'과, '인민주권을 국민주권으로 치환함으로써 배타적 인민의 민족적, 국민적 동일시를 추구하는 포퓰리즘' 사이의 차이로 보고 있다. 그런데 필자는 이러한 관점을 넘어, 또한 포퓰리즘이 인민을 호명하는 방식에서 나타나는 차이에도 주목해야 하는 것이 아닌가 제안해 보고자 한다. 즉 인민을 주권적 주체, 곧 자신이 주권자임을 주장함으로써 기존 정치 질서를 변화시키는 '구성적 데모스'로 호명하는 포퓰리즘과, 인민을 (아렌트적인 mob, 또 헤겔적인 Pöbel의 의미에서) '폭민'으로 호명하는 포퓰리즘 사이의 구별이 가능한 것이다. 전자로서의 메커니즘은 라클라우와 무페가 말한 등가연쇄와 헤게모니적 접합에 의해 설명될 수 있는 반면, 후자의 경우, (라클라우나 무페가 거의 언급하지 않는) 반지성주의, 탈정치화, 원한 감정 등의 개념들로 설명해야 할 범주를 나타낸다. 즉 인민을 폭민으로 호명하는 포퓰리즘이란 "대중의 분노를 '공격본능'으로 고양시키는 방식의 정치적 주체화 과정"[44]이라고 정의 내릴 수 있다.

이러한 공격본능의 주체화 과정에서는 적으로 설정된 '엘리트' 역시 모호한 집단일 수밖에 없다. 이 표현의 모호함은 수천 명을 정리해고할 권력을 가진 거대기업의 최고경영자와 고위직 정치 관료들을 언론사 기자나 지식인, NGO 활동가 등과 함께 묶어 모두 '인민의 적'으로 설정할 수 있도록 만들어 주는 마술적인 힘에서 드러난다. 이러한 태도는 반지성주의의 위험으로 나타나며, 또한 '대중 여론'으로 형성된 이데올로기에 대한 대중 자신의 저항 능력을 소멸시킨다는 점에서 타협주의적, 순응적이다.[45] 즉 우리는 위기에 빠진 민주주의를 구원할 주체로서의 인민에 대한 사유를 포기할 수 없지만 동시에 인민의 폭민으로의 전환 가능성이 현대 민주주의에서 반복적으로 나타난 현상임을 망각해서도 안 된다. 다음과 같은 마거릿 캐노번의 지적은 뼈아픈 것이다. "평민의 동원은 자유민주주의 역사에서 중요한 역할을 해왔다. 그러나 이런 동원이 한편으로는 혁명적 폭력 및 대중영합적인 독재자들의 출현과 결부돼 있던 것도 사실이다."[46]

유럽의 우파 포퓰리즘이 대중을 폭민으로 호명할 것인가 여부

44. 한상원, 「억압된 것의 회귀: 브렉시트, 트럼프 그리고 증오의 포퓰리즘」, 『진보평론』 70호(2016), 252쪽.
45. 한상원, 「아도르노와 반지성주의에 관한 성찰: 민주주의와 지성의 상관성 물음」, 『철학』 135권(2018), 30쪽.
46. 마거릿 캐노번, 『인민』, 김만권 옮김, 그린비, 2015, 118쪽.

는 아직 결정되지 않았다. 그러나 미국 샬러츠빌에서의 인종주의 시위, 독일 켐니츠에서 벌어진 반이민자 시위, 영국에서 브렉시트 이후 확산되는 민족주의와 국수주의 정서 등은 민주주의에 대한 새로운 위험의 신호로 간주 되어야 한다. 또 한국에서도 예멘 난민 입국 이후 불거진 반反이민자 정서나 코로나바이러스의 창궐 직후 일시적으로 나타난 반反중국인 정서와 같은 현상들이 나타났으며, 이는 향후 권위주의적인 정치세력의 프로파간다의 소재로 사용돼 광범한 파급력을 낳을 가능성 역시 존재한다는 사실을 망각해선 안 될 것이다. 물론 여기서도 이러한 문제들에 도덕주의적, 합리주의적 방식으로 접근해선 안 된다는 주장은 라클라우와 무페의 포퓰리즘론이 우리에게 주는 가장 큰 교훈이다. 그러나 정치에서 '정서'의 동원이 갖는 의미의 중요성을 인식하면서도, 동시에 이를 '정치적 합리성'과 연결시키려는 노력 역시 필요한 게 아닐까.

정서를 극복, 제압할 수 있는 합리성이 아니라, 공통의 정서적 유대감, 즉 집합적으로 형성된 인민적 공통감각이 어떤 방향을 취할 것인가를 '설득'할 수 있는 합리적 역량이라는 의미에서의 '정치적 합리성'은 오늘날 대항 정치의 형성 과정에서 필수적인 요소라고 볼 수 있다. 이러한 정치적 합리성이 오늘날 의미하는 바는 '인민 대 엘리트'라는 모호한 적대의 전선을 넘어, 지구화된 자본주의와 신자유주의, 그리고 이와 결부된 억압적 가부장제와 성적, 인종적, 신체적 차별에 근거한 모든 사회 구조적 관계를 민주적으로 변혁하는 의식적 목표를 설정하고, 이러한 의식적 목표를 위해 다양한 정치적 요구의 차원을 결속시킬 헤게모니적 접합을 구현할 집합적인 의지의 조직화에 있을 것이다. 그렇다면 정치의 구성 과정에서 정서의 본질적인 중요성을 이해하면서도 이를 구조적 변화의 집합적 에너지로 승화시킬 합리성에 대한 새로운 이해에 기반을 두는 급진 민주주의 전략이 가능할 것인가? 이는 라클라우와 무페의 논의가 추가로 우리에게 제기하는 과제일 것이다.

제3장 포퓰리즘의 이중성과 민주주의의 민주화

1. 들어가며

우리의 일상에서 포퓰리즘은 경멸적 의미를 갖는다. 정치세력들은 자신과 의견이 다른 경쟁 분파들을 비난하기 위해, 또는 상대가 수준 미달의 정치를 행하고 있다고 지적하기 위해 포퓰리즘이라는 수식어를 붙인다. 이에 따르면, 무분별한 복지정책을 남발하거나 표를 얻기 위해 대중영합적 정책을 펴거나 대중의 분노를 동원하는 모든 정치적 행위가 포퓰리즘이라고 비난받는다. 포퓰리즘에 대한 비난은 그것이 민주주의를 흉내 내지만 결국은 민주주의를 잠식하는 (마치 '적그리스도'와 같은 의미에서) 민주주의의 적이라는 전제를 공유한다. 이러한 비난은 포퓰리즘적이지 않은 순수한 민주주의의 존재를 가정하며, 특히 전통적 자유민주주의 질서가 최상의 또는 대체 불가능한 상태라는 주장을 함축한다.

그러나 포퓰리즘에 대한 이런 막연한 두려움은 근거가 있는 것일까? 과연 포퓰리즘은 무엇인가. 우리는 그것을 왜 두려워하는가. 그것과 민주주의의 관계는 무엇인가. 먼저 우리는 포퓰리즘 정치의 커다란 확산을 겪었던 유럽의 정치 상황과 그에 뒤따르는 논의들을 참조할 필요가 있다. 이를 통해 알게 되는 사실은, 포퓰리즘이 결코 단일한 실체를 갖지 않으며 여러 형태가 경합을 이루고 있다는 것이다.

먼저 그리스를 살펴보자. 급진좌파 정당 시리자^{Syriza}는 전임 정부들이 맺은 부채 협상과 이로 인한 긴축재정에 대한 대중적 분노를 토대로 2015년 1월 집권했으나, 강경한 유럽연합 각료들과 경제 관료들은 신생 그리스 좌파 정부가 긴축을 받아들여 항복하기를 강요했다. 이때 시리자 정부는 소위 트로이카, 즉 유럽 위원회^{EC}, 국제 통화 기금^{IMF}, 유럽 중앙은행^{ECB}이 지시한 구제금융안을 수용할지 여부를 국민총투표에 부쳤다. 매우 과감한 포퓰리스트 전략이었다. 이에 호응하여 그리스뿐 아니라 전 유럽에 걸쳐 시위가 일어났고 정부는 그리스 국민들이 '아니오^{oxi}'에 투표할 것을 호소하였다. 2015년 7월 5일 실시된 그리스의 국민투표에서는 62퍼센트가 '아니오'에 투표함으로써, 유럽연합과 트로이카의 경제 지배에 맞선 그리스의 '인민주권'을 선언하였다.

그런데 이와 유사한 형태의 국민투표가 이듬해인 2016년 6월 23일 영국에서 발생한다. 이번에도 이 국민투표에서는 유럽연합을 거부할 것인가라는 유사한 쟁점이 다루어졌으나, 그것은 그리스와는 완전히 다른 맥락에서 제기되었다. 유럽연합으로부터의 탈퇴를 촉구한 이번 국민투표는 우파 포퓰리스트 세력이 주도했으며, 따라서 긴축정책 반대와 같은 의제들은 난민과 이주민에 대한 혐오 선동과 뒤섞여 영국의 배타적 주권에 대한 강화 요구로 이어졌다. 이 때문에 투표 이후 무슬림을 비롯한 외국인에 대한 증오범죄가 급증하기도 했다.

비슷한 시기 등장한 그리스와 영국의 국민투표 사례는 포퓰리즘 정치의 요구가 갖는 정반대의 성격을 보여준다. 즉 그것은 기성 정치와 기득권층에 대한 분노에서 출발하여 인민주권의 원리를 천명하지만, 그러한 분노는 민족적–인종적 동질성에 대한 요구와 외국인 혐오 등의 정서로 쉽게 전환되기도 한다. 이점에서는 한국도 예외가 아니다. '대한민국의 주권은 국민으로부터 나온다'라는 인민(국민)주권 원리를 가장 강력한 정서적 모멘텀으로 삼았던 2016년 촛불시위 이후, 한국 사회에서 '국민이 우선이다!' '국민이 주권자다!'와 같은 형태의 유사–포퓰리즘적 구호들은 국경통제와 타자에 대한 배제 요구로 이어지기도 했다. 2018년 예멘 난민들의 집단적 입국 이후 난민 반대 시위, 그리고 2020년 코로나바이러스COVID-19의 초기 유행 시기에 중국인 입국 금지 시위 당시에 사용된 것이 바로 이러한 구호들이었다. 또 한국 사회에서 유행하는 '공정'이라는 구호 역시 반反기득권 정서를 노출하면서 배제된 세대의 절망감을 응축시키고 있다는 점에서 포퓰리즘적인 현상의 일부로 보아야 할 것이다. 특히 이러한 절망감이 여성이나 소수자에 대한 혐오 정서와 쉽게 결합된다는 점에서 그것은 서구의 우익 포퓰리즘과 일정 부분 공명한다는 특징을 갖는다.

이러한 현상들은 포퓰리즘과 민주주의의 관계에 대한 중대한 질문을 우리에게 제기한다. 포퓰리즘과 민주주의에 대해 어떤 관점을 취하든 간에, 양자가 밀접한 연관을 갖는다는 것을 부인하기는 어려워 보인다. 왜냐하면 양자는 모두 인민 내지 데모스의 구성적 역량을 중요시하는 정치이념이기 때문이다. 그러나 때로 양자의 희미한 경계선 사이에서 포퓰리즘의 '민주주의적' 요구는 그것이 '반민주주의'로 전화될 위험성에 대한 의구심을 낳는다. 그렇다면 어떻게 포퓰리즘의 이중성을 개념화할 수 있을까? 그리고 그것은 오늘날 민주주의의 현주소에 어떤 과제를 제기하는가? 이 글은 이러한 물음을 해결하는 과정에서, 포퓰리즘과 민주주의의 이중적, 역설적 관계를 추적하며 그것이 '민주주의의 급진화'라는 기획과 어떻게 연결될 수 있는지를 제시하고자 한다.

2. 포퓰리즘을 어떻게 볼 것인가: 논쟁들

포퓰리즘에 대한 기존의 연구들은 대체로 포퓰리즘이 엘리트와 인민 사이의 대립을 전제하는 정치운동이라는 정의에서는 일치하지만, 포퓰리즘과 민주주의의 관계에 관해서는 상이한 관점들을 제시하고 있다.

포퓰리즘에 대한 논의는 캐노번의 기념비적인 연구에서 출발한 다고 말해도 무방하다. 그녀는 좁은 의미의 포퓰리즘과 넓은 의미의 포퓰리즘을 구분하는데, 좁은 의미에서 그것은 농촌을 중심으로 한 급진주의 운동을 말하지만, 넓은 의미에서는 "엘리트와 풀뿌리 사이의 긴장"이 존재하는 곳에서 직접민주주의적 요소들을 활용해 대중적 정념을 동원하고, 거리에서의 운동을 이상화하며 '인민'의 이름으로 연합을 구축하기 위한 정치적 운동이라고 정의 내릴 수 있다.[1] 이처럼 포퓰리즘에 내포된 민주주의적 요소에 대한 인식은 캐노번의 연구가 갖는 성과라 할 수 있다.

라클라우는 이러한 인식을 더욱 심화하여 매우 과감하게 포퓰리즘 정치의 대의를 옹호하면서, 그것을 모든 정치의 필연적 형식으로 정의한다. 그에 따르면, 서구 근현대 정치철학에서 나타나는 포퓰리즘에 대한 비난과 조롱은 모두 '대중'에 대한 편견과 모욕에서 비롯한 것이다. 반면 라클라우는 "포퓰리즘은 정치적인 것 자체의 존재론적 구성에 관한 어떤 것을 이해하기 위한 지름길"이라고 주장한다.[2] 왜냐하면 모든 민주주의 정치는 인민의 구성이라는 포퓰리즘적 과정을 거치지 않을 수 없기 때문이다. 라클라우의 논의에서 포퓰리즘은 민주주의 정치와 사실상 동의어로 받아들여

---

1. Margaret Canovan, *Populism* (New York and London: Harcourt Brace Jovanovich, 1981), p. 9.
2. Ernesto Laclau, *On Populist Reason* (London and New York: Verso, 2005), p. 67.

진다.

이에 반해 아르디티는 이러한 라클라우의 견해를 과대평가로 규정한다. 포퓰리즘은 민주주의에 위기가 발생했을 때 나타나는 소음이자 징후일 뿐, 그 자체로서는 민주주의와 동일시되지 않으며 전체주의의 위험마저 내포하고 있다는 것이다. 포퓰리즘은 마치 민주주의라는 파티에 나타난 "술을 너무 많이 마신 손님"과 같다.[3] 그는 무례하고 분위기를 어수선하게 만들지만, 다른 손님들을 긴장하고 깨어 있게 한다. 포퓰리즘은 유의미한 현상이지만 딱 그 정도의 가치가 있을 뿐이다. 아르디티의 영향을 받은 미즈시마 지로는 포퓰리즘이 '해방과 억압'이라는 두 얼굴을 동시에 가지고 있다고 본다. 그중 해방의 논리는 페론주의를 포함한 중남미 포퓰리즘에서 드러나며, 억압의 논리는 유럽의 포퓰리즘이 갖는 배외주의에서 나타난다. 그는 포퓰리즘이 민주주의와 많은 부분에서 중복된다는 점을 지적한다. "포퓰리즘과 민주주의의 관계를 보면, 포퓰리즘은 민주주의를 부정하는 것이라기보다는 오히려 그 하나의 중요한 측면, 즉 민중의 직접 참가를 통한 '보다 좋은 정치'를 적극적으로 목표로 하는 시도와 밀접하게 연결되어 있음을 알 수 있다."[4] 그러나 동시에 이렇게 민주주의의 개선을 향한

---

3. Benjamin Arditi, *Politics on the Edges of Liberalism: Difference, Populism, Revolution, Agitation* (Edinburgh: Edinburgh University Press, 2007), p. 78.

4. 미즈시마 지로, 『포퓰리즘이란 무엇인가: 민주주의의 적인가, 개혁의

포퓰리즘의 노력이 때로는 제어가 되지 않는 경우도 나타날 수 있으며, 따라서 '포퓰리즘이라는 취객'을 경계할 필요 역시 존재한다.

이와 관련하여 포퓰리즘이 자유민주주의와 대의제를 파괴하는가 보완하는가에 관해서도 논쟁이 제기된다. 여기서 논점은 다음과 같이 정리될 수 있다. 포퓰리즘은 자유민주주의를 위축시키는 자유주의 없는 단순화된 민주주의(혹은 유사—민주주의)인가 아니면 자유민주주의의 자유주의적 편향성을 교정할 수 있는 민주적 추진력을 지니는가?

야스차 뭉크는 "포퓰리스트들은 '더욱 민주주의적'이다"[5]라고 보면서도 이러한 포퓰리즘적 민주주의는 '자유주의 없는 민주주의'이며, 따라서 결과적으로 자유민주주의를 파괴하는 해악적 운동이라는 인식을 표명한다. 즉 그것은 "권리의 보장 없는 민주주의라고 할 반자유주의적 민주주의"[6]일 뿐이다. 뭉크만큼 포퓰리즘에 대해 적대적이지는 않지만, 무데와 칼트바서 역시 포퓰리즘이 자유민주주의와 양립하기 어렵다고 진단한다. 이들에 따르면, "포퓰리즘이란 사회가 궁극적으로 서로 적대하는 동질적인 두 진영으로, 즉 '순수한 민중'과 '부패한 엘리트'로 나뉜다고 여기고 정치란

희망인가』, 이종국 옮김, 연암서가, 2019, 45쪽.
5. 야스차 뭉크, 『위험한 민주주의: 새로운 위기, 무엇이 민주주의를 파괴하는가』, 함규진 옮김, 와이즈베리, 2018, 17쪽.
6. 같은 책, 40쪽.

민중의 일반의지의 표현이어야 한다고 주장하는, 중심이 얇은 이 데올로기다."[7] 루소의 일반의지를 차용한다는 점에서 포퓰리즘은 권위주의로 빠질 위험을 항상 내포하며, 따라서 "포퓰리즘은 본질적으로 민주적이면서도 현대 세계에서 지배적 모델인 자유민주주의와 충돌한다."[8]

한발 더 나아가 얀–베르너 뮐러는 세 가지 점에서 무데와 칼트바서의 테제를 비판하면서, 포퓰리즘의 해악을 더욱 명확히 지적한다. 첫째, 루소의 '일반의지'와 포퓰리스트들이 내세우는 '인민의 의지'는 상이한 개념이다. 일반의지는 시민의 실제 참여를 전제하며 다수성을 강조하는 개념인 데 반해, 인민의 의지는 민족정신Volksgeist이라는 상징적 실체symbolic substance를 내세우면서 인민의 동질적 성격을 강조한다. 둘째, 뮐러가 보기에, 포퓰리즘이 '비자유주의적인 민주주의'라는 가정은 옳지 않다. 왜냐하면 이런 수식어들은 포퓰리즘을 여전히 민주적이라고 치장해 주는 효과를 내며, 포퓰리즘 운동의 지지자들이 바라는 것 역시 바로 이런 효과이기 때문이다. 셋째, '순수한 민중'과 '부패한 엘리트'의 대립이라는 도식은 포퓰리즘을 설명하기 위한 필요조건일뿐, 충분조건이 아니다. 포퓰리즘은 '도덕적으로 순수하고 완벽

---

7. 카스 무데·크리스토발 로비라 칼트바서, 『포퓰리즘』, 이재만 옮김, 교유서가, 2019, 15~16쪽.
8. 같은 책, 133쪽.

하게 동질적인 인민의 의지'를 가정하므로, 반대자를 정당한 인민의 범주에서 배제하고 적으로 설정한다. 포퓰리즘이 가진 이러한 "정치에 관한 특정한 도덕적 상상"[9]으로 인해 포퓰리즘은 '동질적 인민'의 범주에 포함되지 않는 모든 이질적인 그룹을 적으로 설정하는 반다원주의라는 특징을 갖는다. 즉 포퓰리즘은 '배제적 형태의 정체성 정치'라는 특징을 가지며, 민주주의를 위협한다는 의미에서, "민주주의 최고의 이상('국민이 직접 통치하게 하자!')을 실현해 주겠다고 약속하는 타락한 형태의 민주주의"[10]라고 정의 내릴 수 있다.

한스 포어랜더는 유사한 맥락에서 포퓰리즘의 반다원주의적 성격에 대해 비판하면서도, 포퓰리즘이 반엘리트주의적 성격을 갖는다는, 캐노번의 연구 이래 오랫동안 유지된 관점에 대해서도 의심한다. 그에 따르면, 포퓰리즘의 반엘리트주의는 피상적 성격에 불과할 뿐이며, 오히려 "자유주의적이고 입헌적인 민주주의 제도들에 대한 포퓰리즘적 불신"은 필연적으로 "합헌적으로 보장된 민족적, 문화적, 종교적 소수자들의 권리의 부인"으로 이어진다. 이는 좌파 포퓰리즘을 포함해, 포퓰리즘이 언제나 '우리'와 '그들'에 대한 분리에 기반을 두고 있으며, 따라서 배제를 야기하

----

9. 얀-베르너 뮐러, 『누가 포퓰리스트인가: 그가 말하는 '국민' 안에 내가 들어갈까』, 노시내 옮김, 마티, 2017, 33쪽.
10. 같은 책, 15~16쪽.

기 때문이라는 것이다.[11]

이와 달리 디르크 외르케와 파이트 젤크는 포퓰리즘에 대한 도덕화하는 관점을 거부하며, 특히 이를 민주주의의 적으로 규정하려는 시도를 비판한다. 왜냐하면 포퓰리즘이 민주주의의 적이라는 식으로 도덕화된 규정을 내리는 것은, 정치적 상대를 탈도덕화함으로써 정치적 의지 형성을 해방시킨다는 민주주의의 기본적 전제를 무시하는 수행적 모순을 저지르고 있기 때문이다. 나아가 외르케와 젤크에 따르면 이렇게 포퓰리즘을 도덕적으로 비난하는 시도들은 포퓰리즘의 사회적 원인에 대해서 침묵하며, 포퓰리즘을 단지 인종주의, 민족주의, 성차별주의, 원한 감정으로 환원할 뿐이다. 이에 반해 포퓰리즘은 "민주주의의 이행되지 않은 약속에 대한 반응"[12]으로 정의될 수 있다. 즉 민주주의에는 이상과 현실 사이에 긴장이 존재한다는 사실을 인정해야 하며, 이 모순이 포퓰리즘의 자양분이라는 것이다. 그들에 따르면, 오늘날 포퓰리즘은 '자유주의 없는 민주주의'라는 부정적 의미를 갖는 것이 아니라, 오히려 '탈민주적 자유주의postdemokratischer Liberalismus'에 대한 대응으로 읽힐 수 있다는 것이다.

---

11. Hans Vorländer, "The good, the bad, and the ugly: Über das Verhältnis von Populismus und Demokratie — Eine Skizze," *Totalitarismus und Demokratie* (Jg. 8 Heft 2, 2011), p. 192.

12. Dirk Jörke and Veith Selk, *Theorien des Populismus: Zur Einführung* (Hamburg: Junius, 2017), p. 13.

이와 유사한 문제의식을 낸시 프레이저에게서 발견할 수 있다. 포퓰리즘의 사회적 원인에 대해 분석하는 가운데 프레이저는 '진보적 신자유주의의 헤게모니 블록'이라는 표현을 사용한다. "진보적 신자유주의 블록은 약탈적이고 금권정치적인 경제 프로그램을 자유주의적·능력주의적 인정 정치와 결합했다. 이 혼합체의 분배 요소는 신자유주의적이었다."[13] 이 헤게모니 블록은 분배와 인정이라는 두 축 중 인정 부분은 진보적이지만 분배 부분은 신자유주의적, 약탈적이라는 특징을 갖고 있다. 이러한 진보적 신자유주의가 낳은 폐해에 대한 대중적 불만 속에서, 신자유주의와 함께 자유주의적 인정 정치까지 부정하는 반동적 포퓰리즘이 등장하여 확산되었는데, 그것이 바로 트럼프의 집권을 뜻하는 것이었다. 프레이저는 이에 대항하기 위해서 평등주의적 분배 정치와 계급 문제까지 포괄하는 폭넓은 인정 정치를 추구하는 진보적 포퓰리즘이 필요하다고 역설한다.

지금까지의 논의 속에서 우리는 포퓰리즘과 민주주의의 관계에 대한 논쟁의 짜임 관계들을 확인할 수 있었다. 그것은 다음과 같은 물음들로 귀결된다. 포퓰리즘은 엘리트에 저항하는 인민의 목소리를 대변한다는 점에서 민주주의 정치의 정당한 전략으로 인정되어야 하는가, 아니면 이러한 갈등 속에서 새로운 권위주의로

---

13. 낸시 프레이저, 『낡은 것은 가고 새것은 아직 오지 않은』, 김성준 옮김, 책세상, 2021, 18쪽.

귀결되는가? 포퓰리즘의 민주적 에너지가 권위주의로 귀결되지 않고 오늘날의 민주주의 위기에 대한 혁신의 가능성을 제공해 줄 수 있는가?

결국 포퓰리즘과 민주주의가 맺는 관계는 그 복합적 이중성 속에서 사유되어야 한다. 이 글의 나머지 부분에서 필자는 다음과 같은 사실을 규명할 것이다. 포퓰리즘 운동은 민주주의의 새로운 혁신과 급진화를 위한 조건이 될 수 있는 잠재력과 동시에, 민주주의를 파괴할 부정적 잠재력 역시 포함하고 있다. 따라서 포퓰리즘은 민주주의의 적도 아니며, 민주주의와 동일한 것도 아니다. 포퓰리즘과 민주주의를 분리하는 것은 불가능하지만, 전자가 후자를 역으로 파괴할 역설적 잠재력 역시 존재한다. 따라서 포퓰리즘을 원천적으로 거부하는 것도, 일방적으로 예찬하는 것도 모두 불가능할 뿐만 아니라 바람직하지 않다. 우리에게 필요한 것은 포퓰리즘의 에너지를 민주주의의 급진화(민주주의의 민주화)를 위해 '승화'시키는 것이다. 이것은 구체적으로 무엇을 뜻하는가? 필자는 정치적 합리성 또는 시민권을 통한 인민주권의 제도화와 관련된 물음이 제기되지 않으면 포퓰리즘 운동은 권위주의를 강화할 수 있음을 자각해야 한다고 주장할 것이다. 그리하여 포퓰리즘적인 에너지가 '탈민주주의화된 시대'를 넘어서 민주주의의 급진화를 낳기 위해, 그러한 에너지의 승화를 가능케 할 전략들을 발명하는 것이 오늘날 민주주의 정치의 과제가 되어야 한다.

3. 정서의 정치화인가 반지성주의인가? 하나의 논점: 무페와 아도르노

우리는 그러한 민주적 에너지의 '승화'를 이론화하기 위해 우선 대중의 정서 혹은 정념이 정치에 대해 맺는 관계를 추적해 볼 필요가 있다. 의도적으로 필자는 여기서 매우 상이한 관점을 취하는 두 사상가(샹탈 무페와 아도르노)의 이론을 비교해 보고자 한다. 특히 2018년과 2019년에 각각 출간되어 큰 화제를 모은 두 철학자의 저작들— 2018년 (브렉시트의 나라인) 영국에서 출간된 샹탈 무페의 『좌파 포퓰리즘을 위하여*For a Left Populism*』와 이듬해인 2019년 (나치즘의 경험이 있고 오늘날 우익 포퓰리즘의 급부상을 목격하고 있는) 독일에서 출간된 아도르노의 강연록『신극우주의의 양상*Aspekte des neuen Rechtsradikalismus*』 — 을 비교함으로써 사태의 양면성을 진단해 보고자 한다.

2018년 출간된 무페의『좌파 포퓰리즘을 위하여』는 출간과 동시에 커다란 센세이션을 일으켰다. 전 유럽에서 우파 포퓰리즘 정당의 선거 돌풍과 극우파 정치인들의 집권이 가시화되어 위기감이 고조된 상황에서, 포퓰리즘을 좌파의 전략으로 수용해야 한다고 명시적으로 주장하는 이 책은 많은 사람에게 놀라움과 의구심을 자아냈다. 2019년 (그의 사망 50주년을 맞아) 출간된 아도르노의『신극우주의의 양상』역시 독일 사회에서 커다란 화제가 되었다. 이 책은 1966년, 서독의 극우 정당인 독일국민당NPD이

2차 대전 이후 최초로 지역 의회에 진출한 사건을 계기로 위기감이 고조된 상황에서 아도르노가 1967년 오스트리아 빈 대학에서 학생들을 대상으로 한 강연을 출간한 것으로, 최근 독일 우익 포퓰리즘 정당인 독일을 위한 대안^AfD의 약진 속에 아도르노의 주장들이 현실과 겹치면서 화제를 모았다.[14]

그런데 흥미로운 지점은 비슷한 시기 화제를 모은 이 두 저서가 우익 대중운동에 대한 상이한 관점을 도출하고 있다는 사실이다. 무페가 포퓰리즘 전략을 좌파가 전유해야 한다고 주장하면서 우익 포퓰리즘에 대해서도 그것의 '민주적' 가치를 어느 정도 인정해야 한다고 주장한다면, 아도르노는 그가 '우익 급진주의'라고 부른 극우 경향의 정치운동이 잠재적으로 민주주의 자체를 파괴할 위험성에 대해 경고하고 있다. 이러한 차이는 물론 서로 다른 역사적 시간대에서 기인하는 것이기도 하지만(아도르노의 시대에 유럽

----

14. AfD의 성공은 2차 대전 종전 이후 처음으로 보수당보다 더 오른쪽의 우익 급진주의 세력이 연방의회에 진출한 일일 뿐만 아니라, 단숨에 원내 3당의 지위를 차지한 기념비적인 일이었다. 많은 이들은 나치즘을 경험한 독일에서 있을 수 없는 일이 일어났다고 생각했고, 이러한 경각심은 독자들을 이 책으로 이끌었다. 〈슈피겔(Der Spiegel)〉은 아도르노가 이미 1967년에 신우익의 주요 특징들을 분석했다는 사실이 놀랍다고 전했으며, 그 자매지인 〈벤토(Bento)〉는 '왜 그레타 툰베리 세대는 갑자기 아도르노를 읽는가'라는 부제가 달린 분석 기사에서, 오늘날 신자유주의적 불안정과 함께 극우 세력의 부상에 대해서도 두려움을 갖는 밀레니얼 세대가 아도르노의 비판에 귀를 기울이게 되었다고 전하고 있다.

에서는 '포퓰리즘'이라고 불릴만한 현상이 존재하지 않았다), 근본적으로 민주주의 정치와 대중의 '정서' 또는 '정념'이 맺는 관계에 대한 시각 차이를 보여주기도 한다.

무페에 따르면, 오늘날 우익 포퓰리즘의 급부상은 '비합리주의'로 일방적으로 매도될 수 없으며, 거꾸로 "포스트 정치적 합의 post-political consensus"가 낳은 산물로 간주될 필요가 있다.[15] 다시 말해 오늘날 정치집단들 사이의 정치적 차이들은 사라져 버렸으며, '제3의 길'이라는 이름의 중도적 합의가 등장했는데, 이는 시장 만능주의와 공공영역의 해체라는 신자유주의적 대의에 의한 합의를 뜻하는 것이었다. 전통적 좌파와 우파 모두를 포함하는 엘리트 정치집단들 사이의 이러한 '탈정치적' 방식의 정치적 합의에 대한 불만이 바로 포퓰리즘적 정서의 근간을 이루는 것으로, 여기에는 다수 대중의 의지가 부정된다는 문제의식이 강하게 내포해 있다. 그렇다면 이러한 엘리트 집단의 탈정치적 합의에 맞서 인민의 목소리를 대변하려는 정치적 흐름이 등장하는 것은 불가피한 일이라고 할 수 있을 것이다. 따라서 오늘날 정치의 과제는 이러한 인민적(포퓰리즘적) 목소리의 분출을 어떤 방향으로 구성해 내는가 하는 것이다. 무페는 '인민'과 '과두' 사이의 정치적 전선의 구성을 위한 담론적 전략으로서 좌파 포퓰리즘을 통해 현 정세에

---

15. Chantal Mouffe, *For a Left Populism* (London and New York: Verso, 2018), p. 51.

서 민주주의를 재발견하고 심화할 수 있는 새로운 정치의 유형을 구축할 수 있다고 규정한다.

많은 이들은 우익 포퓰리즘 지지자들을 네오나치의 추종자 정도로 생각하고, 이들을 사회의 질병으로 규정한다. 반면 무페가 보기에, 우익 포퓰리즘 정당들을 통해 제기되는 대중의 요구들은 상당 부분 '민주적'인 요구들이다. 같은 맥락에서 무페는 우익 포퓰리스트 정당을 '극우' 또는 '네오 파시즘' 세력으로 도덕적인 낙인을 찍어 묘사하는 것에 반대한다.[16] 그녀가 보기에, 이들이 표출하고 있는 '반反기득권 담론'은 실제로는 좌파적인 방향으로 이어질 잠재적 가능성을 내포하고 있다. 그렇다면 좌파 포퓰리즘의 관점에서 이들을 도덕적으로 비난하는 것은 자신의 성장 가능성을 스스로 차단하는 것과 같은 일이다.

무페는 인민이란 경험적 지시 대상이 아니라, 담론 정치적 구성의 대상이라고 본다. 그녀는 이 지점에서 인민을 구성하는 헤게모니적 실행의 과정에서 정치적 지도자가 갖는 중요성을 지적한다. 이 지도자의 역할은 근본적으로 중요한데, '공통 정서common affect'가 결정화되는 과정에서 비로소 집합적 의지의 형성이 가능하기 때문이다. 카리스마적 지도자와의 정서적 유대는 이러한 공통 정념의 형성 과정에서 커다란 역할을 수행한다. 무페는 정치적 동원은 언제나 감정, 정서, 정념의 요소를 통해 일어난다는 사실을

---

16. 같은 책, p. 22.

지적함으로써 정치적 합리주의가 갖는 한계를 지적하며, 이러한 맥락에서 지도자와 지도력의 역할이 정치적 동원에서 필수임을 강조한다.

무폐가 보기에, 기존 좌파는 과도한 합리주의적 접근으로 인해 이러한 "정치의 역동성"을 파악하는 데 실패해 왔다. 반면 무폐는 프로이트와 스피노자를 차용하면서, "정서적 에너지의 동원"[17]을 통한 집합의지의 창출 과정은 언제나 언어적이고 상징적인 요소들뿐만 아니라 비언어적인 감성과 행위의 요소들을 결정적 추동력으로 삼는다는 점을 제기한다. 이처럼 공통의 정서에 기반을 둔 "집합의지의 결정화"를 목표로 하는 좌파 포퓰리즘 전략은 "욕망과 정서의 다른 체제를 창조"하고자 한다.[18] 여기서 이러한 '감정의 정치'를 동원하는 포퓰리즘을 부정적, 경멸적 의미로 언급하는 다수의 연구자와 무폐가 갈라지는 지점이 나타난다.

이러한 무폐의 주장은 인민의 주체성을 정치의 제1원리로 고려한다는 점에서 반反엘리트적이고 민주적인 성격을 갖는다. 또 우익 포퓰리스트 지지자들을 도덕적으로 가치 절하하거나 비난해서는 안 된다는 그녀의 주장은 강한 호소력을 갖는다. 그들은 동시에 신자유주의 질서의 피해자들이기도 하며, 따라서 우익 포퓰리즘에 대한 지지는 '항의'의 성격을 갖는다는 것이다. 또 그녀의 주장

---

17. 같은 책, p. 73.
18. 같은 책, p. 77.

은 정치적 공동체성이나 집합적 주체성의 창출에서 감정이나 정서가 차지하는 본질적 위치를 강조하며, 이런 의미에서 규범적 당위론을 넘어선 정치적 현실주의를 담지하고 있다.

이런 이유로 무페와 그녀의 사상적 동반자 라클라우가 전개한 포퓰리즘 이론은 현실정치에서의 반향을 끌어내기도 했다. 2011년 5월부터 시작된 '인디그나도스 운동(분노한 사람들)'과 '15M(5월15일) 운동'의 여파로 2014년 1월 16일 창당해 단기간 급성장하여 2020년에는 좌파연합 정부에 참여한 스페인의 포데모스Podemos는 포퓰리즘 정당으로 분류된다. 2021년 5월 정계 은퇴를 선언한 포데모스의 리더 파블로 이글레시아스와, 지금은 포데모스를 떠나 마스 파이스Más País를 이끄는 이니고 에레혼은 라클라우와 무페의 포스트 맑스주의를 자신의 정치적 사상과 결합했다. 즉 이들은 정통파 맑스주의의 사회주의론을 폐기하는 대신, 급진 민주주의를 통해 '인민'을 정치적 주체로 복권시키고자 시도하였다. 에레혼과 무페가 나눈 대화는 2015년 책으로 출간되어 포데모스 필독서가 되었으며,[19] 이글레시아스는 포데모스 창당 첫해에 라클라우와

19. Chantal Mouffe and Íñigo Errejón, *Podemos: In the Name of the People* (London: Lawrence & Wishart, 2016). 참고로 이 책에서 무페와 에레혼은 여러 관점에서 견해의 일치를 보지만, 포데모스를 '좌파 포퓰리즘'으로 정의 내리는 데에서는 의견이 엇갈린다. 에레혼은 무페의 '좌파 포퓰리즘' 전략의 내용에는 동의한다고 밝힘에도 불구하고, '인민'의 이름에 호소하기 위해서는 전통적인 좌·우파 구별을 넘어서야 한다는 관점을 피력한다.

무페의 포퓰리즘론을 공개적으로 지지한다고 선언하기도 했다.[20] 반면 그녀의 주장이 갖는 한계 역시 드러난다. 첫째로 그녀는 포퓰리즘 정치가 권위주의로 흐를 가능성에 대해서는 침묵한다. 베네수엘라나 에콰도르의 사례에서 보듯이, 좌파 포퓰리즘 역시 '적'과의 대면 속에서 홉스적인 국가 모델의 권위주의로 나아갈 수 있다.[21] 비단 남미에서뿐 아니라 유럽의 좌파 포퓰리즘에서도 권위주의의 문제가 종종 제기된다. 대중적 선동을 위해 난민에 적대적인 민족주의적, 인종주의적 담론을 수용하거나, 정치적 동원을 선전전략으로 환원하거나, 이를 가능케 할 소수의 인격적 리더쉽에 대한 지나친 의존이라는 문제가 나타나고 있다. 예컨대 독일 좌파당Die Linke을 포퓰리즘 전략의 노선에 따라 이끌기 위해 발의된 단체 아우프슈테엔aufstehen: 일어나라이 이러한 문제를 드러내고 있다는 지적도 존재한다.[22] 이는 둘째 문제와 연관되어 있는데, 만약 '인민'이 담론의 구성물이라면 누가 '진정한' 인민인지를

---

20. 존 주디스, 『포퓰리즘의 세계화』, 오동훈 옮김, 메디치미디어, 2017, 184쪽.

21. Samir Gandesha, "Understanding Right and Left Populism," ed. Jeremiah Morelock, Critical Theory and Authoritarian Populism (University of Westminister Press, 2018), p. 63.

22. Benjamin Opratko, "Autoritäre Wende, populistische Wette," Ruth Daellenbach, Beat Ringger, and Pascal Zwicky, hrsg., Reclaim Democracy: Die Demokratie stärken und weiterentwickeln (Zürich: edition 8, 2019), pp. 146~147.

판단할 기준이 어디에서 발견되어야 하는지 모호하다. 이 모호함은 인민을 '인민'으로 호명할 정치적 권력자나 카리스마적 개인 혹은 집단을 중심으로 한 권위주의에 대한 무방비로 이어질 수 있기 때문이다. 셋째로, '인민' 대對 '엘리트'라는 포퓰리즘의 전선은 지나치게 단순하다. '누가 인민인가'라는 물음이 모호하듯, '누가 엘리트인가'라는 질문 역시 다의적 답변이 가능하다. 정치적인 적수로 규정되는 엘리트에 누가 포함되느냐에 따라 인민의 불만이나 분노는 엉뚱한 방향으로 흐를 수 있다. 이러한 문제를 다루지 않기 때문에, 무페는 전문가 집단이나 지식인에 대한 대중의 증오로 표현되는 반지성주의 현상이 어째서 포퓰리즘 운동과 쉽게 결부되는가에 대해 말하지 않는다. 마지막으로, 이와 같은 이유에서 포퓰리즘과 민주주의의 관계에 대한 물음은 무페가 기각하고 있는 '정치적 합리성'에 대한 담론으로 이어져야 한다. 비록 집합적 주체성이나 공동체성의 형성에서 대중의 정서적 요소가 일차적으로 고려되어야 한다고 해도, 그것은 이러한 정서를 어떤 방향으로 이끌고 갈 것인가라는 합리적, 반성적 숙고와 성찰과 분리될 수 없다.

바로 이와 같은 맥락에서, 무페와 정반대 편에서 우익 급진주의와 반지성주의의 결합에 대해 고찰했던 아도르노의 시선은 의미를 갖는다. 아도르노는 총체화된 계몽의 실패를 진단하면서도, 계몽의 근본적 잠재력을 '주체의 비판적 사유 능력'에서 발견하려는 의미에서 '비판적 계몽주의자'로 이해될 수 있다. 이러한 맥락에서 파시즘이나 전체주의에 대한 그의 비판에서는 항상 그러한 정치적 지배가 주체의 사유 능력을 박탈하는 것에서부터 출발한다는 사실이 지적된다. 이처럼 아도르노의 정치철학적 기획 전반은 항상 반지성주의와 전체주의 사이의 연관성을 증명하는 방식으로 진행되며, 이는 거꾸로 민주주의는 일정한 수준의 '시민적 지성'이 갖춰진 상태에서만 작동할 수 있음을 함축한다.

반지성주의는 지성적 논의 전반에 대한 증오 또는 분노의 태도와 결부되어 있다. 그런데 이런 태도는 기존 사회의 원리에 대한 무비판적 순응으로 귀결된다는 것이 아도르노의 주장이다. 즉 아도르노가 보기에 반지성주의란 '반대하는 자들'에 대한 적대적 태도, 즉 '비판'에 대한 적대와 일치한다. 이런 의미에서 반지성주의는 민주주의의 근본적 토대인 시민적 지성을 파괴한다. 이러한 비판은 '대중 여론'에 대한 비판을 함축한다. 많은 경우에 여론은 집단지성이 아니라 집단 정념의 산물이다. 따라서 그 안에는 편견, 사회적 권력관계에 대한 내면화, 그리고 특정 집단에 대한 분노나 증오의 감정들에서 비롯된 왜곡된 판단들이 섞여 있을 수밖에 없다.

그렇다면 이러한 아도르노의 비판이 의도하는 것은 무엇인가? 그것은 대중은 민주주의의 주체가 될 수 없다는 엘리트주의인가? 오히려 아도르노를 통해 우리는 (단순히 직업적 지식인이라는 엘리트 집단의 역할을 강조하는 것을 넘어) 주체로서의 시민들이 스스로 '지성인'으로서의 성숙함을 지녀야만 민주주의가 작동할 수 있다는 결론을 내릴 수 있다. 민주주의란 그 개념상 '다수 대중 (인민)이 권력(주권)을 행사하는 정치체제'로 정의 내릴 수 있다. 그런데 바로 이 권력을 행사해야 할 다수 대중이 능동적인 주체적 역량을 갖지 못하고 편견이나 선동에 예속된다면 민주주의는 불가능해지고 말 것이다.

2019년 출간된 아도르노의 강의록 『신극우주의의 양상』 역시 이런 맥락에서 이해될 수 있다. 이 책에서 아도르노는 무페와 유사하게 우익 급진주의를 지지하는 대중들을 '무지한 자들'로 낙인찍거나 비난하는 엘리트적 태도를 지녀서는 안 된다고 강조한다. 그들이 "영원히 교화되지 않는 사람들"이라는 "위안을 주는 구절"은 이 소수의 "과격 집단lunatic fringe"만 제외하면 현재의 민주주의가 정상적으로 잘 작동할 것이라는 자기만족에 불과하다.[23]

그렇다면 전후 서독에서 다시 우익 급진주의가 등장한 진정한 원인은 무엇인가? 그것은 "사회–경제적 내용상 민주주의는 오늘날까지 어디에서도 온전히 구체화되지 못했으며, 오히려 형식적으로 남아 있다"는 사실과 관련된다. 이런 맥락에서 파시즘 운동은 "민주주의의 상처 자국, 흉터"로 고찰해야 한다는 것이다.[24] 벤자민 아르디티의 연구를 떠올리게 하는 이러한 표현들 속에서

---

23. Theodor W. Adorno, *Aspekte des neuen Rechtsradikalismus* (Berlin: Suhrkamp, 2019), p. 17.

24. 같은 책, p. 18.

아도르노는 우익 급진주의의 또 다른 요소인 "사회적 파국의 감정"을 부각시키며, 정념적, 감성적 측면이 얼마나 큰 효과를 발휘하는가를 분석한다. 현재의 경제체제가 곧 위기 또는 공황을 겪을 것이라는 예언과 그로 인한 불안을 조장하면서 우익 급진주의는 대중의 불안한 정서를 파고 들어간다.

이 과정에서 특히 조작과 선전이라는 수단은 광범한 위력을 발휘한다. 우익 급진주의 운동에서 프로파간다는 "정치의 실체"를 이룬다.[25] 특히 이 과정에서 특정한 '적'이 설정되고 이 상상적, 허구적 적에 대한 분노의 에너지가 집중될 때, 이러한 운동을 이끄는 정치세력의 카리스마적 지배력 역시 커진다. 따라서 우익 급진주의는 단순히 "자생적 대중운동"으로 볼 수 없다. 그런데 오늘날 우익 급진주의는 더 이상 민주주의 자체를 파괴하기는커녕 "민주적 게임의 규칙에 적응"[26]하였고 자유민주주의에서의 표현의 자유를 누리고 있다. 그렇다면 이러한 프로파간다가 과연 표현의 자유를 온전히 누리는 것이 합당한지 하는 물음이 제기된다. 이는 오늘날 인터넷 사이트나 뉴미디어를 통해 전파되는 여성, 소수자, 난민 등 사회적 약자에 대한 혐오 발언이 표현의 자유를 보장받아야 하는지 아니면 인권 보호를 위해 적절히 규제되어야 하는지에 관한 법철학적 논쟁을 연상시키는 질문이다.

---

25. 같은 책, p. 24.
26. 같은 책, p. 36.

이처럼 우익 급진주의가 제공하는 프로파간다에 대한 아도르노의 분석은 무페의 포퓰리즘 분석에서 빠진 부분이다. 그런데 아도르노의 이러한 분석은 소셜미디어를 비롯한 뉴미디어가 반지성주의와 결합되어 일으키는 효과와 일정 부분 공명한다. 예컨대 안티백신 음모론은 매우 쉽게 뉴미디어를 통해 대중적으로 전파되면서 엘리트 계급의 음모와 국가의 자유 침해에 맞선 민중적 저항의 이미지를 획득할 수 있다. 난민 반대 시위에 참여한 사람들 중 적지 않은 수는 무슬림들이 성범죄율을 증가시킨다는 프로파간다를 사실로 받아들인다. 무페가 '인민'의 담론적 호명을 통한 포퓰리즘 정치의 구성 방식이 갖는 '민주주의적' 요소를 강조한다면, 아도르노는 그러한 구성 방식이 프로파간다에 의해 왜곡될 수 있음을 지적함으로써 포퓰리즘 운동이 낳을 수 있는 '권위주의적', '반지성주의적' 효과를 지적한다.

그렇다면 우리는 우익 급진주의 운동이 갖는 반지성주의와 프로파간다의 위험성에 대한 아도르노의 비판이 갖는 '신중함'과, 포퓰리즘의 도전에 대해 좌파 포퓰리즘이라는 맞불을 놓자는 무페의 '과감함'으로부터 모두 배워야 하는 것이 아닐까? 이를 통해 포퓰리즘이 갖는 민주주의적 에너지를 긍정하되, 그것이 나타낼 수 있는 반지성주의적, 프로파간다-정치적 위험을 동시에 사유하면서, 그러한 에너지를 민주주의의 급진화를 위한 추동력으로 만들어 내는 것이 가능할 것인가? 우리는 현재 우리가 처한 '민주주의의 위기'라는 관점에서 이 문제를 검토할 필요가 있다.

4. 포퓰리즘의 민주주의적 에너지와 민주주의의 민주화

일련의 저자들은 민주주의의 위기를 진단하면서, 공통적으로 오늘날 신자유주의 시대에 출현한 극단화된 '민주주의 없는 자유주의'가 민주주의 자체의 위기의 표현이라는 점을 지적하고 있다. 앞서 보았듯, 외르케와 젤크는 포퓰리즘 발흥의 사회적 원인을 분석한다. 이들에 따르면 포퓰리즘의 부흥을 이해하기 위해서는 오늘날 "탈민주주의적 자유주의의 헤게모니"가 갖는 성격을 이해해야 한다. 그것은 "개인적 권리나 시장의 자유와 같은 자유주의적 요소들이 민주적으로 결정돼야 할 영역을 점점 더 제약하는 정치 이념적이고 제도적인 질서"를 말하며, 특히 "경제 질서, 소유권, 교육체계나 이를 통해 생산되는 사회적 위계"가 여기에 포함된다. 외르케와 젤크는 이제 "자유주의적 가치들의 헤게모니", "사회적 권리에 대한 부정적 권리의 우위"가 지배적이 되었다고 진단한다.[27] 이러한 맥락에서 '민주주의의 사유화'가 일어났는데, 이는 '민주주의 없는 자유주의'를 뜻하는 것이다. 이들에 따르면, 이러한 "탈민주주의적 자유주의는 사회 구조를 근본적 변화로부터 차단함으로써 현존하는 특권 구조를 보호한다."[28] 오늘날 우익 포퓰리즘 세력은 이러한 현상에 대한 대중의 불만을 문화적 정체

---

27. Dirk Jörke and Veith Selk, *Theorien des Populismus*, p. 158.
28. 같은 책, p. 161.

성의 언어로 치환해서 표출하며, 이는 자유주의적 합리화 및 근대화 과정에서 소외감을 느끼는 사람들에게 호소력을 가질 수밖에 없다.[29]

탈민주화된 자유주의가 민주주의를 공허한 형식으로 만들었다는 지적 역시 존재한다. 콜린 크라우치는 "민주주의의 형식적 요소는 그대로 남아 있으면서 (…) 정치와 정부는 점점 더 민주주의 이전 시대에 특징적이었던 방식으로 특권적인 엘리트의 통제권 안으로 미끄러져 들어가고 있다는 것"[30]을 '포스트 민주주의' 현상으로 지적한다. 특히나 기업의 발언권이 강해지고 로비 단체의 영향력이 강화되는 현상에 대해 그는 이것이 "강력한 자유주의 사회의 증거"는 될지언정 "강력한 민주주의의 증거는 아니다"라고 주장한다.[31] 나아가 이렇게 민주주의가 형식만 남게 된 가장

---

29. 실제로 유럽에서 우익 포퓰리즘 세력은 기존 사회민주주의 정당들의 우경화, 신자유주의화를 대체하여 사회정책과 복지정책을 호소하면서 점차 '사회민주주의화'되는 경향을 나타내고 있다. 이런 의미에서 오늘날 "폴라니적인 우익 포퓰리즘"이 등장하고 있다는 지적도 존재한다. 그렇다면 이전에 진보적 사회민주당에 투표했던 유권자들의 상당수가 우익 포퓰리즘 정당에 투표하는 것은 상실된 민주주의와 사회정책을 복원하기 위한 일정 부분 합리적 선택으로 간주되어야 한다. Dirk Jörke and Oliver Nachtwey, "Die rechtspopulistische Hydraulik der Sozialdemokratie: Zur politischen Soziologie alter und neuer Arbeiterparteien," *Leviathan* (45. Jg., Sonderband 32, 2017), pp. 180~181.

30. 콜린 크라우치, 『포스트 민주주의』, 이한 옮김, 미지북스, 2008.

31. 같은 책, 27쪽.

큰 이유를 그는 경제의 세계화에서 찾는다. 그에 따르면, "민주주의는 세계화를 향한 자본주의의 돌진과 보조를 맞추지 못했다."[32]

이와 유사하게 웬디 브라운은 신자유주의가 초래한 '민주주의 없는 자유주의'가 '민주주의의 탈정치화'에 상응하는 현상이라고 지적한다. 브라운은 "오늘날 행정, 직장, 법정, 학교, 문화를 비롯한 광범위한 영역에 만연한 신자유주의 이성이 민주주의 구성요소의 명백하게 정치적인 특성, 의미, 실행을 경제적인 것으로 바꾸고 있다"고 주장한다.[33] 그녀에 따르면 신자유주의는 단순히 경제정책을 의미하는 것도, 국가 권한의 축소를 의미하는 것도 아니며, 재정이나 통화정책으로 한정되지도 않는다. 오히려 신자유주의는 하나의 이성 형식으로 존재하며, 그에 따라 개인의 주체화 양식에 결정적인 영향을 발휘한다. 브라운에 따르면, 오늘날 사회의 모든 영역을 경제화하는 신자유주의는 개인을 경제적 인간, 호모 에코노미쿠스로 변화시킨다. 오늘날 개인이 오로지 시장 행위자로, 인적 자본으로 간주되는 것도 이와 무관하지 않다. 그러는 사이, 민주주의의 주체인 '인민'은 사라지고 있다. "호모 에코노미쿠스라는 시민에 맞춰 축소된 시민권이 공공재에 대한 관심으로 정의되는 시민권을 대체하면서 인민, 즉 집합적 정치 주권을 행사하는

---

32. 같은 책, 47쪽.
33. 웬디 브라운, 『민주주의 살해하기』, 배충효·방진이 옮김, 내인생의책, 2017, 16쪽.

데모스의 개념 자체가 제거된다."[34]

그러한 데모스는 근대 사회에서 호모 폴리티쿠스의 형태로 출현하였다. 호모 폴리티쿠스는 정치적 주권을 실행에 옮기는 존재로 프랑스 혁명과 미국 혁명을 일으키고 스스로 통치하는 자기주권적 존재로서의 인민을 뜻한다. 근대 사회에서는 (마치 시민이 부르주아bourgeois와 시토아앵citoyen이라는 두 가지 형태로 공존하듯이)[35] 호모 에코노미쿠스와 호모 폴리티쿠스가 나란히 존재해 왔다. 그러나 신자유주의 시대에 이러한 양날의 날개는 파괴되었다. 신자유주의는 민주주의 정치의 주권적 주체의 소멸을 낳았고, 민주주의의 자기 지속성을 근본 수준에서 불가능하게 만들고 있다. "호모 폴리티쿠스는 신자유주의 이성의 가장 큰 희생양이다."[36]

이러한 진단이 가능하다면, 포퓰리즘은 '잃어버린 호모 폴리티쿠스의 재등장'이라는 의미에서 민주주의의 탈민주화라는 현상에 역행하는 흐름으로 읽힐 수 있을 것이다. 그리고 포퓰리즘의 등장이 갖는 '민주주의적 에너지'를 여기서 발견하는 것 역시 가능할 것이다. 그렇다면 우리는 포퓰리즘을 민주주의와 대척점에서 이해할 것이 아니라, 이러한 민주주의의 위기에 대한 이유 있는 대응

---

34. 같은 책, 47쪽.
35. 이 둘의 차이에 관해서는 뒤의 2부 3장을 참조할 것.
36. 같은 책, 111쪽.

으로 간주해야 한다. 여기에서 포퓰리즘의 민주주의적 에너지가 확인된다. 그러나 그것이 반지성주의와 권위주의로 나아가지 않을 수 있는 보장이 존재하는가?

콜리야 묄러는 '민주적 포퓰리즘'과 '권위적 포퓰리즘'을 구분해야 한다고 주장한다. 양자는 그들의 정치적 요구나 목표를 통해 구분될 뿐만 아니라, 그들의 사회적 토대의 관점에서 차이를 드러낸다. 그에 따르면, "민주적 포퓰리즘들이 엘리트나 권력 블록에 대항하며 그들의 '인민'을 이러한 갈등 속에서 비로소 형성한다면, 권위적 포퓰리즘들은 항상 티자나 이방인에 의해 파괴될 위협에 처해 있는, 이미 존재하는 동질적인 인민을 상정한다."[37] 인민을 갈등 속에 구성되는 집단으로 규정할 것인가, 이미 존재하는 동질적인 집단으로 규정할 것인가 하는 두 관점은 완전히 다른 정치적 결론에 도달할 수 있다. 전자에게 인민은 개방적이고 포용적이며 다원적인 집합적 행위자가 될 가능성이 있지만, 후자에게 인민은 실체적 동질성 속에서 다양성을 상실하고, 지도자의 카리스마에 복종하며, 타자에 대한 배타적 성격을 노출하게 된다.

그렇다면 이러한 민주적 포퓰리즘과 권위적 포퓰리즘은 명확히 구별되는가? 민주적 포퓰리즘이 권위적 포퓰리즘으로 전도될 위험은 없는 것일까? 볼프강 팔라버는 이에 대해 회의적이다. 따라서

---

37. Kolja Möller, "Invocatio Populi: Autoritärer und demokratischer Populismus," *Leviathan* (45. Jg., Sonderband 34, 2017), p. 247.

그는 인민주권의 에너지는 그것을 담아낼 수 있는 법치국가적 제도를 필요로 한다고 주장한다. 그런데 법치국가는 다시금 개인의 권리를 위해 인민주권을 제약할 수 있어야 한다는 딜레마가 발생한다. 그러나 인민의 의지가 갖는 폭발성에 대한 법치국가적 제약만으로는 "비인간적 포퓰리즘으로의 도착화倒錯化"[38]를 막을 수 없다. 결국 그는 법치국가 질서와 인민주권 사이의 긴장을 해소하기 위해 도덕적, 종교적으로 성숙한 시민들을 길러낼 수 있는 정치적 제도가 필요하다고 주장한다. 그러나 '도덕적, 종교적'인 시민 계몽만으로 만족할 수 있을까? 또 이러한 주장은 결국 포퓰리즘의 긍정적 에너지를 무화시키는 효과를 내지 않을까?

챗바퀴를 도는 것처럼 보이는 이러한 논의들 속에서 도출할 수 있는 결론은, 인민주권의 에너지를 민주적으로 제도화할 수 있는 역동적 시민권의 관점이 필요하고, 이를 토대로 민주주의 제도 자체의 민주화가 추진되어야 한다는 것이다. 현재의 위기 속에서 정치는 발리바르가 말한 '민주주의의 민주화democratization of democracy'를 요구한다. 발리바르에 따르면 민주주의는 태생적으로 불완전하므로, 그것의 '참된 완성' 같은 것은 존재할 수 없다. 민주주의는 계속해서 자기 배반적으로 자기 자신으로부터 벗어나

38. Wolfgang Palaver, "Populismus — Gefahr oder hilfreiches Korrektiv für die gegenwärtige Demokratie?" *Jahrbuch für Christliche Sozialwissens-chften* (Bd. 54, 2013), p. 143.

며, 우리는 언제나 민주주의 제도 그 자체를 민주화함으로써만 민주주의를 지속적으로 유지할 수 있다.[39] 따라서 민주주의는 그 자체가 매 순간 발명인 셈이다.

우리는 앞선 분석에 힘입어, 오늘날 필요한 민주주의의 민주화 과제를 '민주주의의 탈민주화'에 저항하라는 요구로 해석해 볼 수 있을 것이다. 그것은 '민주주의 없는 자유주의'의 시대에 잃어버린 민주주의의 요소, 즉 데모스의 자기 통치로서 인민주권이라는 민주주의의 본질적 심급을 재창출하는 과정이어야 할 것이다. 기실 포퓰리즘 정치가 의도하는 바가 바로 그러한 '잃어버린 인민주권'을 되찾아야 한다는 것과 다르지 않다. 그러나 우파 포퓰리즘은 그러한 인민주권을 국민주권과 동일시하여 배타적인 국경 통제에 대한 요구로 전환시켰다. 민주주의의 민주화란 이처럼 민주주의와 시민권 제도가 낳는 배제에 저항하여 포괄적인 시민권의 정치가 부활해야 함을 의미하기도 한다. 오늘날 '잃어버린 인민주권'을 되찾아야 한다는 요구가 어떻게 민족주의적, 인종주의적 동일성 정치(정체성 정치)로 함몰되지 않고, 호모 폴리티쿠스의 재구성으로 이어져 신자유주의적 탈민주화를 극복하는 정치의 재발명으로 나아가도록 만들 것인가 하는 물음은 매우 중요한 실천적 함의를 갖는다.

---

39. Étienne Balibar, *Citizenship*, trans. Thomas Scott-Railton (Cambridge: Polity, 2015), p. 124.

이러한 방식으로, 포퓰리즘의 민주주의적 에너지는 민주주의의 민주화를 위한 추동력으로 이어져야 할 것이다. 인민적 의지는 억압적 방식으로 통일되는 것이 아니라 억압적이지 않은 방식으로 접합됨으로써, 다원적으로 형성되는 인민주권의 등장으로 이어져야 한다. 그러한 인민주권은 민주주의의 탈민주화에 저항하는 데모스의 창출이라는 오늘날의 과제와 직결된다. 그것은 포퓰리즘의 에너지를 무매개적, 무반성적 충동에서 매개적, 반성적 역동성으로 승화시키는 과제를 포함할 것이다. 이것은 반지성주의를 향한 포퓰리즘의 경향을 전환시켜, 집단지성을 갖춘 집합적 행위자로서 데모스를 창출하는 과정을 의미한다.

그러한 승화를 가능하도록 만들기 위한 오늘날의 과제 중 하나는 계급정치를 부활시키는 것이다. 물론 필자는 여기서 계급투쟁이 모든 것을 해결해 주는 만능열쇠라는 식의 환원주의를 주장하려는 것이 아니다. 그러나 계급투쟁이 사라진, 혹은 낡은 것으로 치부되어 무기력화된 세계에서, 불평등에 대한 개별적인 분노들이 집합적인 정치적 언어를 통해 구조의 변화를 위한 동력으로 승화될 수 있는 통로를 상실한 것 역시 사실이다. 우리는 신자유주의 세계화의 보편화 이후 불안정한 삶의 형식이 확산되고 극단적인 불평등과 양극화가 나타나면서, 이로 인해 좌절한 세대들의 절망감이 원한 감정과 공격적 혐오의 정념으로 이어지는 현실에 주목할 필요가 있다. 우리에게는 그러한 불만의 방향을 난민, 이주민, 소수자와 같은 약자들에 대한 공격적 증오가 아니라 현재의 구조를 바꿀 수 있는 민주주의 정치의 에너지로 이끌어가기 위해 그러한 불만들을 조직화하고 정치적으로 담아낼 수 있는 새로운 계급정치의 발명들이 필요하다. 따라서 이것은 오늘날 민주주의의 민주화를 위한 가장 중요한 과제 중 하나라고 말할 수 있다.

물론 이러한 과제의 수행이 성공할 수 있느냐 하는 물음은 그러한 과제를 수행할 수 있는 역량을 가진 정치세력의 존재 여부와 관련되어 있다. 따라서 문제는 포퓰리즘의 흐름을 차단하지 않으면서 그 고유한 에너지를 민주주의의 급진화와 확장을 향해 나아가도록 추동할 수 있는, 그러면서도 포퓰리즘 운동이 가질 수 있는 위험에 대해 성찰하고 전략을 제시할 수 있는 정치세력이 존재하는가 하는 것이다. 결국 포퓰리즘과 민주주의의 관계에 대한 이러한 성찰은 마키아벨리와 그람시의 문제설정, 곧 현대의 군주에 대한 실천적 요청으로 이어질 수밖에 없다.

5. 나가며

이상의 논의를 요약해 보자. 오늘날 포퓰리즘과 민주주의의 관계는 어떻게 설정되어야 하는가? 이 글의 주장이 담고 있는 전제는, 오늘날 일차적으로 비난받아야 할 것은 포퓰리즘이 아니라 기성 정치의 위기라는 것이다. 특히 '민주주의의 탈민주화'라는 흐름은 대중의 분노와 소외감을 낳고 '잃어버린 인민주권'에 대한 요구가 퍼질 수밖에 없는 조건을 창출했다. 이처럼 정치적인 것을 중립화하고 중도적 합의를 강제하는 신자유주의 또는 제3의 길에 맞서서, 능동적 시민 혹은 호모 폴리티쿠스의 재발명이 필요하다. 그런데 이것은 포퓰리즘을 원색적으로 비난하는 방식으로는 불가능하다. 대중의 분노 에너지를 또 다른 배제와 차별로 흐르게 하는 우익 포퓰리즘과 달리, 좌파 포퓰리즘은 상이한 운동의 요구들을 '인민'이라는 범주 속에 접합함으로써, 그러한 에너지를 체제에 대한 변화로 흐르게 한다. 따라서 양자는 동일하게 비판될 수 없다. 우리는 포퓰리즘의 정당한 요구가 존재함을 인정해야 한다.

그러나 동시에 지적되어야 할 사실은 포퓰리즘이 무조건적으로 추인될 수는 없다는 것이다. 그 내부에서 반지성주의와 권위주의가 자라나지 않기 위한 정치적 합리성에 대한 고민 또한 필요하다. 달리 말하자면, 포퓰리즘에는 민주주의의 토대를 잠식할 위험과, 민주주의를 재활성화시킬 가능성, 잠재력이 동시에 내재해 있다. 이러한 극단적인 이중성은 민주주의의 불가피한 조건이다. '포퓰리즘으로부터 완전히 벗어난, 순수한' 민주주의는 존재하지 않는다.

이처럼 이 글은 포퓰리즘이 이중성을 갖는다는 사실에서 출발하였다. 즉 포퓰리즘에는 정당한, 민주주의적 에너지가 포함되어 있으며, 동시에 그것이 반지성주의와 권위주의를 자신의 계기로 포함함으로써 민주주의의 토대를 잠식할 위험 역시 갖고 있다. 이러한 이중성은 일정한 정치적 실천이나 기예로 사라지지 않을 포퓰리즘 정치의 고유한 특징을 이룬다.

그렇다면 우리에게 남는 선택지는 포퓰리즘에 내재된 민주주의적 에너지를 민주주의의 확장을 향한 추동력으로 만드는 것이다. 이것은 포퓰리즘의 충동적, 무매개적 에너지를 반성적이고 매개된 힘으로 승화시키는 것을 의미한다. 분노한 대중들의 정당한 외침이 타자에 대한 혐오나 권위주의 정치의 승인으로 귀결되지 않도록 만드는 것, 그러한 에너지를 사회 구조의 변화를 촉진할 '데모스의 집단지성'으로 결정화시키는 것, 그러한 과제가 오늘날 '민주주의의 민주화'가 의미하는 바일 것이다.

제II부

인권의 정치와 시민권의 정치: 퇴행에 저항하기

제1장 반지성주의와 위기의 민주주의
탈진실 정치와 민주적 집단지성

1. 들어가며

스피노자가 말했듯이, 공포는 예속을 낳는 정념이다.[1] 공포는 합리적 사고를 마비시키며, 공동체를 파괴하고 '적'에 대한 분노의 에너지로 전이되기도 한다. 아도르노와 호르크하이머의 표현을 빌리자면, 주체는 자신이 느끼는 두려움을 타자에게 투사한다.[2] 코로나19의 창궐과 글로벌 팬데믹 이후 우리는 전염병의 공포라

---

1. "미신을 낳고, 보존하고 키우는 것은 다름 아닌 공포다." Baruch Spinoza, *Complete Works*, trans. Samuel Shirley (Indianapolis: Hackett, 2002), p. 388.
2. "반유대주의는 허위적 투사에서 비롯한다." Theodor W. Adorno and Max Horkheimer, *Dialektik der Aufklärung* in *Gesammelte Schriften* Bd.3, (Frankfurt/M., 2003), p. 211.

는 이 '예외 상태'가 중국인, 국내 거주 조선족 동포, 우한 거주 교민들, 나아가 아시아인 전체에 대한 제노포비아의 확산으로 이어지는 것을 목격했다. 공포의 정념에 휩싸인 주체에게 타자의 이질성은 불안을 유발하는 것일 수밖에 없다. 나의 불안을 잠재우기 위해 타자의 다름은 그 자체로 극복해야 할 대상으로 간주된다. 공포가 일상이 되었듯이, 혐오 역시 우리의 일상이 되었다. 이미 2018년 예멘인들의 집단적 난민 신청 이후 나타난 무슬림 난민에 대한 인종차별 혐오 정서는 2022년 ('협력자'라는 이름이 붙은) 아프가니스탄 출신 난민 자녀들의 초등학교 입학에 반대하는 주민 시위로 이어졌다.

문제는 이와 같은 사례들에서 드러나듯, 공포와 불안 같은 '집단적 정념'들이 민주주의 정치 공동체의 성립 가능성을 차단한다는 데 있다. 코로나바이러스처럼 눈에 보이지 않은 병원체에 대한 두려움뿐만 아니라, 사회안전망의 해체와 무한경쟁 논리에 따른 삶의 불안정으로 인해 나타나는 집단적 불안장애 속에서 많은 사람들은 사회적 약자에게 주어지는 보상을 '특권'이자 '혜택'으로 간주하게 되었고, 이를 '역차별'이라고 부르는 데 익숙해졌다. 성평등이 남성에 대한 역차별을 부추긴다고 보듯, 대중교통을 이용하게 해달라고 시위를 벌이는 장애인들은 일반 시민들을 볼모로 잡는다는 것이다. 국가대표 운동선수는 머리가 짧다는 이유로 '페미 논란'에 휘말려야 했으며, 중국인 동포들은 건강보험 재정의 낭비를 부추기는 세력으로 공격받았다. 동료 시민의 권리를 인정하지 않는 이러한 태도는 민주적 정치 공동체의 성립을 불가능하게 만들며, 사회를 원자화된 개인의 경쟁 장소라는 협소한 의미로 만들어 버린다. 이렇듯 오늘날 원자화된 고립적 개인들로 남은 시민들은 사회가 나를 지켜주지 않는다는 불안감으로 인해, 타자에게 혐오 정념을 쏟아내는 방식으로 '합리적 자기보존 원칙'을 구사하는 것처럼 보인다. 이처럼 집단적 정념의 세계에서 나타나는 현상 중의 하나는, 내가 느끼는 공포와 불안의 '원인'을 분석하고 이를 극복할 수 있는 '대안'을 모색하기 위한 합리적, 지성적 논의들이 불가능해진다는 것이다. 따라서 이와 같은 상황에서 반지성주의의 출현은 자연스러운 일인 것처럼 보인다.

결국 반지성주의의 문제는 단순히 사회 구성원들이 취하는 주관적 태도의 문제가 아니다. 오히려 그것은 한 사회가 집단 정념의 지배에서 벗어나지 못하는 '미성숙'의 태도 속에서 정치의 근본 조건인 주체화의 가능성이 차단된다는 사실과 관련이 있다. 따라서 반지성주의는 정치의 가능성을 그 근본에서 차단하는 현대 사회의 특수한 측면으로 이해돼야 한다. 그렇다면 오늘날 민주주의 정치의 가능성을 묻기 위해서는 이와 같은 반지성주의의 특징이 무엇인가를 진단할 필요가 있다. 이 글은 탈진실 시대로 일컬어지는 현대 사회의 반지성주의 양상을 분석하면서, 특히 코로나 팬데믹 이후 상황에서 그것이 어떤 결과로 이어졌는가를 추적할 것이다. 이를 통해 우리는 반지성주의를 극복할 수 있는 시민적 집단지성이 오늘날 민주적 정치 공동체의 성립에 필수적임을 고찰할 것이다.

2. 반지성주의란 무엇인가

'반지성주의anti-intellectualism'는 미국 역사학자 리처드 호프스태
터의 책『미국의 반지성주의』을 통해 확산된 용어로, 이 책에서
호프스태터는 반지성주의를 다음과 같이 정의한다. "내가 '반지성
적'이라고 일컫는 태도나 사고에 공통되는 감정은 정신적 삶과
그것을 대표한다고 여겨지는 사람들에 대한 분노와 의심이며, 또
한 그러한 삶의 가치를 언제나 얕보려는 경향이다."[3] 반지성주의
자들에게서 발견되는 '지식인'에 대한 증오는 '지성' 그 자체에
대한 분노로 이어지고, 이는 지성적인 자세나 토론에 대한 비난으
로 귀결된다. 이러한 이유에서 반지성주의는 반'지식인'주의를
넘어, 지성에 대한 공격적 태도로 둔갑한다.

따라서 반지성주의의 진정한 문제는 그것이 반정치적 태도를
야기하고, 그에 따라 궁극적으로 민주주의의 실현을 저해한다는
데 있다. 달리 말해 반지성주의의 확산은 민주주의 정치의 가능
조건인 시민적 지성의 출현을 불가능하게 만들기 때문에, '자기

---

3. 리처드 호프스태터, 『미국의 반지성주의』, 유강은 옮김, 교유서가, 2017,
   25쪽.

통치'로서의 정치가 아닌 '지배'의 논리를 공고화시킨다. 반면 시민적 지성은 지배에 대한 비판의 원천이며, 그것은 민주주의 정치가 활성화될 수 있는 출발점을 이룬다. 아도르노는 이러한 생각을 이렇게 정식화한다. "비판은 모든 민주주의에 본질적이다. 이는 민주주의가 비판의 자유를 요구하고 비판적 충동을 필요로 한다는 것 이상을 말한다. 민주주의는 다름 아닌 비판에 의해 정의된다."[4]

아도르노는 반지성주의를 '사회로부터 개인의 지적 소외'라고 지적한다. "사회적 과정들의 객체화, 그들의 내적인 초개인적 법에 대한 복종은 사회로부터 개인의 지적 소외로 귀결되는 것으로 보인다. 이러한 소외는 공포와 불확실성을 동반하는 방향 상실로 개인에게 경험된다."[5] 그렇다면 반지성주의는 단순히 개인의 지성 결여가 아니라, 개인의 고립화와 원자화라는 현대 사회의 구조적 원인과 연관된 현상으로 이해되어야 할 것이다. 달리 말하면, 반지성주의는 개인을 공론장에서의 담론 형성 과정에서 배제하며 지적으로 소외시키는 사회적 관계의 산물로 나타난다.

이와 같은 진단은 한국 사회가 처한 민주주의의 위기에도 적용될 수 있다. 다수의 네티즌들이 '심심한 사과'의 뜻을 이해하지

---

4. Theodor W. Adorno, *Kritik* in *Gesammelte Schriften* 10.2 (Frankfurt/M., 2003), p. 785.
5. Theodor W. Adorno, *Studies in the Authoritarian Personality* in *Gesammelte Schriften* 9.1 (Frankfurt/M., 2003), p. 283.

못해 벌어지는 해프닝에서 보듯, 한국은 대학 진학률이 70%에 육박하는 고학력 사회이면서도 실질 문맹률이 75%에 도달하는 기이한 형태를 드러내고 있다. 이러한 역설적 상황이 가능한 이유는 한국에서 학습이나 교육이 오로지 신분 상승과 계급 재생산을 위한 학벌 획득을 목적으로 수행되고 있을 뿐, 개인의 사유, 성찰, 비판의 능력을 일깨워 주는 것과 무관하기 때문이다. 그래서 수능 고득점자, 토익 고득점자도 사회 문제에 관해 개인의 주관적 의견을 묻는 질문에는 침묵하거나 비객관적 편향을 드러내는 경우를 자주 목격한다. 이것은 성숙한 개인을 길러내지 못하는, 오히려 고학력 문맹들을 만들어 내는 이 교육 시스템의 문제라고 봐야 할 것이다.

이러한 조건에서 '선비질', '진지충', '프로불편러'같은 신조어들이 유행했다는 사실은 반추해 볼 만하다. 이 단어들은 모두 '선비'처럼 '진지'하게 어떤 '불편한' 문제를 제기하는 태도를 싸잡아 비난하고 있기 때문이다. 이런 맥락에서 "진지충의 탄생은 반지성적 사회의 증상"[6]이라고 할 수 있다. 진지함을 '벌레(충)'로 취급하는 사회에서는 비판적 문제 제기나 자기성찰과 같은 진지함의 요소들은 배격될 수밖에 없다. 이라영은 반지성주의를 "알기를 적극적으로 거부하는 상태"[7]라고 규정하는데, 이러한 진단에서도

---

6. 이라영, 『타락한 저항: 지배하는 '피해자'들, 우리 안의 반지성주의』, 교유서가, 2019, 18쪽.

보듯, 실제로 반지성주의의 문제는 단지 무엇인가에 대해 알지 못하는 상태 그 자체에 있는 것이 아니라, '나를 가르치려 하지 말라'는 식의 태도, 즉 '알려고 하기를 적극적으로 거부하는' 자세에서 나타난다. 이것은 반권위주의를 가장한 반지성주의라 할 수 있으며, 앞서 호프스태터도 지적했듯이, 평등주의라는 정당한 대의에서 비롯하는 태도가 그 기저에 깔려 있다. 그러나 이러한 태도는 동시에 알고 싶지 않은 앎(지식)을 차단함으로써 토론을 거부하는 태도로 이어져 공론장을 불가능하게 만들고, 소수자에 대한 편견 등 기존 사회에 확산된 차별적 의식을 무비판적으로 수용함으로써 궁극에서는 평등주의 그 자체를 불가능하게 만든다. 그러한 태도의 전형은 탈진실 정치에서 확인된다.

3. 가짜뉴스는 어떻게 민주주의를 저해하는가?: 브렉시트와 트럼프 선거운동

2016년 '탈진실Post-truth'이 영국 옥스퍼드 대사전에, 2017년에는 '가짜뉴스Fake news'가 콜린스 사전에 각각 '올해의 단어'로 선정된 이래로, 진실에 대한 왜곡이 어떻게 정치적 수단으로 활용되는가에 대한 관심이 집중된 바 있다. 매튜 러블리스는 가짜뉴스를

---

7. 같은 책, 20쪽.

하나의 "감정적 무기"로 정의하면서, 그것이 "집단적 (정치적) 행동의 잠재력을 저해하기 위해 청중의 느낌을 조작하려는 목적에서 현재의 논의들을 가리려는 전략적 노력을 지칭"한다고 말한다.[8] 그에 따르면 가짜뉴스는 지성이 아니라 사람들의 감정에 직접 호소하며, 이를 통해 무기화된다. 가짜뉴스가 무기인 이유는 그것이 자신의 경제적, 정치적 이익을 위해 누군가의 손해를 목적으로 제작된 수단이기 때문이다. 특히 이러한 수단은 인터넷 환경에서 커다란 파급력을 만들어 낸다. 이용자에게 특화된 특정 성향의 정보들이 제한적으로 제공되는 현상을 일컫는 필터 버블로 인해 인터넷상에서 정보의 격납고화 현상[9]이 발생하는데, 이로 인해 개인들은 닫힌 공간에서의 제한된 정보 속에 자신의 기존 신념을 강화하는 정보들에 노출될 수밖에 없으며, 가짜뉴스는 이러한 환경에서 개인의 신념에 쉽게 영향을 미치게 된다.[10]

---

8. Matthew Loveless, "Information and Democracy: Fake News as an Emotional Weapon," eds. Serena Giusti and Elisa Piras, *Democracy and Fake News Information Manipulation and Post-Truth Politics* (London: Routledge, 2021), p. 65.

9. 필터버블(filter bubble)은 사용자의 개인적 성향을 파악한 알고리즘에 의해 유사한 관점이나 성향의 컨텐츠를 계속해서 추천받고 보게 되는 현상을 말한다. 알고리즘의 필터링으로 마치 비눗방울에 갇히듯 자신의 세계에 갇히게 된다는 점에서 용어가 유래하였다. 정보의 격납고화(silo-ification)는 정보가 격납고에 저장되듯 격리되어 축적될 뿐 순환하지 않고 공유되지 않는 현상을 지칭한다.

10. 같은 글, p. 66.

어째서 이런 현상이 나타날까? 일련의 학자들은 이를 인터넷 환경에서 나타나는 인간의 심리적 성향과 연결시킨다. 제임스 볼은 "우리는 어떤 정보가 자신의 세계관과 일치하면 더 믿으려 하고, 통계보다 일화에 더 설득된다"고 말한다.[11] 이러한 현상은 소셜 미디어 환경에서 더욱 두드러지는데, 여기서 개인들은 자신이 집단의 구성원임을 드러내며, 집단에 속하지 않은 사람을 공격하려는 성향을 드러낸다. 확증 편향confirmation bias이라고 불리는 이러한 성향은, 내가 믿는 주장을 지지하는 증거로 간주되는 사실들에 대해 검증하지 않고 참으로 받아들이려는 경향을 일컫는다.

확증 편향과 함께 나타나는 또 다른 심리적 편향도 존재한다. 그것은 "내가 굳게 믿는 신념에 반하는 증거를 알게 될 때, 신념을 바꾸기보다 오히려 더욱 굳히는 현상"[12]을 말한다. 예컨대 이라크 전쟁 당시에, 정부의 발표와 달리 '이라크에 대량 살상 무기가 존재하지 않는다'는 언론 보도가 나오자, 이는 참전을 지지하는 사람들로 하여금 자신의 신념을 바꾸는 게 아니라 언론을 불신하는 방향을 택하게 만들었다. 동조 편향conformity bias으로 불리는 이러한 현상은 "합리적 판단과는 완전히 별개로, 그저 무리로부터 튀어나와 보이기를 원하지 않는다는 심리"에서 비롯한다.[13] 대표

---

11. 제임스 볼, 『개소리는 어떻게 세상을 정복했는가: 진실보다 강한 탈진실의 힘』, 김선영 옮김, 다산초당, 2020, 240쪽.
12. 같은 책, 244쪽.
13. 케일린 오코너·제임스 오언 웨더럴, 『거짓은 어떻게 확산되는가』, 박경

적인 사례는 도널드 트럼프 대통령의 취임식과 관련된 일화다. 트럼프 행정부 대변인 숀 스파이서는 대통령 취임식 당시 "사상 최대 규모의 인파가 몰렸다"고 발표했다. 그러나 오바마의 두 차례 취임식과 트럼프의 취임식을 비교한 사진을 보면 후자의 군중 숫자가 확연하게 적은 것이 확인된다. 이에 관한 질문을 받자, 백악관은 '대안적 사실^{alternative truth}'라는 단어를 사용해, 진실에 대한 부정이 동시에 진실이 될 수 있다는 주장을 펼쳤다. 탈진실을 정치적 무기로 활용한 것이다.

이처럼 진실에 대한 조작이 정치적인 파급력을 미치기 때문에, 최근 가짜뉴스는 조직적으로 양산되고 온라인 공간을 통해 급속도로 확산되고 있다. 트럼프의 대통령 선거운동 기간에 마케도니아의 인구 4만 5천 소도시 벨레브^{Veles}에서만 140개가 넘는 가짜뉴스가 제작되었다. 가짜뉴스를 만들면 쉽게 돈을 번다는 소문 때문에 10대 청소년들이 가짜뉴스 사이트를 생성하고 거짓 정보들을 유포하는 활동에 동원되었다.[14] 가짜뉴스가 '장사'가 된다는 것을 알게 되자, 최근에는 레거시 미디어들조차 가짜뉴스와의 싸움을 포기하고 스스로 가짜뉴스를 퍼뜨리는 비즈니스모델을 채택했다. 가짜뉴스 보도를 통해 '필터 버블'의 수혜를 입으려는 전략으로 선회한 언론사들은 진실과 거짓의 경계에 있는 모호한 기사들을

선 옮김, 반니, 2021, 119쪽.
14. 제임스 볼, 앞의 책, 45~47쪽.

내보내 이익을 얻으려 하고 있다. 구글, 페이스북 등 인터넷 소셜 미디어들 역시 경제적 이유에서 이들 뉴스 매체들을 제대로 규제 하려 하지 않는다. 가짜뉴스가 유통되는 대규모 커뮤니티가 거대 한 시장을 형성하기 때문이다. 불은 이와 같은 "개소리 비즈니스 모델"[15]이 오늘날 탈진실의 시대를 지배하고 있다고 주장한다.

브렉시트 역시 "21세기 탈진실 정치의 역할을 논의, 탐험하고 시험할 수 있는 사례 연구의 '이념형ideal-type'"으로 지칭된다.[16] 제니퍼 캐시디에 따르면, 브렉시트 탈퇴파가 제시한 두 개의 가짜 뉴스는 대중에게 크게 어필하면서 투표에 결정적 영향을 미쳤다. 이 두 개의 가짜뉴스는 다음과 같다. 1. "영국이 EU에 매주 3억 5천만 파운드를 송금한다." 2. "영국으로의 순 인구 유입이 333,000 명에 도달했다." 과장된 수치를 동원한 이러한 가짜뉴스를 통해 탈퇴파는 사태의 본질을 흐리는 "오해를 야기하는 서사들misleading narratives"을 만들어 여론을 주도하게 된다. 예컨대 탈퇴파는 "우리 는 유럽에 매주 3억 5천만 파운드를 송금합니다. 이 돈을 그 대신 건강보험에 기금으로 씁시다We send the EU £350 million a week. Let's fund our NHS instead"라는 버스 광고를 게재했고, 이를 통해 유권자들로

---

15. 같은 책, 290쪽.

16. Jennifer Cassidy, "How Post-truth Politics Transformed and Shaped the Outcome of the 2016 BREXIT Referendum," eds. Serena Giusti and Elisa Piras, *Democracy and Fake News: Information Manipulation and Post-Truth Politics* (London: Routledge, 2021), p. 53.

하여금 브렉시트 이후에 3억 5천만 파운드만큼 NHS가 운영하는 공공 병원이 새로 설립될 것처럼 헛된 기대를 하게 만들었다. 또 이민자 문제 역시 가짜뉴스를 통해 노동계급의 여론을 동원하기 위한 전략으로 이용되었다. 영국독립당의 나이젤 패라지가 등장하는 '한계점Breaking Point' 포스터에서 보듯, 탈퇴파는 쇄도하는 난민의 이미지를 광고함으로써 노골적 인종주의를 통해 국경에 대한 통제력을 되찾아야 한다는 요구를 불러일으켰다. 나아가 탈퇴파의 프로파간다는 난민을 성적 침략자로 묘사함으로써 EU에 잔류하게 되면 영국 여성들이 위험하다는 신호를 제공하기도 했다. 민족주의를 강화하고 난민을 범죄화하는 이런 이미지들은 해당 소수자 그룹에게 침묵을 강요하고 그들의 목소리를 들리지 않게 하며, 그들의 발화가 정치적 숙의 과정에서 진지하게 검토되지 못하도록 만든다.[17]

이처럼 사회적 위기에 직면했을 때, 외국인에 의한 국가 정체성 손상을 규탄하는 목소리가 항상 등장하게 된다. 이는 교육이나 의료 등 실질적으로 노동계급의 삶에 영향을 미치는 문제를 제쳐 놓고 이민자 문제에 집중하게 만드는 효과를 만들어 낸다. 이러한 논의 지형은 "극우 단체가 이용할 수 있는 비옥한 번식지"[18]를

---

17. 같은 글, p. 60.
18. 카스 무데, 『혐오와 차별은 어떻게 정치가 되는가?』, 권은하 옮김, 위즈덤 하우스, 2021, 146쪽.

만들어 내는데, 이것이 문제인 이유는 세계적으로 극우 세력이 점차 극단화, 폭력화되고 있기 때문이다. 2016년 미국 대선에서 트럼프 지지자들이 퍼뜨린, 힐러리 클린턴이 아동 성매매에 가담했다는 가짜뉴스는 성매매가 이뤄지는 장소로 지목된 피자 가게에 총격을 가하는 사건으로 이어졌으며, 2021년 1월 트럼프의 선거 패배 이후 지지자들은 총기를 보유한 채 국회의사당을 점거했다. 이 사건에 가담한 것으로 보이는 음모론자 데이비드 드파페는 2022년 10월 하원의장 낸시 펠로시의 집을 침입해 그녀의 남편을 둔기로 가격하기도 했다. 전형적인 극우 음모론자인 드파페는 자신의 소셜 미디어 계정에 백신 음모론, 대선 개표 조작, 경찰의 조지 플로이드 살해 부인, 반유대주의를 조장하는 게시물을 올린 것으로 알려졌다. 이는 조직화된 탈진실 정치가 어떻게 폭력의 극단화로 이어지는지 보여주는 사례다. 의회와 같은 대의제 기구나 기존 언론은 정치적 갈등을 매개할 기능을 상실했으며, 직접적으로 개인들에게 호소하는 탈진실 매체들의 영향 속에 갈등이 폭력화되는 경향이 나타난다.

이처럼 뉴미디어를 타고 급속도로 확산되는 가짜뉴스는 오늘날 민주주의가 처한 위기 현상을 극명하게 드러낸다. 그리고 반지성주의적 태도의 확산은 이러한 가짜뉴스에 의한 민주주의의 파괴에 대해 해당 정치 공동체의 구성원들이 저항할 수 있는 능력을 부식시켜 버린다. 따라서 반지성주의의 확산과 가짜뉴스의 범람은 동전의 앞뒷면을 이룬다. 그리고 이러한 탈진실 정치로 인간 갈등의 증폭을 우리는 한국 사회에서도 발견할 수 있다.

4. 적대주의와 반지성주의: 예멘 난민 거부 정서와 이대남의 불만

2018년 500명이 넘는 예멘 난민들이 제주도로 입국해 난민 신청을 하자, 한국 사회는 곤혹에 빠졌다. 이제 대규모 난민의 입국이라는 문제는 유럽이나 미국만이 아니라 한국의 일이 된 것이다. 그러나 한국 사회는 이에 대해 준비되어 있지 않았으며, 난민에 대한 부정적이고 적대적인 여론이 들끓었다. 여론조사에서는 답변자의 3분의 2 이상이 난민 지위 부여에 반대한다고 밝혔으며, 청와대 국민 청원 게시판에 올라온 '난민 신청 허가 폐지' 청원은 70만 명 이상의 동의로 이어졌다. '국민이 우선이다'라는 구호를 내건 난민 반대 시위가 나타나기도 했다.

이토록 적극적이고 격렬한 난민에 대한 적대감 형성에 영향을 미친 것은 온라인에서 급속도로 확산된 가짜뉴스였다. 또 예멘인들의 조혼 풍습을 언급하며 예멘인들을 아동 성애자로 묘사하거나, 스웨덴에서 무슬림 난민을 허용한 이후 성폭력이 급증했다는 식으로 정보를 왜곡했다. '무슬림 남성들에게 성폭행당한 영국 여성들' 이미지가 조작되어 확산되기도 했다. 제주도에 머물고 있는 한 예멘 난민이 알 자지라와 인터뷰하면서 "예멘이 평화로워지면 가족들이 있는 고향에 가고 싶다"고 한 말을 왜곡해, "이런 섬에 갇혀 있으니 예멘으로 돌아가고 싶다"고 편집함으로써, '배부른 불평'이나 하는 게으른 난민이라는 이미지가 고착되기도 했다. 이런 이미지들은 이 난민들이 비행기를 타고 제주도에 입국했으며, 손에 스마트폰이 들려 있어 이들이 '가짜 난민'이라는 식의 논리로 이어졌다. 이처럼 예멘 난민의 사례는 난민에 대한 차별과 혐오 정서가 가짜뉴스와 결합되어 얼마나 급속도로 증폭될 수 있는지를 보여주는 사례였다. 이전에 접한 적이 없는 대규모 난민 입국 사태와 낯선 타자에 대한 두려움은 '도덕적 공황'을 초래하여, '최소한의 도덕'에 대한 감각이나 합의나 무산되고 타자를 '적'으로 규정하는 사고방식의 확산을 낳는다.[19]

이러한 외국인, 특히 무슬림에 대한 차별과 혐오 정서로 인해 대구에서는 무슬림 사원 건축을 지역 주민들이 반대해 공사가 지연되는 사태가 벌어지고 있으며, 2021년 미군의 아프가니스탄 철군 이후 아프가니스탄 '특별기여자'라는 이름으로 정부가 송환한 난민들의 자녀들이 학교에 입학하자 학부모들이 반대 시위를 하는 등 특정 집단에 대한 적대감과 혐오 정서가 두드러지게 나타나고 있다. 그러나 '외부의' 타자와의 공존을 거부하는 사고방식의 확산은 '내부의' 타자들에 대한 적대와 혐오로 이어지기 쉽다.

---

19. 박상희, 「2018년 제주 예멘 난민과 한국 사회의 도덕적 공황」, 『인권연구』 2(2), 2019, 1~46쪽.

오늘날 한국 사회에 만연해 있는 혐오의 확산은 이를 보여준다.

2021년 서울시장 보궐선거를 기점으로 정치적 집단성을 인정받은 '이대남(20대 남성)' 현상 역시 이러한 맥락에서 이해될 수 있다. 당시 선거 결과 20대 남성과 여성의 표결이 선명하게 대립한 것이 이른바 '젠더 갈등'의 정치화로 인식되면서 20대 남성의 정치적 보수화나 페미니즘과 사회적 소수자 배려 정책 전반에 대한 반감이 집중적으로 조명되었다. 물론 이들이 어느 정도로 결속력이 있는 정치적 집단인지에 관해서는 여전히 불분명하며, 과연 20대 남성 전반을 '이대남'이라는 범주로 묶일 수 있는가에 대한 반론이 제기될 수도 있다. 그럼에도 이후 나타난 일련의 사태들은 온라인 남초 커뮤니티를 중심으로 20대 남성들 사이에 확산되는 여론이 상당히 조직적으로 표출되고 있음을 보여준다. 대표적인 사건은 GS25의 홍보물에 등장하는 손가락 모양이 이른바 '남성 혐오'를 조장한다는 논란이었다. 이 손가락 모양이, 이미 온라인 공간에서 사라진 '메갈리아'를 비롯한 페미니스트 네티즌들이 남성을 조롱하기 위해 사용하는 모양과 닮았다는 것이었다. 이 논란 이후 해당 기업은 이에 사과하고 홍보물을 삭제하기도 했다. 유사한 해프닝이 국가대표 양궁 선수 안산의 머리 스타일을 놓고 벌어진 '페미 논란'에서 재현되었다. 당시 올림픽 금메달 획득으로 전국민적 주목을 받은 안산 선수가 짧은 머리를 하고 여대를 다니고 있으며, 개인 소셜 미디어 계정에서 '남혐' 용어들을 사용하고 있다는 이유로 '페미니스트'로 낙인이 찍혀 남초 사이트를 중심으로 비난을 받는 상황이 나타났다.

과연 '페미니스트'인 것이 '논란'이 되어야 하는가, 라는 원론적 질문을 던지기 전에, 우리는 이와 같이 특정 여성을 페미니스트로 몰아 마녀사냥을 가하는 집단적 여론이 한국 온라인 공간에 실재하고 있을 뿐만 아니라 그것이 현실정치에도 영향을 미친다는 점에 주목해야 한다. 왜냐하면 이러한 맥락 속에서만 지난 20대 대선에서 등장한 '여성가족부 폐지' 공약의 배경과 파급력을 이해할 수 있기 때문이다. 이러한 공약에 지지를 보내고 자신을 '이대남'으로 이해하는 남성들은 자신들이 여성이나 소수자들에 대해 '역차별'을 당하고 있다는 강한 불만을 표출한다. 이러한 불만은 자신들이 사회 기득권과 주류 질서로부터 배제되어 있다고 느끼는 한에서 정당한 것이기도 하다. 그러나 이 불만과 분노, 절망감은 기득권이 다른 누군가를 배제할 수 있는 구조의 문제를 제기하는 길 대신, 차별로 인해 배제되어 온 여성과 소수자들이 그들의 운동을 통해 쟁취한 미미한 권리들을 '불공정'으로 비난하면서, '완벽하게 공정한 경쟁'을 대안적 정의로 제시하는 순간 길을 잃게 된다.

이것이 오늘날 '역차별론'이라는 담론적 무기의 현주소다. 손희정에 따르면 이대남 현상은 한국에서의 '백래시'의 대표적 사례다. 그리고 이러한 백래시의 메커니즘은 "신자유주의가 초래한 불안의 시대를 살아가는 20대 남성들의 절실한 분노이고, 그걸 이용하려는 정치권의 각종 '작전'"에서 드러나는데, 이 작전은 '공정'이라는 화두에서 정점에 달한다.[20] 여성 혐오는 더 이상 여성을 약자라고 무시하는 데에서 생겨나지 않는다. 오늘날의 여성 혐오는 여성을 (가상적으로) 강자의 위치에 올려놓고 다시 끌어내리려 하며, 여성 우대정책으로 역차별당하는 남성들이야말로 이러한 '불공정'의 피해자라는 서사에서 비롯한다.

왜 이대남은 사회에 분노하는가? 그들의 분노는 어디에서 기인한 것인가? 징병제에 대한 불만, 과도한 경쟁과 부족한 일자리로 인한 청년 세대의 불안정 등 그들이 갖는 불만의 많은 부분은 구조적 원인에서 기인한 것이다. 그러나 이러한 불만은 청년층 남성에게 강제 복무를 강요하는 군사주의화 된 국가나, 불평등과 불안정을 낳는 신자유주의 경제 질서에 대한 문제 제기로 이어지지 않는다. 이를 대체하는 허위적 적대의 출현을 통해 분노는 여성과 장애인 등 약자에 대한 방향으로 굴절된다. 역차별이라는 '주인 기표'는 이 모든 불만을 단번에 묶어주는 누빔점의 역할을 한다. 남성은 여성에게 역차별당하고, 비장애인은 장애인 시위('전장연')로 인해 역차별을 겪으며, 이주노동자('불법체류자', '외노자')로 인해 내국인이 일자리를 잃는 역차별이 발생한다는 것이다.

이처럼 온라인 공간에서 나타나는 격렬한 안티 페미니즘 정서와 백래시 현상은 오늘날 청년층 남성들이 품고 있는 불만이, 1)

---

20. 손희정, 「한국의 '이대남'과 미국의 '브로플레이크' … '백래시의 시간'이 왔다」, 〈프레시안〉, 2021.05.25. http://www.pressian.com/pages/articles/ 2021052515451358458

자신들의 불만을 적절한 용어로 '정치화'할 수 있는 수단이 사라지고 경쟁적 공정 담론만이 유일한 정의 개념으로 굳어진 객관적 상황 속에서 2) 온라인 공간에 등장하는 부정확한 사실들과 프로파간다들의 범람과 조우하여 3) 분노와 불만의 방향이 굴절되는 과정을 보여준다. 차별을 낳는 구조와 그러한 구조로부터 이익을 누리는 기득권이 아니라 여성, 페미니스트, 소수자들이 공격적 에너지를 투사해야 할 '적'으로 낙인찍히는 것이다.

이러한 현상이 우리의 논의에서 차지하는 의미는 무엇인가? 민주주의 사회는 다양한 사회 문제들의 구조적 원인을 통찰하고 이를 변화시키려는 정치적 의제의 형성을 요구한다. 그런데 이처럼 자신이 가진 불만과 분노의 '구조적 원인'이 무엇인가를 통찰하는 것은 곧 '지성적 태도'가 민주주의에 본질적이라는 사실을 말해준다. 지성적 태도와 숙의적 과정은 민주주의 사회에서 적대 그 자체를 종식시키는 것은 아니다. 그러나 그것은 사회 구성원들이 갖는 불만과 적대의 방향성에 영향을 미치며, 따라서 '어떤 적대인가?' 하는 물음을 낳는다. 이 적대는 국가권력과 기득권층에 대한 불만과 구조의 변화라는 방향성을 택할 것인가, 아니면 약자에 대한 혐오로 나아갈 것인가? 반지성주의적 태도는 구조적 원인에 대한 '인식'이 아니라 자신의 분노를 투사할 '표적 집단'에 대한 공격적 충동을 강화하며, 온라인 공간에서의 탈진실 정치는 이러한 현상을 부채질한다. 우리는 이러한 현상을 전대미문의 팬데믹 상황에서도 확인할 수 있다.

5. 팬데믹 시대의 반지성주의: 코로나 인종주의, 낙인찍기 그리고 백신 음모론

코로나19 바이러스의 전 세계적 대유행 이후 목격된 사회적 현상 중 하나는 미국, 유럽, 호주 등 서구 국가들에서 아시아계 이민자들을 대상으로 한 인종 범죄가 급증했다는 사실이다. '코로나 인종주의Corona Racism'로 명명된 이 같은 현상이 극단에 달한 사례는 2021년 3월 16일 벌어진 미국 애틀랜타 총격 사건이다. 이날 주로 아시아계 여성들이 근무하는 스파 시설 세 곳에 난입한 괴한이 총기를 난사해 8명을 살해했고, 그중 6명이 아시아계(4명은 한국계, 2명은 중국계) 여성들이었다. 그 후로도 2022년 1월에는 중국계 여성 미셸 고가 지하철역 선로로 떠밀려 목숨을 잃었으며, 2월에는 한국계 여성 크리스티나 유나 리가 집까지 쫓아온 남성에 의해 흉기로 살해되었다. 캘리포니아주 당국은 아시아계를 노린 증오범죄가 2019년 43건, 2020년 89건에서 2021년 247건으로 급증했다고 밝혔으며, 일부 지역에서는 '아시아인 뺨 때리기 챌린지Slap an Asian Challenge'가 유행했다는 사실이 밝혀지기도 했다. 또 미국 연방수사국 FBI의 발표에 따르면 2019년부터 2020년 사이 아시아인을 대상으로 발생한 증오범죄는 77%가 증가했다. 이와 같은 상황은 미국 내에서 아시아계 주민들의 불안을 가중시켰다. 노인과 여성은 마트나 주유소 등을 이용하러 외출하는 것조차 꺼리고 있는 것으로 나타났다.[21]

2020년 3월부터 2021년 6월까지, 아시아계 미국인 또는 퍼시픽 아일랜드인에 대한 증오범죄에 대응하는 시민단체 스톱 AAPI 헤이트Stop AAPI Hate에 차별이나 폭력 피해를 자진 신고한 사람들의 숫자는 9천 명 이상이다. 미국 내 아시아계를 대상으로 한 여론조사에서 82퍼센트는 아시아계 미국인들이 코로나 팬데믹 이후 차별에 직면하고 있다고 답했다. 64퍼센트는 인종주의가 미국에서 극단적이거나 심각한 문제라고 답했다. 응답자의 12퍼센트만이 자신이 공공 생활에서 안전을 느낀다고 답했으며, 반면 응답자의 대부분인 81퍼센트가 아시아계 커뮤니티에 대한 범죄가 팬데믹 이후 늘어나고 있다고 답했다.[22] 코로나바이러스를 '쿵 플루Kung Flu'로 지칭하면서 반중국 감정을 불러일으킨 사례에서 보듯, 코로나 팬데믹 초기 트럼프 대통령과 미국 정부는 바이러스에 대한 적극적 확산 정책을 펴는 데 실패한 자신의 책임을 전가하기 위해 중국과 아시아계 이민자들에 대한 인종주의적 분노를 확산시키는 데 기여했다.

그러나 이러한 '코로나 인종주의'는 서구사회의 전유물이 아니

21. 고한솔, 「아시안 뺨때리기 챌린지'를 아시나요」, 〈한겨레21〉 제1434호, 2022.10.15.
22. Mary Finling, Robert J. Blendon, John Benson, and Howard Koh, "COVID-19 Has Driven Racism And Violence Against Asian Americans: Perspectives From 12 National Polls," *Health Affairs Forefront* (April 12, 2022). DOI: 10.1377/forefront.20220411.655787

다. 같은 아시아권인 한국에서 확산된 '반중 정서'는 코로나 인종주의가 우리 안에도 존재함을 보여주었다. 널리 퍼진 '박쥐를 잡아먹는 중국인'에 관한 동영상은 이러한 '혐중'이라는 형태의 제노포비아xenophobia를 조장했다. 이 영상은 '미개한 중국인'이라는 이미지를 굳히고, 불결한 음식문화가 팬데믹을 촉발했다는 인식으로 나아갔다. 이 영상은 그러나 실제로는 중국이 아닌 남태평양의 어느 섬나라에서 촬영된 것이었다. 따라서 이 영상은 엄밀히 말해 '가짜뉴스'에 속한다. 그러나 반중국 여론의 확산은 멈추지 않았고 언론과 정치권은 이를 부추겼다. 언론은 코로나바이러스와 직접 관련이 없는 국내의 중국인, 조선족 거주 지역에 찾아가 그들의 위생 상태가 불량하다는 기사를 보도했다. 청와대 게시판의 '중국인 입국 금지' 청원이 순식간에 수십만으로 늘어나고, 중국인 입국 금지를 요구하는 집회가 열리기도 했다. 이에 호응한 일부 정치권 역시 중국인 입국 금지 조치를 시행하지 않은 정부를 규탄했다. 식당에는 '중국인 출입 금지'라는 안내문이 걸리고, 네티즌들 사이에서 '노 차이나' 로고를 제작하고 확산시켰다.

이와 같은 상황은 코로나바이러스의 유행 초기에 나타난 공포와 불안의 심리가 가짜뉴스, 언론, 정치권의 조작된 프로파간다와 만나 얼마나 커다란 폭발력을 갖는지 보여주는 사례였다. 공포와 불안의 정서가 타자에 대한 배제와 혐오로 이어지는 메커니즘은 그 후 방역 정책의 추진 과정에서도 드러났다. 대표적 사례는 2020년 5월 이태원 성소수자 낙인 문제였다. 집단 감염자가 나온 이태원 클럽이 게이 클럽이었다는 언론의 보도가 있었고, 이는 사실상 감염자들에 대한 '강제 아웃팅'인 셈이었다. 이후 성소수자들에 대한 편견을 강화하는 언론 보도와 가짜뉴스들이 인터넷 공간에 확산되었다. 그러자 '감염이 되면 강제로 커밍아웃'이 될 거라는 두려움에 동선 공개를 거부하거나 자진 신고를 회피하는 사람이 증가했고, 이는 또다시 성소수자들에 대한 여론 악화라는 악순환으로 이어졌다. 이는 결국 성소수자의 인권 고려 없이 확진자의 동선과 개인정보를 공개한 언론과 방역 당국이 낳은 문제였다. 전문가들은 이와 같은 특정 집단에 대한 혐오는 방역 정책에 도움이 되지 않는다고 지적한다.[23]

아도르노와 호르크하이머는 그들의 반유대주의 분석에서 "분노는 무방비 상태에 있는 눈에 띄는 자에게 퍼부어진다"[24]고 지적한 바 있다. 극단적 공포의 상황에서는 누구나 혐오의 희생제물이 될 수 있다. 코로나 팬데믹 이후 미국 등 서구 국가들에서 아시아계 주민들을 대상으로, 한국 내에서 중국인들을 대상으로 확산된 코로나 인종주의나 이태원 성소수자 집단감염 사례는 이와 같이 거짓 정보와 결합되어 증폭되는 공포의 정서가 어떻게 혐오와

---

23. "혐오는 검사를 지연시켜 방역을 방해한다. 혐오 분위기가 커질수록 접촉자들은 숨고 동선을 숨긴다." 백재중, 『팬데믹 인권』, 건강미디어협동조합, 2022, 197쪽.

24. Theodor W. Adorno and Max Horkheimer, *Dialektik der Aufklärung* in *Gesammelte Schriften* Bd.3 (Frankfurt/M., 2003), p. 195.

차별로 이어지는지를 증명한다.

코로나 팬데믹 시대에 출현한 또 다른 반지성주의적 태도의 확산 사례는 백신 음모론과 접종 반대 주장에서 확인된다. 이미 코로나19 유행 초기부터 신자들에게 소금물 성수를 뿌린 교회의 집단전파 사례나 표백제를 치료제로 사용할 수 있다는 트럼프 전 대통령의 발언에서 보듯, 과학적 사실에 근거하지 않은 신념이 객관적 정보인 것처럼 둔갑하여 판단에 영향을 주는 사례들이 존재했다. 그 외에도 '하루에 계란을 9개 섭취하면 코로나19를 이겨낼 수 있다', '불꽃놀이는 대기 중의 바이러스를 없앤다', '채식주의자는 감염되지 않는다', '코카콜라 또는 5G 네트워크가 바이러스를 확산시킨다', '사회적 거리 두기를 강제하기 위해 러시아 정부는 거리에 사자를 풀었다'와 같이 인터넷상에서 무분별하게 거짓 정보들이 퍼졌다. 정보와 전염병을 합친 인포데믹infodemic이라는 신조어에서 보듯, 전염병의 확산을 타고 질병에 대한 왜곡된 정보까지 확산되면서 혼란스러운 대응이 나타나기도 했다.[25]

"우리는 단순히 전염병endemic과 싸우는 것이 아니다. 우리는 인포데믹과 싸우고 있다"는 세계보건기구WHO 사무총장 거브러여수스의 발언에서 보듯, 신종 바이러스에 대한 공포와 정확한 과학

---

25. 차미영, 「가짜뉴스에 맞선 데이터 과학: 국가별 가짜뉴스 확산과 취약성」, 기초과학연구원(IBS) 기획, 『코로나 사이언스』, 동아시아, 2020, 179쪽.

적 정보의 결여 속에 나타나는 허위 정보의 확산은 바이러스의 확산 자체보다 더 위험한 상황을 만들어 낼 수 있다. 그것은 바이러스에 대한 정확한 대응을 불가능하게 만들고 공공기관의 방역 대책에 대한 근거 없는 불신을 조장해 사람들의 생명을 앗아갈 수 있으며, 나아가 그러한 거짓 정보들은 혐오와 갈등의 원인을 제공하기도 한다. 나아가 백신 음모론과 같은 검증되지 않은 음모 가설들 역시 마찬가지로 사회적 불신을 조장하며 공포를 확대 재생산한다.[26]

이러한 이유에서 "확산된 음모의 신념은 사회 전체에 대한 실체적인 해악적 귀결을 낳을 수 있다"고 지적하는 것이 가능하다.[27] 무엇보다도 음모론은 방역 정책과 같은 공적 권위에 대한 근거 없는 불신과 편견을 조장함으로써 바이러스와 같은 위험에 대항해 민주적 방식으로 만들어 가야 할 공적 체계들의 성립을 불가능

---

26. 필자는 한국에서 '좌파적' 백신 음모론과 '우파적' 백신 음모론의 동시 출현이라는 현상에 주목한다. 그러나 이에 대한 자세한 분석은 이 글의 범위를 벗어난다. 목수정, 『시끄러울수록 풍요로워진다』, 한겨레출판, 2022; 이은혜, 『아이들에게 코로나 백신을 맞힌다고?』, 북앤피플, 2021 참조. 목수정의 백신 반대론에 대한 상세한 비판은 다음을 참조. 이윤석, '목수정의 허위 정보 '솔잎차'는 어디서 나왔나', 〈뉴스톱〉, 2021. 06. 07. http://www.newstof.com/news/articleView.html?idxno=11940

27. Elena Kantorowicz-Reznichenko, Chris Reinders Folmer and Jaroslaw Kantorowicz, "Don't Believe It! A Global Perspective on Cognitive Reflection and Conspiracy Theories about COVID-19 Pandemic," *Personality and Individual Differences,* No. 194 (2022), p. 2.

하게 만든다. 팬데믹과 같은 공동체 전체의 위기 상황은 시민들의 자발적 헌신과 연대적 상호 신뢰 속에서 형성되어야 할 민주적 공공성을 요청한다. 그러한 민주적 공공성은 바이러스와 같은 눈에 보이지 않는 공포에 직면했을 때, 소수자에 대한 낙인찍기와 희생양 삼기라는 방식의 대응을 통해 공동체가 붕괴되지 않고, 역으로 집합적인 방식의 토론과 숙의 과정에 참여함으로써 얻어낼 수 있는 시민들의 연대감과 소속감 속에서 형성될 수 있다. 달리 말하자면, 민주주의 정치는 시민적 집단지성을 요청하는 것이다. 그러나 팬데믹 기간에 확인할 수 있었던 것은, 거짓 정보로 인한 인포데믹과 음모론 등의 확산을 야기하는 반지성주의적 자세들이 혐오와 편견을 동반하는 폭력 속에서 정치 공동체를 붕괴시킬 수 있다는 사실이다.

동시에 지적해야 할 것은 팬데믹 시기에 거짓 정보나 음모론이 단순히 개인의 지적 능력의 결여가 아니라 공포와 불안에 처한 사회의 반응으로서 발생한다는 사실이다. 보건의료 전문가들은 팬데믹 기간의 사회적 거리 두기 속에서 이른바 '코로나 우울'과 고립감이 확산되었으며, 이로 인해 불안감이 증폭되었다고 지적한다. 이러한 상황은 고립된 채로 두려움에 살아야 하는 다수의 사람들이 왜곡된 정보에 대한 취약성을 갖게 만든다. 따라서 전문가들은 이러한 조건에서 개인이 자신이 몸담은 사회적 관계 속에서 소속감을 느끼는 것은 이러한 고립과 두려움을 이겨낼 수 있는 결정적 요소라고 지적한다.[28] 필자가 주장하고자 하는 바는, 이처럼 사회로부터의 고립에 의해 촉발되며 역으로 그러한 고립을 가속하는 공포의 정념을 이겨낼 수 있는 소속감은 질병이나 팬데믹과 같은 사회적 위기를 '함께' 극복하기 위한 공통의 지성적 노력을 요청한다는 사실이다. 그렇다면 우리는 민주주의 정치를 공통의 정념을 극복하는 공통의 힘(역량)으로서 집단지성의 출현과의 관계 속에 사유할 수 있을 것이다. 그러나 이러한 출현은 어떻게 가능할 것인가?

6. 나가며: 반지성주의는 왜 정치적 쟁점인가

많은 학자들은 팬데믹 시기 드러난 탈진실 정치의 강력한 힘과 반지성주의적 태도의 확산을 지켜보며, 이를 극복하기 위해 "더 많은 숙의적 사고 형태의 활성화"[29]나 "과학적 소통과 공적 참여를 위한 증대되고 향상된 역량"과 과학자들의 역할[30]을 음모론을 이

---

28. "심리적 안정감은 자신이 사회의 일부분이라는 것을 자각할 때 온다. 사람들은 사회에서 잊힐까, 필요한 존재가 아닐까, 내 자리가 없을까 등을 걱정하지만 사회생활을 통해 이에 대한 해답을 찾았을 때 심리적 편안함을 얻는다." 이은이, 「사회적 거리 두기와 '코로나 우울'」, 기초과학연구원(IBS) 기획, 『코로나 사이언스』, 동아시아, 2020, 162쪽.
29. Elena Kantorowicz-Reznichenko, et al., 앞의 글, p. 7.
30. Alice Hazelton, "Once Upon Covid-19: A Tale of Misleading Information Going Viral," eds. Serena Giusti and Elisa Piras, *Democracy and*

겨낼 방안으로 제시한다. 나아가 "자신의 경제적 상황에 미치는 팬데믹의 강한 경제적 충격에 대한 개인들의 두려움을 최소화하기 위한 단호한 정치적 행동"[31]이 필요하다고 주장하는 목소리도 존재한다. 그런데 우리가 이와 동시에 물어야 할 질문은, 반지성주의에 대한 문제 제기가 그러한 사회적 위기 속에 출현하는 집단 정념에 대해 어떠한 대안적인 정치적 전망을 열어줄 수 있는가 하는 것이다. 이러한 질문에 답하기 위해서는 우선적으로 지성이 왜 정치의 문제인가를 인식할 필요가 있다. 이 글이 결론적으로 주장하고자 하는 바도 바로 이것이다.

반지성주의는 단순히 지식인 엘리트가 '반지성적 대중'을 도덕적으로 훈계하고 비난하기 위해 사용되는 엘리트주의적 진단과 처방을 위한 개념이 아니고 그렇게 악용되어서도 안 된다(물론 우리는 이 개념이 그렇게 악용될 가능성이 있다는 사실을 근본적으로 부정할 수는 없다[32]). 반지성주의가 정치적 쟁점인 이유는

Fake News, p. 101.

31. Martin Bruder and Laura Kunert, "The Conspiracy Hoax? Testing Key Hypotheses about the Correlates of Generic Beliefs in Conspiracy Theories during the COVID-19 Pandemic," International Journal of Psychology, Vol. 57, No. 1 (2022), p. 47.

32. 예컨대 이러한 비판은 '전문가 합의'를 무조건적으로 옹호하는 논리로 귀결되기도 하며, 따라서 때때로 전문가 합의에 대해 제기되는 대중들의 근거 있는 불신들조차 반지성주의의 사례로 제기된다(여기에는 예컨대 GMO, 핵에너지에 대한 불신 등이 포함된다). 대표적 사례로는 다음을 참조하라. Eric Merkley, "Anti-intellectualism, Populism and Motivated

지성이 민주주의에 본질적이기 때문이다. 앞서 예멘 난민 시위나 이대남 사례에서도 지적되었듯이, 그리고 팬데믹 시기의 낙인찍기 사례에서도 확인되었듯이, 공포나 불안이 만연해지는 사회적 위기의 상황은 상상적인 '적'으로 낙인찍힌 집단에 대한 '허위적 적대'를 출현시킨다. 그것이 허위적 적대인 이유는, 그러한 적대가 사회 구성원들이 느끼는 불만과 분노의 진정한 원인에 대한 인식을 가로막고, 낙인찍힌 집단에 대한 공격적 충동의 투사를 통해 분노를 배출하도록 만들기 때문이다. 그러한 '허위적' 분노의 방향성으로 인해 적대의 원인이 되는 구조적 본질은 은폐된다. 따라서 반지성주의적 태도는 사회의 자기 내 모순에 대한 인식과 자기성찰을 불가능하게 만든다.

이는 나아가 지성적 태도가 민주주의의 본질적 요소로 요청된다는 점을 함축한다. 그리고 여기에서의 지성적 태도란, '지적 능력'이라는 의미의 특수한 전문적 능력이 아니라, 심층적으로 비판하고 판단하고 숙고할 수 있는 자세를 뜻하며, 그것은 특정한 엘리트 집단이 아니라 민주주의 사회를 이루는 모든 사람이 가져야 하고 가질 수 있는 태도를 뜻한다. 민주주의 사회에서 모든 사람은 주체이자 지성인이다. 공동체의 위기에 처했을 때 민주주의의 주체들은 공통의 지성적 성찰 속에 참여함으로써, 자신이

Resistance to Expert Consensus," *Public Opinion Quarterly*, Vol. 84, No. 1 (Spring 2020), pp. 24~48.

속한 정치 공동체에 대한 소속감과 결속력, 연대감을 획득할 수 있다. 그러한 결속과 연대의 감정은 공동체의 위기를 타자에 대한 분노가 아니라 자기성찰 속에 극복하려는 태도로 이어질 것이다. 공동체를 공동체로 만들 수 있는 정서적 결속력, 곧 "공동체의 감각"[33]의 창출은 공포라는 집단 정념을 극복할 수 있는 집단지성의 존재를 요청한다. 이것은 민주주의 정치 공동체가 민주적, 시민적 집단지성을 통해, 주체들의 역량 속에 발전해야 함을 뜻한다. 오늘날의 반지성주의가 정치적 쟁점인 이유, 우리가 그에 대항해 싸워야 할 이유는 여기에 있다.

---

33. Adrian Oldfield, *Citizenship and Community: Civic Republicanism and the Modern World* (London: Routledge, 1990), p. 174.

제2장 혐오 발언 규제 논쟁과 인권의 정치

1. 문제 제기: 표현의 자유 논쟁의 새로운 전개

2012년 9월 독일에서 있었던 일이다. 우익 인종주의 성향의 단체 '친독일 시민운동Pro Deutschland'은 당시 전 세계 무슬림과 아랍인들의 분노를 자극했던 모하메드 풍자 비디오를 베를린 시내에서 상영하려고 시도했다. 그러자 당시 독일 내의 한 살라피스트 이슬람주의 단체에서 이 상영회가 강행되면 테러 공격을 자행하겠다고 밝혔다. 이미 두 단체는 거리 시위에서도 폭력적으로 충돌한 적이 있었다. 양측의 폭력충돌이 우려되고 테러 위협이 제기되던 상황에서 메르켈 정부는 안전상의 이유를 들어 상영회를 불허하여 상황을 종료시킨다. 그러자 야당인 사회민주당과 녹색당은 강력히 반발하며, 정부의 상영 불허 조치는 '표현의 자유'에 대한 억압이라고 비판했다.

이 상황은 오늘날 '표현의 자유'가 직면한 역설적인 상황을 보여준다. 과거 표현의 자유는 언제나 권력에 의한 억압에 저항하던 피억압자들과 진보적, 계몽주의적 지식인들, 그리고 권력자들을 조롱하고 성적 금기에 도전했던 예술가들과 문학가들의 구호였다. 이제 적어도 제1세계와 중심부 국가들에서 정치적, 성적, 종교적 표현의 자유가 상당 부분 허용되는 상황에서, 표현의 자유 논쟁은 더 이상 피억압자, 소수자, 약자의 권리를 둘러싼 것이 아니다. 거꾸로 이제 논쟁은 이 소수자와 약자들에 대한 혐오 선동을 일삼는 배타적 민족주의자들과 극우 세력에 대한 태도를 중심으로 전개된다. 그리하여 사민당과 녹색당 등 진보적 정당들이 극우 인종주의 세력의 표현의 자유를 명분으로 보수당 정부를 비판하는 진풍경마저 벌어진다.

바로 몇 해 뒤, 비슷한 논쟁이 더 근본적인 수준에서 제기되었다. 이슬람 선지자 모하메드를 풍자한 프랑스 언론사 〈샤를리 엡도Charlie Hebdo〉에 대한 테러는 '언론의 표현의 자유에 대한 탄압'으로 받아들여졌다. '나는 샤를리 엡도다je suis Charlie Hebdo'라는 문구가 널리 확산되면서, 표현의 자유를 고수하다 희생된 사람들에 대한 추모 열기가 고조되었다. 그러나 다른 한편으로 일부의 논자들은 이러한 테러에 반대하고 희생자를 추모하면서도, '풍자, 곧 표현의 자유는 윤리적 책임으로부터 자유로운가'라는 물음 역시 제기할 수 있다고 보았다. 영국 〈가디언〉지의 만화 칼럼니스트 조 사코Joe Sacco는 사건 직후 '풍자에 관하여On Satire'라는 제목의 만화를 기고

하여, '과연 작가는 그 무엇이든 풍자할 권리를 얻는 것인가?'라는 화두를 던짐으로써, 풍자와 같은 공개적 표현이 소수자의 소수자성을 조롱할 자유와 권리마저 얻는가에 관한 성찰을 이끌었다. 그리고 이러한 성찰은 '타자에 대한 경멸 또는 혐오의 관점을 가진 참여자들에 의해 표현된 공적 담론'이 표현의 자유를 누리는 것의 적합성에 관한 질문으로 이어진 바 있다.[1]

오늘날 우리는 온라인 공간을 장악한 혐오 표현의 홍수 속에서 같은 질문을 마주하고 있다. 분명 표현의 자유를 인정하는 사회라면 성, 인종, 종교 등 소수자에 대한 혐오 발언에 대해서도 제재가 아닌 관용을 베풀어야 할 것이다. 그러나 동시에 이러한 표현의 자유와 그 권리는 시민으로서 동등한 존엄을 지닌 채 살아갈 수 있는 누군가의 권리를 심각하게 침해한다는 사실도 명백하다. 이러한 맥락에서 우리 사회에는 혐오 발언에 대해 어떤 정책과 관점이 필요한가?

이 글은 혐오 발언의 규제를 둘러싼 이러한 정치적, 법적 논쟁을 추적하고자 한다. 동시에 이 글이 보여주고자 하는 바는 이러한 논쟁이 어느 한쪽의 결론으로 귀결될 수 없다는 사실이다. 한국은 물론 서구에서도 기존의 논의는 대부분 '규제냐 비규제냐'라는

---

1. Maxime Lepoutre, "Hate Speech in Public Discourse: A Pessimistic Defense of Counterspeech," *Social Theory and Practice,* Vol. 43, No. 4 (2017), p. 853.

두 입장 사이에서 한쪽을 강화하는 방식으로 이루어졌다. 본 연구는 이러한 법리적 규제 여부를 둘러싼 이분법적 논쟁 지형을 넘어, 혐오 발언이라는 쟁점 속에서 '국가'와 대항적 '주체' 사이의 관계를 어떻게 재설정할 수 있는가 하는 주제를 다루고자 한다. 이러한 관점에서 필자는 규제 찬성론과 반대론 각각의 입장이 갖는 성과와 한계를 짚어보고, 이들 관점이 갖는 긍정적 측면들을 '인권의 정치'라는 관점에서 종합해 보고자 한다.

2. 혐오 발언과 그 성격에 관한 정의

먼저 혐오 발언을 어떻게 정의할 수 있는가 논의해 보자. 우선 지적되어야 할 사실은 '혐오 발언'이란 어떤 사람이 다른 사람에 대해 느끼는 모든 형태의 불쾌감, 적대감의 표현을 포괄적으로 나타내는 것이 아니라는 점이다. 마사 누스바움은 두 가지 혐오를 구분한다. 첫째는 '원초적 대상'에 대한 감각적 혐오를 말하며, 둘째는 소수자를 비롯한 비호감 집단에 대해 느끼는, 사회적으로 매개된 혐오를 뜻한다. 첫째 방식의 혐오는 모든 사회에 존재하며 어느 정도 자연적 근원을 갖는 것으로서, 사회적으로는 큰 의미를 갖지 않는다. 이와 달리, 특정한 '비호감 집단'에 가해지는 혐오는 "오염과 순수함에 대한 신비적 사고"를 매개로 발생하며, 이러한 혐오는 어떠한 특징을 지니고 있다고 간주되는, 그러나 정작 그러

한 특징을 실제로는 지니지 않는 경우가 많은 특정 집단을 대상으로 투영된다.[2]

동시에 혐오 표현에 관한 법률적 규제 필요성에 관한 논의에서는 각 개인의 주관적 감정 상태가 아니라, 그것의 외적 표출 방식에 초점을 맞춰야 한다는 점 역시 중요하다. 2016년 국가인권위원회 연구과제로 제출된 『혐오 표현 실태조사 및 규제방안 연구』는 혐오 표현을 법률적으로 규명하고자 시도한다. 그에 따르면, 혐오 표현이란 1) 표적 집단인 소수자를 대상으로 가해지며, 2) 적대성이 분출된다는 특징을 지니고 있으며, 3) 표현 행위성, 즉 언어표현 자체로 행위의 성격을 갖는다는 사실과 관련이 있다. 정리하면, 혐오 표현은 "사회적 소수자가 대상이며, 적대성이라는 특징을 가진 표현 행위"를 지칭한다.[3] 그리고 그 유형은 1) 차별적 괴롭힘, 2) 차별 표시, 3) 공개적인 멸시·모욕·위협, 4) 증오 선동으로 분류될 수 있다.

이중 오늘날 커다란 사회적 논쟁을 불러일으키는 것은 소셜미디어를 포함하는 온라인 혐오 표현이다. 온라인 혐오 표현의 경우, 1) 지속적 반복 가능, 2) 빠른 순환력과 회전력, 3) 혐오 발언이 온라인에 영구적으로 보존될 가능성, 4) 익명성, 5) 범국가적 플랫

---

2. 마사 누스바움, 『혐오와 수치심: 인간다움을 파괴하는 감정들』, 조계원 옮김, 민음사, 2015, 240쪽.

3. 홍성수, 『혐오 표현 실태조사 및 규제방안 연구』, 국가인권위원회 연구용역보고서, 2016, 20쪽.

폼 구축 가능성 등으로 인해 이전 시대에 비해 훨씬 더 빠른 속도와 파급력으로 혐오 표현을 확산시키고, 그와 관련된 사회적 논란을 야기한다.[4] 가짜뉴스fake news와 결부된 온라인 혐오 표현은 쉽게 네티즌의 호기심을 자극해 클릭을 유도하고, 그들의 뇌리에 깊게 각인되어, 쉽게 지워지지 않는 강한 편견을 주입한다. 예컨대 예멘 난민의 제주도 입국 직후 등장한 '스웨덴에서 발생한 성폭력의 92%가 무슬림 난민에 의한 것이고 피해자 중 절반이 아동이다'라는 가짜뉴스는 '무슬림 난민=아동 강간범'이라는 편견을 조장하면서, 난민에 대한 부정적 여론이 형성되는 데 결정적으로 기여한 바 있다. 이러한 가짜뉴스는 대표적인 형태의 온라인 혐오 표현이며, 특정 소수자 그룹의 존재를 왜곡함으로써 그들의 배제와 추방을 정당화하는 논리로 기능한다.

대부분의 유럽 국가는 이러한 형태의 공개적인 혐오 표현이 조직적, 반복적으로 이루어질 때 이를 처벌하는 법률조항을 가지고 있다. 예컨대 앞서 독일의 메르켈 정부가 극우 단체의 상영회를 금지할 수 있었던 법적 근거는 '신앙, 종교단체 및 이념단체들에 대한 모욕'의 처벌을 규정한 독일 형법 166조였다. 또 독일 형법 130조는 '대중 선동Volksverhetzung'을 통해 특정 소수자 그룹에 대한 증오를 조장함으로써 공적 질서와 평화를 교란한 자를 처벌토록

---

4. 이정념, 「온라인 혐오발언과 의사표현의 자유 — 유럽인권재판소의 최근 판결을 중심으로」, 『저스티스』 153집, 2016, 41~42쪽.

규정하고 있다. 여기에는 홀로코스트 등 특정한 역사적 사실을 부정하는 표현도 포함된다. 2차대전 이후 유럽인권재판소ECHR가 설립되면서, 전 유럽 대륙에 사법적인 영향을 행사하게 되었고, 이 때문에 유럽 국가들은 대체적으로 종교적, 인종적 소수자에 대한 공격을 인권에 대한 범죄로 인식하게 되었다.[5]

반면 미국에서는 대체적으로 혐오 표현의 윤리적 문제와 무관하게, 그에 대한 국가적 규제나 법적 처벌을 최소화해야 한다는 관점이 지배적이다. 이는 표현의 자유를 최고의 사회적 가치로 인정한 미국 수정헌법 1조의 영향이다. 이 때문에 미국과 유럽은 혐오 발언에 관한 상이한 법원 판결의 역사를 갖고 있다. 예를 들어 웨스트보로 침례교회 소속의 일부 기독교 근본주의자들이 2006년 이라크전쟁에서 사망한 군인의 장례식장에서, 이 군인이 동성애자였다는 이유로 "이 군인을 죽게 한 신에게 감사한다Thank god for dead soldiers"는 내용의 피켓 시위를 벌인 사건이 있다. 유가족은 시위대를 처벌해달라며 소송을 제기했고, 이에 대해 지방법원은 벌금형을 선고했으나, 연방대법원은 무죄를 판결한 바 있다. 유럽식 혐오 표현 규제에 반대하는 논자들에 따르면, 표현의 자유는 근본적으로 특정한 윤리적 가치에 대해 국가나 법률이 중립적

5. Erik Bleich, "Freedom of Expression versus Racist Hate Speech: Explaining Differences Between High Court Regulations in the USA and Europe," *Journal of Ethnic and Migration Studies,* Vol. 40, No. 2 (2011), p. 284.

태도를 유지해야 한다는 전제를 가지고 있기 때문에, 혐오 표현에 대해서도 마찬가지로 국가는 중립을 지켜야 한다.

이러한 배경 속에서 이 글은 혐오 발언 규제론과 비규제론을 대표하는 철학적 입장들 속에서 먼저 이들 입장의 성과와 한계를 분석하며, 특히 이를 a) '국가'와 '주체'의 문제설정 속에 주목해 보고자 한다. 이를 통해 제시하고자 하는 이 글의 목표는 b) 혐오 표현의 문제에 대한 국가의 역할을 재설정하고, 그것이 소수자를 일방적 희생자로 규정하는 통념적 시각을 넘어 c) 혐오 발언에 대항하는 주체적 역량의 강화로 이어질 수 있는 방안을 모색해 보는 것이다.

3. 주디스 버틀러와 대항 발화 전략

우리는 통념적으로 언어가 어떠한 실질적 위협이 될 수 있는 이유를 '언어로 발화된 것을 몸이 실행할 가능성'에서 찾는다. 이 경우 언어적인 위협 속에 언급되는 행위는 발화자 혹은 다른 누군가에 의해 실제로 실행될 수 있는 잠재력이 있다고 간주되며, 그렇기 때문에 위험한 것으로 여겨진다. 반면 버틀러는 이러한 통념이 일면적이며, "말하기가 그 자체로 육체적인 행위라는 것을 고려하지 못한다"[6]고 비판한다. 이러한 관점에 따르면, 언어 행위는 말하는 '몸'이 수행하는 행위이며 언어 행위는 신체적으로 수행된다.

그렇다면 억압하는 언어 혹은 상처 주는 언어로서 혐오 표현의
발화 역시 이미 하나의 '수행'인 것이다. 그런데 이러한 관점에서
볼 때, 이러한 혐오 발언의 수행을 비판하는 담론들은 그러한 수행
에 대해 반작용을 가하는 일종의 '재수행'이다. 그리고 이러한
재수행의 과정에서는 혐오 발언에 대한 역방향의 '되받아치기'가
가능해진다. 예컨대 동성애자들이 '정상 규범'에서 어긋난 일탈적
인 집단이라며 그들을 경멸하기 위해 사용된 '퀴어queer'라는 단어
는 오늘날 동성애자들이 남들과 다른 자신들의 존재를 긍정하기
위해 의미가 전복된 채로 사용된다.[7]

이러한 사실은 용어의 의미를 전치시킬 수 있는 힘이 일종의
담론적 수행성discursive performativity을 작동시키고 있음을 보여준다.
이 담론적 수행성이란 단절된 언어 행위의 연속이 아니라, "그
기원과 목적이 고정되어 있지 않고 고정될 수 없는 관례적인 재의
미부여resignification의 연쇄"를 뜻한다[8]. 즉 언어 행위는 일종의 '개
방적 시간성'을 지니고 있어서, 혐오 발화라는 언어 행위와 그로부
터 야기되는 청자의 상처 사이에는 고정된 관계가 형성되는 것이
아니다. 이 관계는 유동적이며, 변화의 가능성, 관계의 역전 가능성

---

6. 주디스 버틀러, 『혐오발언』, 유민석 옮김, 알렙, 2016, 28쪽.
7. 같은 책, 39쪽.
8. 같은 책, 37쪽.

을 내포하고 있다. 따라서 상대를 억압하고 상처 주기 위해 발화된 혐오 발언은 청자의 역방향 재수행을 통해 "저항 발언counter-speech"이 되어, "되받아쳐 말하기talking back"로 역이용되며, 본래적인 의미에서 벗어나 "재맥락화recontexualize"되는 것이 가능하다.

버틀러는 이러한 시각을 통해 법적 처벌보다 더욱 중요한 것은 주체가 혐오 발언의 의미를 역전시킬 수 있는 행위능력의 발전이라는 사실을 강조한다. 나아가 버틀러의 문제 제기는 '혐오 발언은 과연 항상 작동하는가?'라는 전복적 질문으로 확장된다. 즉 혐오 발언은 항상 자신의 목표를 실행하고 의도했던 상처를 주는가? 만일 그런 상처에 대한 비판적 대응이 가능하다면, 이러한 상처의 총체적 효과는 의문시되는 것이다. 즉 피해자는 단지 피해자에 불과한 것이 아니다. 피해자의 상처와 대응 불가능성에만 초점을 맞추는 관점은 피해자의 법률적 구제와 가해자의 처벌에 도움을 주겠으나, "국가 중심적이지 않은 형태의 행위능력과 저항"을 끌어내지 못한다는 치명적인 단점을 갖는다. 다시 말해, 비판적 담론이 물어야 할 것은 "그런 발언에서 생산된 효과를 교란하고 전복시킬 수 있는 가능성, 즉 담론적 구성 과정의 해체로 이끄는 노출된 충돌 지점"을 검토하는 것이다.[9]

반면 혐오 발언이 주는 피해의 총체적 효과만을 강조하는 담론에서는 이러한 관점을 시야에 포착하지 못하며, 오로지 피해자를

---

9. 같은 책, 45쪽.

구제하기 위해 국가권력과 법적 처벌에만 의존하는 한계를 드러낸다. 나아가 이러한 관점은 피해자의 주체적 역량을 이론화하지 못하고, 피해자를 국가에 종속시키는 효과를 낳는다. 반면 버틀러는 희생자를 예속적 존재로 고정시키는 관점을 거부하며, 피해자를 능동적 대항 발화의 수행자로 고찰하고자 한다. 그리고 버틀러의 논지가 갖는 강점은 바로 여기에 있다. 즉 그는 능동적으로 대항 발언을 수행하는 피해자의 전복적 역량을 강조함으로써, 국가에 종속되지 않는 사회적 실천의 역량을 이론화할 수 있게 되었다.

이를 뒷받침하기 위해 버틀러는 오스틴, 알튀세르, 라캉, 방브니스트의 언어철학과 이데올로기론을 종합한다. 언어 기호의 '미끄러짐'이라는 구조주의 언어이론의 발견은, 언어는 근본적으로 의미 전달에서 '의도하지 않은 결과'를 드러낸다는 사실을 보여준다. 이 때문에 혐오 발언 역시 그것이 의도하지 않은 결과, 곧 의도하지 않은 새로운 의미로 재전유될 가능성을 내포하고 있다.

이것이 보여주는 사실은, 혐오 발언의 화자가 자신의 언어 수행의 모든 결과를 성공으로 이끌 수 있는 전능한 주권자가 아니라는 것이다. 여기서 버틀러는 권력에 대한 주권적 모델을 거부하면서 권력을 탈중심적, 유동적 네트워크로 보는 푸코의 관점을 차용한다. "주체는 자신이 말하는 것에 주권 권력을 행사하지 못한다."[10]

---

10. 같은 책, 73쪽.

언어는 일정한 관계망 속에서 권력을 담지하며, 언어를 발화하는 주체가 그러한 권력을 소유하는 것이 아니다. 따라서 주체는 발화수행의 창시자, 원작자가 아니라, 오히려 발화의 수행이 주체 자신을 생산하는 것이다. 다시 말해, 발화 주체가 가진 권력을 통해 그가 혐오 표현을 발화하는 것이 아니라, 그를 발화의 주체로 만드는 권력이 이 발화자를 언어의 주체로 만드는 것이다.

이러한 설명을 통해 버틀러는, 우리가 희생자를 오로지 일방적인 약자로 규정하고 그에게 가해지는 모욕적인 표현들에 대한 제재와 규제만을 유일한 대처방안으로 규정할 경우, 우리는 피해자를 영원히 약자의 테두리 속에 가두고 마는 것이라고 주장한다.

> 혐오 발언이 '피해자 계급'을 생산한다고 주장하는 자들은 비판적 행위능력을 부정하고 행위능력이 전적으로 국가에 맡겨지는 개입을 지지한다. 국가 주도의 검열을 대신하는 언어에 대한 사회적이고 문화적인 투쟁은 행위능력이 상처로부터 파생되고 바로 그 파생을 통해 상처가 반박되는 장소에서 발생한다.[11]

이러한 언급에서 드러나듯, 버틀러가 보기에 국가란 사회운동의 전진과 배치되는 보수적인 힘이며, (랑시에르식 용어로 표현해본다면) 아르케와 치안의 논리이고, (대항)정치에 대립하는 제도

---

11. 같은 책, 85쪽.

화된 억압 기구일 뿐이다. 물론 여기서 이 억압 기구는 단지 물리적 권력만을 의미하는 것이 아니다. 또 (자유주의적 관점에서) 국가의 개입에 의해 시민적 자유가 침해될 가능성이 버틀러의 주된 우려인 것도 아니다. 더 큰 문제는 혐오 발언에 대한 국가 규제를 유일한 대처방안으로 생각하게 될 때, 무엇이 혐오 발언이며, 그에 대해 어떠한 처벌이 가해져야 하는가를 판정하는 담론적 권력이 국가에 귀속된다는 사실에 있다. 나아가, 혐오 발언에 대한 국가의 법적 처벌을 옹호하는 주장은 오히려 국가 자신이 혐오의 가해자라는 사실을 망각하는 것에 불과하다. 버틀러는 "국가는 혐오 발언을 생산한다"고 단언한다.[12] 따라서 국가는 중립적 재판관이 될 수 없으며, 오히려 혐오 표현의 생산자가 된다. 비판적 대항 담론은 이 권력을 이용하겠다는 단순하면서도 치명적인 유혹을 떨쳐내야 한다.

기존의 비판 담론이 가지고 있었던 법적 처벌 모델은 버틀러 자신이 거부하는 주권적 권력 모델에 의거하고 있다. 즉 이러한 관점은 상처 주는 언어를 발화자의 발화 권력으로 귀속시키면서 주체 중심적, 주권적 권력 모델 속에 갇혀 있다. 이로부터 국가에 대한 이상화가 발생한다. 버틀러는 국가의 검열 권력을 중립적인 규범으로 받아들이게 되면 자율적 사회운동의 역량이 약화된다고 생각하는 듯하다. 푸코를 따라 버틀러는 국가의 검열이 곧 억압을

---

12. 같은 책, 150쪽.

의미한다는 관점(억압가설)에 반대한다. 오히려 검열은 특정한 방식으로 주체를 생산한다. 따라서 이러한 검열과 처벌에 기대는 방식은 그로 인한 주체화의 효과 생산의 기능을 오로지 국가에 위임하는 것을 의미한다. 버틀러는 이런 관점을 근본적으로 반정 치적인 '교조주의적 입장'이라고 부르면서, 이러한 관점이 어떠한 표현이 역설적으로 산출할 수 있는 "반항적인 효과를 위해 표현 그 자체를 활용하고자 하는 정치적인 충동을 꺾는다"고 지적한 다.[13]

버틀러는 이처럼 국가의 적극적인 개입과 법률적인 혐오 발언 규제를 만병통치약으로 보는 관점을 거부하고, 혐오 발언이 드러 낼 수 있는 전복적 개방성을 사고하면서, 이를 통해 피해자가 언어 의미의 새로운 전복적 창조자로서 자신의 역량을 드러낼 수 있는 가능성을 이론화하고자 한다. 이러한 관점은 국가 규제 일변도의 해결책을 넘어서면서, 동시에 혐오 발언에 대한 효과적인 대응 방안을 고민한다는 점에서 설득력을 드러낸다.

반면 이러한 버틀러의 관점에 일정한 반론 역시 제기될 수 있다. 첫째로, 우리는 피억압자들이 법에 의존할 수밖에 없는 상황을 쉽게 가정할 수 있다. 소수자들이 자신의 취약한 상황으로 인해 적극적으로 대항 발화를 수행하지 못하는 상황에 처해 있다면, 국가의 법률적 규제를 기대하는 것 이외에 뚜렷한 방안이 없는

---

13. 같은 책, 301쪽.

것도 사실이다. 누스바움은 "우리는 인간이기 때문에, 즉 여러 가지 면에서 위해와 손상을 입기 쉬운 취약한 존재이기 때문에 법을 필요로 한다"고 주장한다.[14] 세상에는 자신의 의지와 무관하게, 되받아쳐 말하기, 의미의 전복을 수행할 만한 역량을 갖추지 못한 약자들도 존재한다. 즉 (아감벤이 언급한) '호모 사케르'로 불릴만한 집단이 존재한다. 인종주의자들의 폭력에 시달리는 난민은 혐오 발언을 되받아치는 순간 실질적인 폭력의 위험에 처할 수 있으며, 이는 피해자들이 즉각적으로 대항 발화의 수행자가 되기 어려운 현실적 조건이 존재할 수 있음을 보여준다. 캐서린 겔버의 주장대로, 버틀러는 여기서 "혐오 표현의 '침묵'시키고 능력을 박탈disempower하는 효과를 충분히 고려하지" 않는다고 말할 수 있다.[15]

둘째로, '혐오 발언에 대한 비판 담론이 국가에 기대는 것은 곧 국가에 종속되는 것을 의미한다'는 버틀러의 생각은 결과적으로 '국가'에 오로지 '억압적' 역할만을 부여하는 것이 아닌가, 질문해 볼 수 있다. 즉 버틀러는 그가 (푸코를 빌려) 비판하고자 했던 '권력에 대한 주권적 모델'에 다시 빠지고 만 것은 아닌가? 버틀러는 국가가 호모포비아적이며, 가부장적이고 인종주의적인 담론의

---

14. 마사 누스바움, 앞의 책, 22쪽.
15. 캐서린 겔버, 『말대꾸: 표현의 자유 vs 혐오 표현』, 유민석 옮김, 에디투스, 2019, 261쪽.

직접적 생산자라고 말하는데, 과연 국가가 일방적으로 동성애자, 여성, 유색인종에 대한 혐오를 생산한다고 말할 근거는 무엇인가? 여기서 버틀러는 국가가 이들 동성애자, 여성, 유색인종을 '억압' 하거나 억압적인 효과를 생산하는 권력 기구로 묘사하고 있는 것이 아닌가? 만일 국가 자신 역시 주권자라는 의미에서 권력의 최종적 '소유자'가 아니라면, 단지 그렇게 규정할 이유가 있을까? 2015년 미국 대법원이 내린 동성결혼 합법 판결이 성소수자 운동의 진전에 미친 결정적인 영향을 부정하는 것은 불가능하다. 소수자의 인권과 관련해서 법적 판결이 미치는 영향을 과대평가해선 안 되겠지만, 그렇다고 그것을 역으로 과소평가하거나 평가절하하는 것 역시 비현실적이다.

이러한 이유에서, 오늘날 더욱 심각해지는 혐오 발언의 폭력성에 직면하여 혐오 표현의 규제와 형사 처벌을 강조하는 목소리 역시 이전보다 더 적극적으로 나타나고 있다. 국가의 처벌과 규제를 옹호하는 월드론의 견해는 그중에서도 가장 강한 호소력을 가진 것으로 간주되어 널리 수용되었으며, 여전히 국가 개입설의 강력한 논거 역할을 하고 있다.

4. 제러미 월드론의 혐오 발언 규제 전략

월드론의 출발점은 첫째로 현대 사회는 일종의 "포용의 공공선

public good of inclusiveness"을 내포하고 있다고 보는 것이다. 즉 그에 따르면, 사회는 내가 속한 집단뿐 아니라 타인이 속한 집단을 위해 존재하는 것이기도 하다. 그러나 혐오 표현은 이러한 공공선을 파괴하는데, 이는 그러한 표현들이 차별과 폭력을 암시할 뿐 아니라, 한 사회가 과거에 저지른 억압과 폭력의 기억을 소환함으로써 공공선을 근본적으로 실현 불가능한 것으로 만들기 때문이다.[16]

둘째로 그는 혐오 표현은 하나의 사회 공간 속에서 그 구성원이 타인과 교류하는 가운데 사회적으로 존중받아야 할 존재로 인정되어야 할 자격, 즉 존엄을 박탈한다는 점에서 반드시 금지되어야 한다고 보고 있다. 즉 사회 구성원의 존엄은 그가 남들과 동등하게 대우받을 수 있는 최소한의 자격인데, 혐오 표현은 이를 파괴하므로, 궁극적으로는 사회적 유대관계를 파괴한다.[17]

따라서 혐오 표현은 한 사회를 함께 형성하는 동료 시민의 존엄을 박탈하는 '집단 명예훼손'으로 간주되어야 한다. 즉 혐오 표현은 형사 처벌되어야 할 범죄이며, 따라서 다양성과 공존을 추구하는 다원적 민주주의 국가라면, 혐오 표현을 금지하는 법률을 제정해야 한다. 그것이 존 롤스가 말한 '질서정연한 사회'로 나아가는 길이라는 것이 월드론의 생각이다.

---

16. 제러미 월드론, 『혐오 표현, 자유는 어떻게 해악이 되는가?』, 홍성수·이소영 옮김, 이후, 2017, 15쪽.
17. 같은 책, 48쪽.

반면 헌법주의자들(표현의 자유 옹호론자들)은 거리에서의 린치, 불평등한 대우 등 직접적인 폭력적 행동으로 이어지지 않는 한, (공공 광고나 포스터 등을 포함하는) 혐오 표현들 역시 질서정연한 사회에 포함된다고 본다. 그런데 월드론이 보기에, 아무런 적극적 조치도 없이 혐오범죄와 이를 조장하는 혐오 발언이 사라질 것이라 기대하는 것은 불가능하다. "사회는 마술에 의해 질서정연해지지 않는다."[18] 한 사회의 공공선, 즉 "정의의 가장 기본적인 요소와 관련해, 사회의 모든 주민에게 일반적이고 널리 퍼진 확신"[19]과 관련된 쟁점에 대해서는 법적 개입이 필요하다.

여기서 드러나듯, 월드론은 공공선과 그에 기초한 정의로운 관계에 대한 믿음과 확신이 질서의 근본적 조건이라고 보고 있다. 이를 월드론은 다음과 같이 표현한다.

> 사람들은 자신이 아침에 집을 떠날 때 차별받거나 모욕당하거나 테러를 당하지 않으리라고 확신할 수 있다는 점을 알고 있다. 사람들은 정의가 규정하는 권리 하에서 안전함을 느낄 수 있다. 사람들은 다른 사람의 행위를 정당하게 기대할 수 있을 때, 사회적 상호작용이 수반하는 기초적인 위험 없이 소통할 수 있다.[20]

---

18. 같은 책, 106쪽.
19. 같은 책, 107쪽.

물론 우리는 여러 사람에 대해 다양하게 평가한다. 그리고 그에 걸맞은 존중을 보인다. 때로 우리는 어떠한 사람을 경멸적으로 평가하거나 그에 대한 개인적인 적대감을 느끼는 경우도 있다. 그러나 심지어 내가 극도로 저평가하는 사람에 대해서도 나는 그의 존엄성을 존중하지 않을 수는 없다. 그러한 존엄이 질서정연한 사회를 가능케 해줄 공통의 사회적 확신을 구성하기 때문이다. 반면 그러한 존엄성을 존중하지 않고, 특정 집단에 대한 증오감을 선동하는 표현들은 이러한 존엄의 기초를 박탈함으로써 동료 시민의 사회적 지위를 부정한다. 이 때문에 혐오 표현은 (수정헌법 1조가 보장하는) 시민의 자율적 자기표현으로 간주될 수 없으며, 따라서 표현의 자유라는 기본권에 해당한다고 볼 수 없다.

혐오 표현은 단순히 인종차별주의자들이 자신의 견해를 발산하는 행위가 아니다. 편견을 드러내는 행위는 취약한 소수자 구성원들이 의존하는 확신의 사회적 의미를 특별히 목표로 삼는다. 핵심은 취약한 집단의 구성원들에게 사회가 제공하는 암시적 확신, 다시 말해 그들은 당연하게도 다른 사람들과 함께 사회에서 정상적 지위를 가진 구성원으로 인정된다는 점을 부정하는 것이다.[21]

---

20. 같은 책, 109~110쪽.

이로부터 혐오 표현 또는 집단 명예훼손 처벌의 법적 근거가 마련된다. 그런데 이러한 처벌의 근거는 (피해자가 느끼는) 주관적 '불쾌감'이 아니다. 상처받은 감정 그 자체는 법적 처벌이 직접적으로 보호하고자 하는 요소가 아니다(예컨대 종교에 대한 조롱, 신성모독 표현들은 신앙인들에게 불쾌감 주지만 그 자체로는 혐오 표현이라고 할 수 없다). 더욱 고려되어야 할 사항은 혐오 발언에 의해 피해자의 존엄성이 부정된다는 사실이다. 물론 여기서의 존엄성 역시 (자존감, 자긍심 등) 피해자의 주관적이고 개별적인 특징으로 환원되지 않는다. 근본적으로 부정되어서는 안 되는 존엄성이란 그가 사회적 상호관계를 맺고 정상적 사회 구성원으로 간주될 자격의 권리를 말하는 것이다. "법에서 존엄성이란 명망 있는 사회의 일반적인 구성원으로서 다른 사람들과 동일한 정도의 자유와 보호, 권력을 부여받을 권리를 지닌 한 사람의 지위와 관련된 무엇이며, 그러한 지위에 걸맞은 사회적 승인과 처우가 요청된다고 하겠다."[22] 이러한 이유로 존엄에 대한 공격은 공격받는 사람의 감정적 고통을 야기할 뿐만 아니라, 그의 사회적 '지위'를 박탈하며, 이러한 근거에서 기본권의 테두리로 보호될 수 없고 법적 처벌의 대상으로 간주되어야 한다는 것이 월드론의 생각이

21. 같은 책, 115쪽.
22. 같은 책, 271쪽.

다.

이러한 견해에 대해서는 다음과 같은 비판이 제기될 수 있다. 먼저 월드론의 주장은 혐오 발언이 피해자들의 사회적 지위를 박탈한다는 의미에서 형사 처벌이 될 수 있음을 설득력 있게 논증하는 반면, 혐오 표현금지법의 필요성에 대한 월드론의 모든 논증 과정에는 버틀러가 강조한 '되받아치기'로서의 대항 발화를 수행하는 피해자들의 주체적 역량이 전혀 고려되지 않고 있다. 따라서 월드론의 관점은 사실은 소수자들을 '배려'하는 다수자의 관점에서 도출되는 논증 과정을 표현하고 있는 셈이다. 그렇다면 월드론의 논증은 버틀러식의 반박 — 국가 개입에만 의존하는 전략이 피해자의 역량을 국가권력에 종속시키는 효과를 낼 것이다 — 으로부터 빠져나오지 못할 것이다.

둘째로 월드론의 (혐오 표현을 어째서 형사 처벌의 대상으로 바라봐야 하는가에 관한) 효과적인 논증에도 불구하고 여전히 남는 문제가 있다. 예컨대 어디까지를 혐오 발언으로 규정할 수 있을까에 관해 사회적 합의에 이르지 못하는 상황에서는 과연 그러한 발언을 형사 처벌하는 것이 가능한가? 혹은 그러한 처벌 시도가 새로운 갈등을 야기하는 것은 아닐까? 예를 들어 이스라엘이 가자지구의 팔레스타인 자치 지역에 폭격을 가한 뒤, 독일에 거주하는 팔레스타인인들이 분노한 나머지 이스라엘 대사관 근처에서 행진을 하며 반유대주의 구호(유대인은 흡혈귀다 등)를 외쳤다면, 이러한 구호는 혐오 발언으로 간주될 수 있을까? 나치 정부의 유대인 학살을 경험한 독일에서는 유대인에 대한 모든 비판은 즉각 혐오 발언으로 간주, 경찰의 제재를 받는다. 그런데 상황은 이렇게 단순하지 않다. 시오니즘 국가인 이스라엘 군대의 공격으로 팔레스타인 청년들이 목숨을 잃는 상황에서, 민족적 억압을 겪는 팔레스타인인들이 유대인들을 비난하는 발화를 했다고 해서 과연 이것을 혐오 발언으로 규정할 수 있을까? 그렇다면 무엇이 혐오 발언인가 하는 것을 어떻게 판단할 수 있을까? 나아가, 모든 공격적인 발언들이 형사 처벌의 대상이 되는가를 알아보기 위해 그 맥락을 일일이 고려하다 보면, 과연 법의 일관성이 준수될 수 있을까에 관해 의구심이 제기될 수도 있다(만일 팔레스타인인들의 유대인 비난을 혐오 발언이 아니라고 규정하는 사회라면, 그 사회에서는 극우 인종주의자들의 반유대주의적 발언 역시 처벌하기 곤란할 것이다).

5. 제3의 입장들: '어떤' 국가 개입이어야 하는가?

그렇다면 혐오 발언에 대한 국가 처벌을 둘러싼 이러한 논쟁에서 제3의 입장을 제시하는 학자들은 없을까? 기존의 '표현의 자유' 패러다임을 논박한 월드론의 형사 처벌 옹호론이 나온 뒤로, 상당수의 학자들은 월드론의 견해를 나름의 방식으로 재수용하면서 독자적인 논지들을 전개하고 있다. 그리고 그중 일부 논자들은 국가의 능동적 개입을 요구하면서도, 형사 처벌에는 회의를 표현하고 있다.

대표적으로 르푸트르Lepoutre의 경우, 공개적인 혐오 표현이 시민의 지위와 존엄에 관한 해악들을 구성해 낸다는 월드론의 논지를 높이 평가하고, 이러한 관점이 혐오 표현이 실제로 경험적으로 해악의 원인이 되는가에 관한 무수한 반론들(이들은 혐오 발언이 직접적으로는 해가 되지 않는다고 주장한다)을 피해 갈 수 있다는 점을 그 장점으로 꼽는 반면, 그러나 그로부터 곧바로 혐오 발언 '금지'가 추론되는 것은 아니라는 사실 역시 강조한다.[23] 그에 따르면, 국가가 혐오 발언을 '금지'할 경우, 어떤 발언이 혐오 표현인지 아닌지 규정짓는 국가의 권위적 권력이 증대함에 따라, 시민적 자율성이 침해받을 위험이 있다. 게다가 프랑스의 국민전선FN 등 극우 인종주의 정당의 지지 시민들은 자신들이 공적 권력에 의해 대변되지 않는다는 불만에 가득 차 있는 상황인데, 그럼에도 국가가 그들의 목소리를 원천 봉쇄할 경우, 이 불만이 극단화되면서 자신들의 혐오를 더욱 정당한 것으로 인식할 위험도 생겨난다. 즉 금지로 인해 치러야 할 대가가 존재한다는 것이다.

동시에 그는 버틀러 방식의 대항 발언counterspeech 전략도 문제가

---

23. M. Lepoutre, "Hate Speech in Public Discourse: A Pessimistic Defense of Counterspeech," *Social Theory and Practice,* Vol. 43, No. 4 (2017), pp. 858~859.

있다고 지적한다. 왜냐하면 이 경우, 첫째로 혐오 발언에 대한 반격의 책임을 혐오의 당사자에게 전가하는 문제를 드러내기 때문이다. 소수자들, 예컨대 난민이나 소수인종의 경우, 다수자가 "우리는 너희가 나가길 원한다We want you not"고 말한다고 해서, 그에 대해 "아니, 우리는 환영 못 받지 않아No, we are not unwanted"라고 되받아쳐 말하는 것은 현실적으로 어렵다. 둘째로 이러한 전략은 비하 발언 당사자들을 보호하는 데에서 비효율적일 수 있다. 만일 피해당사자가 대항 발언을 수행할 경우, 그것이 그들의 사회적 존엄에 대한 공적 인정에 어떤 영향을 미쳤는지는 여전히 불분명하다. 혐오 발언이 직접적으로 해악을 끼치는지 증명 불가하다는 (표현의 자유 옹호론자들의) 반론이 여기도 적용된다. 즉 대항 발언이 직접적으로 피해자들의 존엄을 인정받는데 어떤 긍정적 결과를 야기하는가 하는 것 역시 증명되기 어렵다.

유사한 맥락에서 브렛슈네이더Brettschneider는 국가가 피해자들을 위한 대항 발언을 수행해야 한다고 주장한다. "국가는 범죄 단체들을 비판해야 하고, 가장 극단적인 혐오 세력들의 경우에는, 그들을 비난해야 한다."[24] 우리는 국가 자신이 수행하는 대항 발언을 공공 현수막을 통한 소수자 권리의 옹호, 노예제 등 차별과

---

24. Corey Brettschneider, *When the State Speaks, What Should It Say?: How Democracies Can Protect Expression and Promote Equality* (Princeton and Oxford: Princeton University Press, 2012), p. 72.

폭력으로 희생된 자들을 추모하는 시설물 설치 등의 형태로 생각해 볼 수 있을 것이다. 이러한 대항 발언은 부분적으로는 이미 이뤄지고 있기도 하다.

그는 국가의 중립적 방관도, 지나친 개입을 통한 금지 조치도 모두 양극단을 이룬다고 보고 있다. 오히려 국가는 민주적 가치들을 선언, 홍보, 확산시키고 이를 장려하는 역할 해야 한다는 것이다. 그가 반대하는 두 가지 양극단의 입장들은 '중립주의자들'과 '금지주의자들'에 의해 전개되고 있는데, 전자는 혐오 세력이 민주주의 사회의 자유와 평등 가치의 핵심을 훼손한다는 사실을 애써 무시하는 반면, 후자는 민주주의의 핵심 가치들인 자유와 평등은 국가가 그 구성원들로 하여금 스스로 자신들의 정치적 관점을 발전시킬 수 있도록 허락해야 한다는 사실 간과한다는 점에서, 모두 부분적으로 오류를 범하고 있다. 그가 보기에, 국가는 "강제적 권력coercive power"일 뿐만 아니라, "표현적 권력expressive power"으로 이해되어야 하며, 혐오 세력과 사회 전체에 말을 걺으로써 시민들의 믿음이나 행동에 일정한 영향을 행사하고자 시도해야 한다. 다만 이러한 영향은 강제적, 권위적 방식이 아니라 "민주적 설득"이어야 한다.[25]

따라서 그는 (혐오 발언을 포함해) 어떠한 정치적 관점이든 표현할 수 있는 시민의 자격을 옹호하면서, 동시에 국가의 역할을 강조

---

25. 같은 책, p. 72.

한다. 따라서 표현의 자유에 관한 한, 국가의 중립성은 유지된다. 다만 국가는 최고법원의 판결에 따른 자유와 평등의 질서의 구체적 지향점들(예컨대 동성결혼의 합법화)을 옹호할 의무가 있으므로, 이에 대한 공적인 대변인이 되어야 하는 것이다. 그리고 민주적 핵심 가치들인 자유와 평등에 관해서는 (수동적 중립성을 버리고) 적극 옹호해야 할 의무가 있다. 이러한 맥락에서, 수정헌법 1조를 위반하지 않고 표현의 자유와 관련해서는 중립을 지키면서도, 동시에 소수자가 동등한 권리를 지닌 시민으로 대우받을 수 있는 적극적 조치를 수행하는 국가를 가정해 보는 것이 가능하다고 그는 주장한다. 왜냐하면 '국가의 중립성'이라는 관점 역시 그 자체로는 비–중립적인, 민주적 가치들에 근거를 두고 있기 때문이다.

이처럼 우리는 월드론 방식의 국가의 (강한 의미에서의) 개입, 곧 직접적 형사 처벌을 가정하지 않더라도, 어떤 방식으로든 국가의 개입이 요청된다는 사실을 지적할 수 있다. 다시 말해, "현실의 경제에서 정부가 시장에 개입하는 것과 마찬가지로 사상과 관념의 시장에 대해서도 정부가 일정 부분 관여할 수 있다는 것이 당연한 논리적 귀결"인 것이다.[26] 그리고 혐오 표현에 관해 국가가 중립적 불개입으로 일관하는 것은 마치 국가가 혐오 표현을 허용 또는 용인하고 있다는 잘못된 신호를 제공한다는 사실 역시 제시

26. 홍성수, 앞의 책, 35쪽.

될 수 있을 것이다. 즉 국가의 불개입과 방관은 그 의도와 무관하게 소수자들에게 2차 피해를 입히게 될 수 있다. 즉 혐오 발언 내지 혐오 표현과 관련해서 표현의 자유는 그 '한계'에 직면하는 것이다. 표현의 자유는 그것이 보장되기 위해서는 타인에 대한 상호존중이 전제되어 있어야 한다. 만일 어떤 사람이 사용하는 표현이 조직적으로 유포되어 타자의 시민적 존엄을 부정한다면, 이는 이 피해자 자신의 시민적 권리인 표현의 자유를 누리는 데 저해 요소가 될 수 있다. 이처럼 타자의 표현의 자유를 훼손하는 방식의 표현의 자유는 헌법이 보장하는 기본권으로 용인되기 어렵다. 이승현이 지적하듯, "혐오 표현은 이와 같이 공론장 내에 편견을 확산시키고 정당화시키는 작용을 가지며 이것이 다른 시민들에 의해 억제되지 못하게 된다면 공론장 전체의 왜곡을 가져온다."[27]

그런데 이러한 국가의 개입을 옹호한다고 해서 문제가 모두 해결되는 것은 아니다. 우리는 여전히 버틀러에 의해 제기된, 피해자 자신의 대항적, 주체적 역량의 성장 과정이라는 쟁점을 회피할 수 없다. 필자는 (버틀러와 달리) 국가의 개입과 혐오 발언에 대한 대항적 수행 사이의 관계를 반드시 상호대립 관계로 전제할 필요는 없다고 본다. 그러나 동시에 (버틀러와 함께) 지적해야 할 것은, 이러한 대항 역량의 확장에 대한 고민이나 노력 없이 국가 개입만

---

27. 이승현, 「여성혐오적 표현과 표현의 자유의 한계」, 『이화젠더법학』 제8권 2호(2016), p. 12.

으로 문제를 해결하겠다는 생각은 피해자가 실현할 수 있는 대항 역량의 잠재력을 국가의 권위에 종속시키고, 그의 비판적 행위능력의 가능성을 우리의 사고에서 제거할 위험을 갖는다는 점이다.

따라서 국가의 개입은 그 자체로 의미를 갖는다기보다는 아래로부터의 요구를 토대로 한 개입일 때 비로소 의미를 가진다고 말할 수 있다. 즉 그것은 혐오와 차별에 노출된 소수자의 능동적 주체화, 정치화 과정과 연관된 역할 속에서 비로소 의미를 얻을 수 있을 것이다. 겔버는 "혐오 표현의 피해자들이 대응할 수 있도록 제도적, 물질적, 교육적 지원을 제공해 주는" 것을 국가 개입의 목표로 삼는 "말대꾸speaking back" 정책을 제안한다.[28] 이는 대항 표현을 할 수 있는 피해자의 역량을 높인다는 점에서, "표현의 자유를 보장하려는 목적과 혐오 표현의 해악을 개선하려는 목적을 상호 협력적이며 동시에 촉진되는 것으로 간주할 수 있는 틀을 제공"한다는 것이다. 이와 비슷하게 홍성수 역시 국가의 규제나 개입은 금지, 처벌을 위한 것이 아니라고 말하면서, 국가 정책 자체가 혐오 표현의 토대를 제거하는 방향을 택하며, 소수자들의 대항 능력을 촉진해야 한다고 지적한다. 표현의 자유를 제한하는 개입이 아니라, 그것이 실질적 자유를 포괄함으로써 더 풍부해지

---

28. 표현의 자유를 보장하려는 목적과 혐오 표현의 해악을 개선하려는 목적을 상호 협력적이며 동시에 촉진되는 것으로 간주할 수 있는 틀을 제공"한다는 것이다. 캐서린 겔버, 앞의 책, 11쪽.

도록 하는 개입이 필요하다는 것이다. 그에 따르면, 국가 개입의
목표는 "소수자의 '자력화empowerment'를 지원하고 시민사회의 대
항 담론을 활성화하는 것"에 있으며, 이는 "금지와 처벌을 위한
개입이 아니라, 개인의 권한을 강화하고 그들의 대항 표현을 지원
하는 개입"을 의미한다.[29]

이러한 맥락에서 필자는 혐오 발언에 관한 국가의 능동적 역할
을 옹호하면서도, 이를 소수자의 대항적 역량을 강화해 주는 관점
에서 고찰하고자 하며, 이 지점에서 (발리바르, 랑시에르가 이론화
한) '인권의 정치'를 적용할 수 있다고 본다.

6. 인권의 정치: 인권의 공적 선언과 주체의 정치화— 랑시에르와 발리바르

1789년 프랑스 국민의회에 의해 선언된 '인간과 시민의 권리선
언'(일명 '프랑스 인권선언'), 그리고 이를 구체화한 1793년 헌법
의 인권선언은 공개적 선언문의 형태로 인간의 기본권을 천명하
고 이를 헌법의 근본이념으로 삼았다는 의의를 갖는다. 그러나
이러한 인권선언은 그 내용상의 추상성과 공허함을 이유로 수많

---

29. 홍성수, 『말이 칼이 될 때: 혐오표현은 무엇이고 왜 문제인가?』, 어크로
스, 2018, 15쪽.

은 비판에 직면한다. 특히 인권선언이 차용하고 있는 자연권 사상 (1789년 선언 1조에 명시된 '인간은 자유롭게, 그리고 권리에 있어 평등하게 태어나 존재한다'라는 구절, 그리고 1793년 선언 1조에 서 언급된 '인간의 자연적이고 소멸할 수 없는 권리들')이 어떻게 이론적으로 정당화될 수 있는가 하는 반문이 존재한다. 이들 비판 가들은 그러한 자연권이란 부르주아 계몽주의자들에 의해 '상상된' 권리에 불과하다고 지적한다.

그러나 발리바르는 인권선언에서 천명된 '자연권'은 단지 상상된 이데올로기라고 치부할 수 없다고 말한다. 그것은 "선언된 자연권"으로서, 인권선언의 혁명적 계기일 뿐만 아니라, 그것이 초래하는 사회—정치적 투쟁 속에서 나타나는 일정한 효과를 본질적인 요소로 내포하고 있다. 물론 자연권의 선언들은 그 자체로는 공허하고 관념적인, 추상적인 내용에 불과하고 말할 수 있다. 그러나 그것이 이 선언문이 산출하는 "표현 행위의 물질성"으로 이어진다면, 그것은 추상적 선언 내용들을 실현하기 위한 구체적 실천들의 동력이 될 수 있는 것이다.[30]

나아가 발리바르는 프랑스 인권선언이 자유와 평등을 동일시한다는 본질적 특성을 갖는다고 말한다. 즉 인권선언은 "평등은 자유

---

30. Étienne Balibar, "'Menschenrechte' und 'Bügerrechte': Zur modernen Dialektik von Freiheit und Gleichheit," eds. C. Menke and F. Raimondi, *Die Revolution der Menschenrechte: Grundlegende Texte zu einem neuen Begriff des Politischen* (Berlin: Suhrkamp, 2011), p. 284.

와 동일하며, 자유와 동등하다는 사실, 그리고 그 역도 성립된다는 사실"[31]을 보여준다. 이로부터 발리바르는 "평등자유^{egaliberté}" 테제를 도출한다. 즉 자유와 평등은 서로 불가분의 가치들이며, 각각 분리된 채로는 실현될 수 없다. 이러한 평등자유의 사고는 인권선언에 명시된 '인간'을 '시민'으로 규정할 수 있는 근거를 제시한다. 따라서 평등자유 명제는 인간과 시민을 동일시하는 사고의 근저에 놓여 있다. 인간은 곧 시민(정치적 주체)으로 대우받아야 하며, 이러한 의미에서 인권선언은 인간의 자연 본성이 아니라, 시민으로서의 인간에 대한 관념에서 출발한다고 말할 수 있다.

이러한 의미에서 인권선언은 '보편적 시민권'을 정초한다. 이러한 보편적 시민권은 피지배자들과 지배자들 사이의, 그리고 정치의 폭력적 형태와 법적, 합법적 형태 사이의 대결을 통한 격전장이 된다. 즉 이러한 보편적 시민권의 범위를 둘러싸고 나타나는 갈등의 장 속에서 소수자는 자신을 정치적으로 배제하는 사회에 항의하는 주체로 나타난다. 이제 인권선언의 규정들은 추상적 공문구가 아니라, 구체적 행동을 야기하는 척도로 기능한다. 즉 인권선언은 '인권의 주체'의 발생과정 속에서 비로소 그 정치적 의미를 획득한다. 이러한 의미에서 인권의 정치란 "모든 사람이 시민적 권리의 주체라는 것을, 모든 인간이 평등자유의 향유주체이자 보장주체라는 것을 현실 속에서 구현해 가는 정치"를 말한다.[32]

---

31. 같은 책, p. 289.

공적으로 선언된 권리의 문구들과 그것을 통해 촉발되는 주체화 과정 사이의 변증법적 관계에 관한 생각은 랑시에르에 의해 더욱 구체화 된다. 랑시에르의 정의에 따르면, 인권이란 "자신들이 가진 권리를 갖고 있지 않은, 자신들이 갖지 않은 권리를 가진 자들의 권리"[33]를 말한다. 선언된 권리를 가지고 있는 자들은, 실제로는 자신들에게 보장되지 않는 그 권리를 요구하면서, 그러한 권리의 내용을 증명해 나가는 과정에서 정치적 주체로 거듭난다. 즉 어떠한 권리의 주체로 호명된 자들은 동시에 그들 자신이 권리에서 박탈된 자들이라는 사실, 곧 '자신들이 가진 권리를 갖고 있지 않은' 자들이라는 사실을 깨닫는 순간, '자신들이 갖지 않은 권리를 가진 자들'로서 바로 그러한 권리에 입각해 자신이 가져야 할 권리로부터 자신이 배제된 상황을 비판할 수 있게 된다.

랑시에르는 인권을 오로지 주권국가와의 관계에서만 사고하려는 아르케정치적archipolitical 접근(곧 정치를 주어진 정치체제와 형태의 관점에서만 파악하는 치안의 논리)이 이러한 성문화된 인권선언이 촉발할 수 있는 주체화, 정치화의 과정을 경시한다고 비판한다. 오히려 랑시에르에게 인권선언은 자유롭고 평등한 공동체라는 성문법적 근거를 형성하며, 단순한 환영에 지나지 않는 것이

---

32. 정정훈, 『인권과 인권들 — 정치의 원점과 인권의 영속혁명』, 그린비, 2014, 175쪽.

33. Jacques Rancière, "Who Is the Subject of the Rights of Man?" *The South Atlantic Quarterly,* 103:2/3 (2004), p. 302.

아니다. 다시 말해, 인권선언은 주체들이 그 내용의 이행을 요구하는 투쟁에 나서고, 스스로 '인권의 주체'로 거듭나는 과정, 즉 주체화와 정치화의 과정을 촉발할 수 있는 실질적인 근거가 된다. 즉 어떠한 형태로든 정치적 술어들(인간은 자유롭다, 평등하다 등등)은 개방된 술어들이며, 그 주체적 내용이 무엇인지, 여기에는 누가 포함되는 것인지 등을 둘러싼 논쟁과 불화를 생성한다.[34]

즉 모두가 자유롭고 평등하게 태어났다는 인권선언의 규정은 곧바로 그 구체적 내용은 무엇인가라는 물음을 낳고, 이는 어떠한 공동체 속에서 자유와 평등을 '증명'해야 한다는 과제를 제기한다. 즉 '누가 자유롭고 평등한가?'라는 질문을 던짐으로써 공동체의 구성원들은 자유와 평등과 같은 권리들의 경계에 관한 물음을 제기한다. 그리고 정치는 바로 이 경계를 설정하는 것과 관계된 영역이다. 그 실례로 랑시에르는 프랑스 대혁명 당시의 여성 혁명가 올랭프 드 구즈Olympe de Gouges를 제시한다. 주지하다시피, 드 구즈는 '인간과 시민의 권리선언'에 사용된 인간을 뜻하는 불어 homme가 남성을 의미하기도 하다는 사실을 토대로, 이 권리선언이 여성을 배제하고 있음을 지적한다. 그리하여 그녀는 '인간[남성]과 시민의 권리선언'에 대항하는 '여성femme과 시민의 권리선언'을 작성한다. 여기서 '모든 인간은 자유롭고 평등하다'라는 인권선언의 내용은 '누가 자유롭고 평등한가'라는 질문으로 이어지

---

34. 같은 글, p. 303.

면서, '인간'의 범주에 생물학적으로는 포함되나 정치적으로는 포함되지 않는, 그리하여 자유롭고 평등한 공동체에서 배제되는 여성의 지위에 관한 전복적 질문으로 '재맥락화'된다. 그런데 이러한 재맥락화와 의미의 전복은 비판의 대상이 되는 바로 그 인권선언이 애초에 등장하지 않았더라면 존재할 수 없었을 것이다. 즉 올랭프 드 구즈의 '여성과 시민의 권리선언'은 본래적인 '인간[남성]과 시민의 권리선언'의 '대리보충supplement'이다. 원래의 인권선언은 그것이 사용하고 있는 보편적 명제들(모든 인간은 자유롭고 평등하다)로 인해, 이러한 대리보충을 낳을 수 있는 잔여를 허용한다.

올랭프 드 구즈가 일으킨 이러한 불화dissensus는 단순한 이해관계의 대립으로 이해될 수 있는 것이 아니다. 그것은 인권선언이라는 공동체 공통의 합의, 곧 "공통감각(상식)"을 둘러싸고 이를 어떠한 방향으로 실현하는가에 관한 문제 제기인 것이다. 즉 이미 존재하는 합의된, 성문화된 문구가 바로 그 내용을 '증명'(정말로 모든 인간이 자유롭고 평등하기 위해서는 여성에게도 동등한 권리가 보장되어야 한다)하기 위한 정치적 주체의 새로운 선언과 행동으로 이어진 것이다.

이러한 의미에서 정치적 주체는 성문화된 권리의 내용을 증명하는 주체이며, 그러한 권리가 적용된 사람들의 세계와 적용되지 않는 세계를, 포함의 관계와 배제의 관계를 서로 접합하게 만드는 주체다. 즉 정치적 주체란, 공동체의 공동체성을 증명하는 주체,

기존의 공동체를 (포함된 자와 배제된 자로) 분할하면서 동시에 배제를 넘어서는 공동체를 창출하는 주체를 말한다. 이러한 의미에서의 정치적 주체를 랑시에르는 데모스, 곧 인민으로 명명한다. "인간의 권리는 데모스, 즉 ― 특수한 불화의 장면들 속에서 ― 이러한 대리보충의 역설적 자격증명을 상연하는 정치적 주체의 포괄적 명칭으로 간주되는 자들의 권리다."[35] 인권선언이 갖는 추상성은 이러한 방식으로 구체적 의미를 획득하며, 결국 배제된 자들의 주체화 과정을 통해 기존 공동체의 새로운 확장을 낳는다.

> 이러한 방식으로 '추상적'이고 논쟁적인 인간과 시민의 권리는 (…) 현실의 세력들에 귀속되는 현실적 권리들로 실험적으로 전환된다. 따라서 공동체의 공통성the common에 대한 참여[몫을 나눔], part-taking를 둘러싼 정치적 불화는 사회체의 각 부분이 그것이 얻을 수 있는 최상의 몫을 획득하게 되는 분배로 귀결된다.[36]

앞서 보았듯 버틀러가 혐오 발언 피해자가 기존의 상처 주는 말들을 재맥락화하고, 이를 되받아침으로써 의미의 전복을 통해 대항 발화를 수행할 수 있는 주체적 역량을 강조할 때, 버틀러의 논지 역시 발리바르와 랑시에르의 인권의 정치와 유사한 지점을

---

35. 같은 글, p. 305.
36. 같은 글, p. 306.

지적하고 있다. 즉 이들과 마찬가지로 버틀러 역시 폭력에 노출된 피해자의 대항적 역량이 생성되는 과정에 대항 정치 실천의 가능성이 드러난다고 보고 있다. 그러나 발리바르와 랑시에르의 논점 속에는 버틀러가 보지 못하는 측면이 강조되고 있는데, 이는 프랑스 혁명 이후의 인권선언과 같은 공적으로 성문화된 권리가 이 주체화와 관련해 맺는 변증법적 관계에 관한 것이다. 즉 소수자 또는 배제된 자들이 자신의 권리를 요구할 수 있는 것은 인권선언에 잠재되어 있는 (추상적) 규정들이 구체화됨을 통해서 그들 스스로의 주체화가 가능하기 때문이다. 반면 버틀러의 대항 발화 전략은 이러한 전복적 수행의 준거점을 찾지 못하고 있다.

이러한 맥락에서 우리는 소수자의 권리를 향한 사회적 목소리들이 국가로 하여금 혐오 발언에 관한 문제에 개입하도록 정치적으로 요구하는 것은 사회운동의 종속을 의미하는 것이 아니라, 역으로 소수자들 자신이 (헌법의 이념에 포함된 자유와 평등의 규정에 입각해) 자신을 자유롭고 평등한 존재로 입증해 나가는 과정이자, 대항적 역량의 집단적 실천으로서 사회운동의 진일보라고 볼 수 있을 것이다.

7. 결론: 인권의 정치와 차별금지법

오늘날 타자에 대한 혐오가 널리 확산되고 차별이 일상화되는 것은 어째서인가? "차별을 철폐하기 어려운 이유의 하나는 차별이 많은 경우 무의식적이며 비의도적인 과정이기 때문"[37]이라는 사실은 부정할 수 없을 것이다. 많은 사람은 흔히 '차별은 없다'라고 착각하거나, 자신이 실제로는 차별적 언어를 사용하고 있음에도 자신은 인종차별주의자가 아니라고 말한다. 예를 들어 사람들은 '나는 동성애를 혐오스럽다고 생각하지만 차별에는 반대한다'고 말한다. 타인의 성적 취향이 혐오스럽다고 말하는 행위가 이미 차별이라는 사실을 의식하지 못하는 것이다. 또 사람들은 어떤 사람이 '흑인치고 머리가 좋다'라거나, '여자치고 운전을 잘한다'는 발언을 서슴없이 표현한다. 어떤 의미에서는 차별이 자연적 조건에서 비롯하기도 하며, 사회적 구조의 불평등과 차별이 의식되지 않기도 한다. 김지혜의 말대로, 우리 사회에는 "스스로 선량한 시민일 뿐 차별을 하지 않는다고 믿는 '선량한 차별주의자'들"[38]을 쉽게 찾을 수 있다.

그렇다면 이러한 상황에서 차별과 혐오에 노출된 개인이 자신이 겪는 불평등과 차별을 스스로 입증해야 하는 부담까지 져야 한다고 말하는 것은 부당하다. 국가 또는 법률이 사회적 갈등에 중립적이어야 한다는 (자유주의적) 관점의 한계가 여기서 나타난다. 오늘날 한국 사회에서 차별금지법의 입법 시도 때문에 불거진

---

37. 김지혜, 「모두를 위한 평등」, 『민주법학』 제66호(2018), 191쪽.
38. 김지혜, 『선량한 차별주의자』, 창비, 2019, 11쪽.

것처럼 보이는 '사회적 갈등'은, 이미 존재했거나 진행 중인 차별에 그 원인이 있는 것이며, 따라서 회피해서는 안 되는 갈등이다. 만일 국가가 이러한 갈등을 근거로 '중립'을 선언하고 차별금지법 제정에 미온적 태도를 취하는 것은 모든 시민에게 차별 없는 사회적 삶을 보장해야 할 국가의 의무를 회피하는 것이며, 나아가 현재의 차별 구조를 유지하는 것에 지나지 않는다. 유민석의 지적대로, "혐오 표현을 규제하지 않은 채 방치 해두는 것은 그 혐오 표현을 지지하는 것과 다를 바가 없다."[39]

"평등을 추구하는 헌법 이념을 실현하고, 실효적인 차별 구제 수단을 도입"[40]하는 것을 목적으로 하는 차별금지법 제정은 사회적으로 이미 존재하는 차별에 대해 우리 사회와 법률이 단호히 반대한다는 것을 선언함으로써 보편적 인권으로서 평등의 가치를 재확인하는 효과를 낼 수 있을 것이다. 그것이 실제로는 형사 처벌이나 직접적 제재로 이어지지 못할 수 있다 하더라도, 법의 언어로 모든 차별을 금지한다는 선언이 이루어질 때, 헌법에 명시된 근본적 평등의 정신이 시민들에게 다시 한번 확인될 것이고, 나아가 이러한 성문화된 권리를 근거로 다양한 차별받는 집단들이 법에 명시된 자신들의 권리를 증명하는 주체화 과정이 이뤄질 수 있을

---

39. 유민석, 『혐오의 시대, 철학의 응답: 모욕당한 자들의 반격을 위한 언어를 찾아서』, 서해문집, 2019, 178쪽.
40. 장혜영 외, 〈차별금지법안〉, 의안번호 1116(2020. 6. 29).

것이다. 이 때문에 '사회적 갈등'이 우려된다면서 '사회적 합의'가 이루어질 때까지 법 제정을 미루거나, 특정 집단(예컨대 성소수자 등)에 관련된 민감한 내용을 법안에서 빼자는 시도는 이러한 법을 제정하는 취지를 무효로 만들 뿐만 아니라, 보편적 권리선언의 내용 속에서 그러한 차별받는 집단을 삭제함으로써 그 자체로 배제를 실천하는 것과 다르지 않다.

차별금지법 제정, 곧 차별에 대항하는 인간의 권리에 대한 공적 선언은 그것을 둘러싼 사회적 갈등을 봉합하기 위한 것이 아니라, 오히려 소수자로 하여금 그러한 권리를 실현해 나가는 적극적인 행위 주체로 거듭나게 하는 과정을 의미한다. 이러한 의미에서 차별금지법 제정은 다시금 '인권의 주체가 누구인가'라는 물음을 던짐으로써, 배제를 넘어서는 공동체를 생성하는 출발점이 될 수 있을 것이다.

이러한 맥락에서 우리는 혐오 발언 규제 논란과 관련된 국가의 역할을 재정의해 볼 수 있을 것이다. 혐오 발언에 대한 국가의 포괄적이고 직접적인 처벌을 중심으로 한 규제보다는 처벌금지법 제정을 통해 모든 차별에 반대한다는 사회의 의지를 표현하는 것이, 이 차별로 인해 발생하는 혐오와 편견에 대항하는 소수자들의 대항 역량을 창출하는 데 기여할 수 있다는 것이 필자의 결론이며, 여기서 나타나듯 국가 개입은 그 자체가 해결책인 것이 아니라, 차별받는 집단의 새로운 주체화와 정치화 과정으로 이어지는 '인권의 정치'를 위한 보조 수단으로서 의미를 갖는다 하겠다.

제3장 인간과 시민의 '이데올로기적' 권리선언?

맑스, 아렌트, 발리바르

1. 들어가며: 인권과 시민권의 현주소

미국에서 'Black Lives Matter' 운동의 폭발, 그리고 미투운동에 대한 전 세계 여성들의 공감 등 오늘날 '인권'은 여전히 정치적 쟁점을 형성하고 있다. 이러한 인권의 쟁점들은 1789년 혁명 직후 프랑스에서 선언된 인권선언, 즉 '인간과 시민의 권리선언Déclaration des droits de l'Homme et du citoyen'과 이를 토대로 한 1793년 프랑스 공화국 헌법, 그리고 이러한 프랑스 인권선언에 토대를 두며 이를 사회적 의제로 더욱 확장한 1948년 '유엔 인권선언'을 그 근거로 삼고 있다.

그런데 이러한 인권선언들은 여전히 오늘날 사회운동들이 의지할 수 있는 개념적, 규범적 척도가 될 수 있을까? 오히려 일련의 학자들은 '인권'이 이제 정치적인 저항을 위한 규범적 무기가 될 수 없으며 그것은 새로운 형태의 지배를 위한 수단에 불과하다고 주장한다. 이러한 인권 개념에 대한 비판은 전통적으로 두 가지 방향에서 제기되어 왔다.

먼저, 인권 개념의 '이데올로기적' 성격은 주로 맑스주의 진영 으로부터 제기되어 왔다. 그것은 비단 정통파를 자처하는 맑스-레닌주의에 의해서만 주장된 것이 아니다. 비교적 개방적, 비非정 통적인 방식으로 맑스 텍스트를 해석하는 데이비드 하비 역시 맑스를 인용해 다음과 같이 주장한다. "1948년의 유엔 세계인권선 언은 시장 중심적인 부르주아 개인주의를 지향하는 핵심 문건으 로, 이것은 자유주의적(혹은 신자유주의적) 자본주의에 대한 철저 한 비판의 토대가 될 수 없다."[1]

나아가, 인권에 대한 이데올로기적 의심은 전통적 좌·우파적 비판으로 환원되지 않는다. 특히 냉전의 해체 이후 미국을 위시한 강대국들의 군사적 개입 명분으로 새롭게 '인권'이 채택되고, '인도주의적 개입'이라는 이름의 군사적 개입 명분이 제기된 이 래, '인권' 개념의 이데올로기적 성격은 새로운 각도에서 제기되 었다. 생명 정치를 주장하는 아감벤이 대표적인데, 그에 따르면 프랑스 혁명에서 선언된 인간의 '자연적' 권리는 "자연 생명이 국민국가의 법적·정치적 질서 속에 기입되는 원초적인 형태"[2]이

1. 데이비드 하비, 『맑스의 「자본」 강의』, 강신준 옮김, 창비, 2011, 99쪽.
2. 조르조 아감벤, 『호모 사케르: 주권 권력과 벌거벗은 생명』, 박진우 옮김,

며, 따라서 인권선언은 인간의 생명과 권리를 '보호'하기는커녕 '벌거벗은 생명'이 주권 권력의 직접적 통제와 관리에 포섭/배제되도록 만드는 사건이었다. 아감벤은 인간의 신체와 주권 권력 사이의 그러한 잘못된 만남의 역사적 귀결은 수용소에서 드러난다고 본다.

반면 발리바르와 랑시에르는 공통적으로 '인권의 정치'를 전개하면서 이러한 인권 개념 비판을 재비판하며 인권의 해방적 가능성에 주목한다. 그런데 양자 사이에는 근본적 차이가 있다. 랑시에르는 인권 개념을 기각할 뿐 아니라 정치적 영역의 고유성을 부정하는 맑스에 더 이상 의존하지 않으며, 아렌트(그리고 아감벤)에 의해 제기된 인권 비판을 보수적인 관점(아르케 정치)으로 간주하고 기각한다. 반면 발리바르는 맑스의 이론을 폐기하지 않으면서도 자기비판을 도출해 내며, 이를 수행하기 위해 적극적으로 아렌트에 의존한다. 이를 통해 발리바르는 인권선언으로부터 새로운 시민권에 대한 전망을 도출한다. 본 논문에서는 인권의 해방적 가능성을 살릴 뿐만 아니라, 그것에 가해진 고유한 비판에 대해서도 주목하는 발리바르가 어떻게 이러한 종합을 통해 새로운 문제제기를 수행하는지 살펴보고자 한다.

구체적으로 본 논문은 다음과 같은 점을 주장할 것이다. 맑스와 아렌트의 인권 비판은 권리 그 자체에 대한 비판이 아니며(따라서

새물결, 2008, 249쪽.

맑스의 인권 비판은 현실사회주의 국가들에서의 '인권탄압'과 직접적인 관련을 갖지 않으며, 아렌트의 인권 비판은 국민국가 외부의 인간에게 아무런 권리가 없다는 냉소가 아니다), 오히려 권리가 수행되는 특정한 제도적 틀에 대한 비판으로 해석되어야 한다. 맑스는 시장의 권력을, 아렌트는 국민국가의 배타성을 근거로, 근대 사회의 핵심적 두 제도(시장과 국민국가)가 근대성의 핵심 가치인 인권의 실현을 근본적으로 저해하고 있다는 역설에 대한 예리한 통찰을 보여준다. 이러한 통찰은 발리바르에게로 연결되며, 그는 인권선언의 이념을 폐기하는 것이 아니라 급진적으로 재구성해 냄으로써 오늘날 필요한 시민권의 정치를 도출해 낸다. 우리는 이 과정을 추적해 보기로 한다.

2. 맑스: '인간학적' 인권 비판과 그것의 정치적 해석 가능성

1) 맑스의 '인권선언' 비판: 『유대인 문제에 관하여』
맑스의 『유대인 문제에 관하여*Zur Judenfrage*』[3]는 '프랑스 인권선

---

3. 프로이센 사회에서 유대인이 겪는 차별은 결코 맑스와 동떨어진 일이 아니었다. 유대인인 맑스의 아버지는 트리어를 점령한 프랑스의 나폴레옹 치하에서는 자유롭게 일할 수 있었으나, 트리어가 다시 프로이센으로 수복된 후에는 취업이 금지되어, 변호사로서 공직에 종사하기 위해 1817년 기독교로 개종해야 했다. 맑스의 대학 스승인 에두아르트 간스 역시

언', 곧 '인간과 시민의 권리선언'과 이를 토대로 한 1793년 헌법에 대한 역사적인 비판으로 유명세를 얻었다. 이 비판은 과연 맑스 내지 맑스주의 사유에서 인권 개념이 차지하는 위치가 무엇인가를 놓고 오늘날까지 치열한 논쟁을 추동하고 있다. 본고에서는 맑스의 이 비판이 기대고 있는 '인간학적' 문제틀을 넘어서, 이 텍스트를 '정치적'으로 재구성하는 시도를 수행하고자 한다.

맑스는 브루노 바우어에게 한 가지 논점을 제기한다. 유대인은 '인권'을 가져도 좋은가? 바우어는 이를 인정하지 않았다. 그가 보기에 권리란 그것을 위해서 투쟁한 자에게만 인정되어야 하는데, 유대인들에게 권리가 주어진다면 그것은 일종의 무임승차가 될 것이며, 기독교인들의 동의를 구하기 어려울 것이었다. 맑스는 여기서 인권을 일종의 특권으로 여기는 당대 비판적 지식인들의 모순을 본다. 오늘날이었다면 '인권'과 '시민권' 사이의 모순으로 주제화되었을 이 물음을 더 제기하는 대신, 맑스는 새로운 논점으로 이동한다. 그것은 '인간의 권리'가 제기하는 '인간'이란 무엇인

처음에는 대학에서의 교수직을 맡을 수 없었다. 간스는 이를 진정해달라며 당국에 청원을 제기했는데, 이에 대해 그는 1822년의 왕실 내각 교서를 통해 그를 포함한 유대인들의 교수직은 허용될 수 없다는 답변을 받아야 했다(이를 Gans에 관한 법령이란 의미에서 'lex Gans'라고 부른다). 이후 간스 역시 기독교로 개종한 뒤 비로소 베를린 대학 법대의 정교수로 취임할 수 있었다. 이 책에서 맑스가 유대인에 대한 독일 사회의 차별적 논리를 사실상 정당화하는 브루노 바우어를 냉소적으로 비난할 때, 우리는 맑스의 이러한 개인사적 경험을 염두에 둘 필요가 있다.

가 하는 인간학적 주제였다. 맑스가 이 주제로 이동한 것은 '정치적 해방'이 갖는 한계를 묘사하기 위해서였다.

맑스는 '정치적으로 해방된' 세속적인 법치국가에서 여전히 나타나는 인간의 분열을 묘사한다. 그에 따르면 인간은 정치 공동체 내에서의 공동체적 존재Gemeinwesen로서의 삶과 시민사회에서의 사적 인간Privatmensch으로서의 삶으로 분열된다. 이것이 정치적 시민인 '시토아앵citoyen'과 경제적 시민인 '부르주아bourgeois'의 분열이다. 여기서 맑스의 관심은 주로 후자에 있다. 타인을 수단으로 간주할뿐더러 자기 자신을 수단화하는, 낯선 힘에 예속된 소외된 존재인 이 후자로서의 인간은 곧 세속적인 인간이자 시민사회의 인간이며 이기적인 인간이다. 그리고 '인간과 시민의 권리선언'은 정치적 시민citoyen으로서의 인간이 아닌, 경제적 부르주아로서의 이기적인 인간을 인간의 자연적 모습으로 제시하고 있다.

1793년 헌법 2조가 규정하는 '평등, 자유, 안전, 소유'의 권리를 검토해 보면 이를 알 수 있다. 먼저 '자유'의 권리를 살펴보자. 1793년 헌법 6조에 등장하는 '타인의 권리에 해를 입히지 않는 한 모든 것을 할 수 있는 자유'라는 구절로부터 맑스는 "고립되어 자기 자신으로 돌아가는 모나드로서 인간의 자유"를 확인한다.[4] 그것은 결국 16조가 규정하듯 사유재산의 권리를 보장하는 것에

---

4. Karl Marx, *Zur Judenfrage* in *Marx–Engels–Gesamtausgabe (MEGA)* I.2 (Berlin, 1974), p. 157.

지나지 않는다. "사유재산의 인권"은 "타인과의 관계 없는" 자의
적 권리로서, 사회로부터 자립화된 개인의 향유 능력이자, "이기심
의 권리"이며, 결국 그것은 "자유의 실현이 아닌 제약"을 낳을
것이다.[5]

이런 이유에서 인권선언이 규정하는 '평등' 역시 고립된 모나드
들의 평등이며, 따라서 비정치적 의미를 갖는다. '안전'은 재산을
지키는 치안Polizei의 권리만을 의미할 것이다. 결국 모든 것은 '소
유'의 권리로 압축된다. 이것은 사회 전체의 공동선이 아닌 "사적
이익"에만 골몰하는, "공동체로부터 단절된 개인"으로서의 이기
적 인간의 탄생으로 귀결된다. 여기에서 사회란 개인의 자립성에
대한 외적 제약을 의미할 뿐이다.[6]

이러한 의미에서, 인권선언에 대한 맑스의 '인간학적' 비판은
곧 '정치적' 비판으로 전환된다. (미국과 프랑스가 도달한 근대
적인 세속적 공화정의 달성을 뜻하는) '정치적 해방'이란 결국
맑스가 보기에 정치적 공동체를 부르주아적 권리의 수단으로
격하시키는 것을 의미했다. "정치적 혁명은 시민사회의 혁명"[7]
이었다. 그런데 이는 곧 시민사회의 '정치'로부터의 해방, 다시
말해 '사회의 탈정치화'를 의미하는 것이었다. "정치적 혁명은

---

5. 같은 책, p. 158.
6. 같은 책, p. 158.
7. 같은 책, p. 160.

시민사회의 정치적 성격을 지양하였다. 정치적 혁명은 시민사회를 그 단순한 구성물로, 즉 한편으로는 개인들로, 다른 한편으로는 (…) 이 개인들의 시민적 상황을 형성하는 물질적이고 정신적인 요소들로 분해한다." 이런 맥락에서 인권이란 곧 부르주아로서 사적 시민의 '정치 이전적vorpolitisch' 권리에 대한 옹호이며, 그런 의미에서는 인권선언의 실질적 내용은 정치에 대한 포기선언과 같은 것이었다. 따라서 "정치적 해방은 동시에 시민사회의 정치로부터의 해방, 보편적 내용이라는 가상 자체로부터의 해방이었다."[8] 시민사회는 (비록 가상적이나마) 자신을 규제할 보편적 원리로서 정치적 공동체로부터 해방되어, 고삐 풀린 자립적 영역이 되었다.

근대 국가와 시민사회의 관계에 대한 맑스의 이러한 비판은 훗날 '자유주의적 통치성'이라고 불리게 될, 시장의 자율성이라는 신화에 대한 날카로운 시선을 예비하고 있다고 할 수 있을 것이다. 특히 '사회의 탈정치화' 경향에 대한 맑스의 지적은 정치의 해방이 곧 정치의 소멸을 낳는다는 근대정치의 역설을 내포하고 있다. 물론 맑스는 이러한 비판을 일관된 결론으로 이끌고 가지 못했다. 그는 탈정치화된 (시민)사회를 다시 정치화하려는 강령과 새로운 민주주의에 대한 대안을 제시하는 대신, 국가로부터 해방된 사회의 자율성을 더욱 밀어붙이는 방향(사회해방=인간해방)을 취한

---

8. 같은 책, p. 161.

다. 물론 여기서의 사회는 시민사회가 아니라 그것이 지양된 이후의, 유적인 삶^{Gattungsleben}으로서의 사회적 공동체를 말한다. 그것은 (더 이상 정치적 형태를 거치지 않은 채로) 인간 자신으로의 복귀가 될 것이다. 이처럼 청년기 맑스의 인권 비판은 정치를 인간학의 이름으로 비판하며, 따라서 사회의 탈정치화를 정치적 방식 — 새로운 정치에 대한 요구 — 이 아닌, 인간학적 방식으로 극복하는 문제틀에 머물러 있다.

2) 논쟁들: 인간학적 모델인가 정치의 재구성인가

많은 정치철학자들은 맑스의 인권 비판으로부터 현실사회주의 국가들의 인권에 대한 냉소와 멸시의 흔적을 읽으려 했다. 특히 '인권선언'의 새로운 급진성을 발견하려는 철학자들에게 맑스의 비판은 넘어야 할 산이었다. 따라서 클로드 르포르는 맑스가 "인간의 권리를 부르주아적 이기주의의 왜곡으로 만들면서 스스로 지배 이데올로기의 함정에 빠져"[9] 버렸으며, 따라서 "전체주의적 환상"에 이르렀다고 비판한다.[10] 랑시에르 역시 맑스의 '인권선언' 비판의 문제를 제기한다. 그것은 "인간의 해방은 정치적 시민권의 한계들을 넘어서는 자유로운 인류라는 진리"[11]를 내세웠다는 점에

---

9. 클로드 르포르, 『19~20세기 정치적인 것에 대한 시론』, 홍태영 옮김, 그린비, 2015, 40쪽.
10. 같은 책, 56쪽.
11. 자크 랑시에르, 『불화: 정치와 철학』, 진태원 옮김, 도서출판 길, 2016,

서 의미가 있지만, 랑시에르는 맑스의 이러한 시각은 정치의 고유성을 부정하고 정치를 비진리의 영역으로 보는 한계를 가지고 있다고 본다. 즉 여기서 "정치는 사회라고 불리는 진리에 대한 거짓"이라는 이분법이 작동한다는 것이다.[12]

『유대인 문제에 관하여』의 맑스에 대한 이러한 비판들은 공통적으로 '정치와 사회'의 분리를 극복할 수 있다는 초기 맑스의 인간학적 문제틀을 겨냥한 것으로 그 타당성을 갖는다. 왜냐하면 여기서 맑스 스스로 정치를 사회로 흡수하는 인간학적 모델을 해방과 동일시하기 때문이다. 그러나 필자가 보기에, 이 저작의 또 다른 측면은 정치적 해방이 동시에 시민사회의 정치적 성격을 지양하고 시민사회를 정치 자체로부터 해방시킨다는 테제, 곧 '사회의 탈정치화'에 대한 비판에서 발견된다. 이것은 이를테면 한나 아렌트가 "사회적인 것의 발생"[13]이라고 불렀던 것, 즉 경제적 인간의 등장과 공적 영역의 소멸이라는 관점에서의 근대성 비판과 맥을 같이 한다고 볼 수 있다. 추상적인 도덕적 알레고리로서나마 남아 있는 '정치적 시민'으로서의 시토아앵의 완전한 소멸과 '사적 시민'으로서의 부르주아 최후의 승리에 대한 맑스의 묘사는 개인의 자유를 오로지 사적인 개인의 부정적 관계 속에서 이해하

139쪽.

12. 같은 책, 140쪽.

13. 한나 아렌트, 『인간의 조건』, 이정우, 태정호 옮김, 한길사, 2012.

는 관점을 보여준다.

이러한 관점에서, 이 저작에서 수행된 맑스의 바우어 비판을 로크의 자유주의적 자연권에 대한 급진적 비판으로 해석하는 것 역시 가능하다. 노동과 소유를 인간의 근원적 본성으로 보는 로크식 자연권 사상은 맑스가 보기에 인간의 소외된 상태의 자연화였으며, 그것은 '시토아앵의 정치적 권리'가 배제된 사적 부르주아의 현주소를 영구화하는 효과로 이어진다. 매카시는 이러한 맥락으로부터, 맑스의 자연권 비판에서 아리스토텔레스의 정치적 동물에 대한 유사성이 발견된다고 주장한다.[14] 실제로 맑스는 『유대인 문제에 관하여』가 서술되기 몇 달 전인 1843년 5월, 아르놀트 루게에게 보낸 편지에서 독일의 '비정치적' 현실을 고발하면서 아리스토텔레스를 직접 언급하기도 한다. "가장 완전한 속물 세계, 즉 우리의 독일은 인간을 다시 창조해 낸 프랑스 혁명에 비해 물론 훨씬 뒤처져 있음에 틀림없다. 우리의 상태로부터 자신의 정치학을 도출하려는 독일의 아리스토텔레스가 있다면, 그는 조롱조로 이렇게 적을 것이다. '인간은 사교적인gesellig, 그러나 완전히 비정치적unpolitisch 동물이다.'"[15]

독일인은 '사적 영역'에서의 '사교적' 존재일 뿐이며, 그런 의미

---

14. George E. McCarthy, *Marx and Social Justice: Ethics and Natural Law in the Critique of Political Economy* (Chicago: Haymarket Books, 2018), p. 147.

15. Karl Marx, "Brief an Arnold Ruge," *MEGA* I.2, p. 476.

에서 비정치적이다. 아리스토텔레스적인 구분에 의거해 보자면, 그는 오이코스oikos의 삶을 넘어서는 폴리스polis에서의 '정치적 삶'을 경험하지 못하였다. 이러한 맑스의 관점 속에는 정치적 관계 속에 자신의 개별성을 드러내는 시민들의 공동체에 대한 강한 집념이 표현된다. 이제 '프랑스를 닮지 못하는 독일인'만이 아니라, 프랑스 혁명(정치적 해방) 이후 시민사회의 승리에 대한 (『유대인 문제에 관하여』에서의) 맑스의 비판에서도 유사한 구도가 전개되는가?

시토아앵의 소실과 부르주아의 최종적 승리, 부르주아의 '인간'으로의 정립에 대한 맑스의 비판 속에서는 다니엘 로이크가 지적하듯, 인권선언의 내용이 가진 "경제의 우위"에 대한 비판이 드러난다.[16] 경제적 존재인 인간은 자신의 현재적인 형태에 적합한 법적 형식을 요구하며 그에 걸맞은 법적 주체로 거듭난다. 따라서 이러한 경제의 우위는 (랑시에르적 구분 속에서) '정치politics'의 주체가 되어야 할 '인간'이 (재산의 보호와 연결된) '치안police'의 논리에 종속되는 것을 의미한다. 이러한 관점 속에서 우리는 "인권과 치안Polizei 사이의 내적 연관"[17]을 확인할 수 있다. 결국 법적 주체로 간주되는 개인은 실질적으로는 국가의 정치적

---

16. Daniel Loick, "Abhängigkeitserklärung: Recht und Subjektivität," Rahel Jaeggi and Daniel Loick (Hg.), *Nach Marx: Philosophie, Kritik, Praxis* (Frankfurt/M: Suhrkamp, 2014), p. 299.
17. 같은 책, p. 304.

질서의 객체로 전락하며, 주객전도가 발생한다. '치안'은 1793년 헌법 2조에서도 평등, 자유, 소유와 함께 가장 중요한 권리로 선언된 안전의 권리와도 직결된다. 그것은 결국 현재의 자신의 모습에 걸맞은 법적 형식에 대한 선언이다. 인권선언을 토대로 한 근대적 헌법의 구성constitution은 '경제적 인간'의 법적 주체화 논리를 보여준다.

또 하나의 논점은 자유에 관한 것이다. 맑스의 자유 비판을 어떻게 이해할 것인가? 맑스의 비판은 자유주의적 자유가 현대 시민사회에서 자유가 취하는 하나의 형태를 특권화, 절대화하는 방식으로 실현된다는 것에 초점을 맞춘다. 그것은 사유재산에 대한 신성시로 연결된다. 그러나 노이하우저가 지적하듯, 맑스의 주장은 자유주의적 자유 개념으로부터는 이기적인 자립적 원자들 사이의 관계 이상을 기대할 수 없다는 것이며, 따라서 맑스가 보기에 그것은 다른 자유 개념에 의해 대체되어야 했던 것이다.[18] 그러한 새로운 자유 개념에 대한 요청을 아렌트적인 의미에서의 '공적 자유'에 대한 요청과의 유사성 속에서 해석해 보는 것 역시 가능할 것이다. 즉 아렌트 역시 프랑스 혁명에서 천명된 공적 자유가 결국은 (부르주아라는 의미에서) '시민적 자유의 보호'라는 소극적인

---

18. Frederick Neuhouser, "Marx (und Hegel) zur Philosophie der Freiheit," Rahel Jaeggi and Daniel Loick (Hg.), *Nach Marx: Philosophie, Kritik, Praxis* (Frankfurt/M: Suhrkamp, 2014), p. 34.

사적 자유로 국한되었음을 (맑스와 매우 유사한 어조로) 다음과 같이 비판한다. "자유는 더 이상 공공영역에 존재하지 않고 시민들의 사적 영역에 존재하게 되어 공중과 그 권력으로부터 보호를 받아야 한다. 자유와 권력은 분리되었다. 그 결과, 권력과 폭력은 숙명적으로 같은 것이 되었고, 정부와 정치적인 것, 그리고 정부와 필요악이 같은 것으로 인정되기 시작했다."[19]

이러한 식으로 맑스의 인권 비판을 인간학적 모델(소외된 인간으로부터 유적 인간으로의 복귀)에서 정치적 비판의 모델(사회의 탈정치화에 저항하는 새로운 정치에 대한 요구)로 재구성한다고 해서, 맑스의 역사적, 이론적 한계를 무화시킬 수 있는 것은 아니다. 나아가 유적 본질[Gattungswesen]이라는 인간학적 문제틀이 상정하는 소박한 공동체주의적 낭만주의의 한계("시민적 낭만주의[Citoyenromantik]"[20]) 역시 존재한다. 그럼에도 맑스의 인권선언 비판은 현대 자본주의적 권리개념이 필연적으로 취할 수밖에 없는 모순적 형태에 대한 비판으로서 그 의미를 완전히 부정할 수는 없을 것이다.

---

19. 한나 아렌트, 『혁명론』, 홍원표 옮김, 한길사, 2017, 235쪽.
20. Andreas Arndt, *Geschichte und Freiheitsbewusstsein* (Berlin, 2015) p. 122.

3. 아렌트와 인권의 난제들

아렌트의 인권 비판은 『전체주의의 기원The Origins of Totalitarian-
ism』에 등장하는 유명한 명제인 '인권의 난제들'로, 인간의 권리가
궁극적으로는 국적을 가진 시민권자의 권리에 지나지 않는다는
사실에 대한 다소 냉소적인 증명이다. '국민국가의 몰락과 인권의
종말'이라는 제목이 붙은 『전체주의의 기원』의 2부 9장에서 아렌
트는 국민국가의 몰락 과정에 대한 역사적 고찰을 통한 인권 개념
비판에 착수한다. 1차 대전 이후 특히 동유럽 지역에서 기존 국경
의 변화와 국가의 몰락, 내전의 일상화가 발생하면서, 고향을 상실
한 무국적자들이 대규모로 생겨났다. 그들은 모든 인권을 박탈당
한 채 '지구의 쓰레기'라는 모멸적인 호칭을 들으며 고향을 떠나
이주해야 했다. 이처럼 국가 경계의 소멸은 억압적 중앙집권적
관료정치의 소멸뿐만 아니라, 주민들의 상호 적대와 불신, 혐오를
초래했다. 그 결과 인종 간의 박해와 학대가 이어지고 소수민족들
은 뿔뿔이 흩어져야 했다.

'지구의 쓰레기들'이라는 선전의 가공할 만한 성과는 인권이라
는 관념을 순식간에 무력화하는 데에서 드러난다. 국경의 해체와
재구성 속에서 소수민족은 존재하지 않거나 지구상에 불필요한
사람으로 취급되었다. 대규모 무국적자들의 발생은 이제 현대 정
치가 출발해야 할 본질적인 어려움으로 등장했다. "제1차 세계대
전 이후 발생한 모든 정치적 사건은 법의 외곽 지대에서 살고

있는 사람들에게 불가피하게 새로운 범주의 사람들을 추가한 것처럼 보인다."[21]

이러한 실향민들의 존재는 "국가–국민–영토라는 과거의 삼위일체"[22]를 위협하는 존재로 여겨진다. 그리하여 '양도할 수 없는 인권'에 대한 기존의 휴머니즘적, 이상주의적인 선언과 노력들이 새로운 주민들에 대한 배타성으로 귀결된다는 모순이 발생한다. 아렌트는 이것을 "현대 정치에서 가장 신랄한 아이러니로 가득 차 있는 역설"[23]이라고 부른다.

이러한 진단 속에서 아렌트는 '인권의 난제들perplexities'에 대해 언급한다. 18세기 인권 개념 속에서 "인권의 확립을 위해서는 어떤 권위에도 호소할 수 없었다. 인간 자신이 인권의 원천일 뿐 아니라 궁극적인 목표였다."[24] 인간 자신이 그의 권리의 최종적 보증인이라는 이 선량하고 이상주의적인 선언은 그것을 보장한 현실적인 제도에 대한 무감각으로 이어졌다. 인간은 자연적으로 권리를 가지므로, 따라서 인권을 보호할 '특별법'은 필요하지 않은 것으로 간주되었다. 모든 법은 인권에서 기원한다고 추정되고 '인간'이 법의 유일한 주권자였다. 국민주권 역시 '인간'의 이름으로 선언되

---

21. 한나 아렌트, 『전체주의의 기원』, 이진우·박미애 옮김, 한길사, 2017, 503쪽.
22. 같은 책, 510쪽.
23. 같은 책, 507쪽.
24. 같은 책, 524쪽.

었으며, 따라서 '양도할 수 없는' 권리로 되었다. 그런데 이로부터 역설이 발생한다. 이제 역으로 '인간'의 이름으로, '양도할 수 없는 국민주권'이 정당화되는 것이다.

그러다 보니 "국민국가 제도 안에서 인권과 국민의 권리가 동일시"되는 현상이 발생한다. 그런데 이것은 예상치 못한 커다란 문제를 낳는다. 인권은 보편적인 권리이므로 특정 정부 소속과 무관한 것이라고 선언되었지만, "사람들에게 자국 정부가 없어지고 그래서 최소한의 권리에 의지해야만 하는 바로 그 순간, 그들을 보호해 줄 권위도 없어지고 그들을 기꺼이 보장해 줄 제도도 없어진다는 사실"이 명백해지는 것이다.[25]

인간의 보편적 권리에 대한 학자들의 추상적인 이념들은 현실에서는 아무런 구속력을 갖지 못했다. 유럽의 진보, 급진 정치세력 역시 새로운 인권선언이 필요하다는 생각에 도달하지 못했다. 왜냐하면 이미 국민국가 체제 내에 포섭된 그들이 보기에는 "시민권 — 즉 여러 국가에서 제각기 다양한 시민들의 권리 — 이 구체적인 법의 형태로 영원한 인권을 구현하고 상세히 설명하고 있다고 생각한 것이다."[26] 여기서 아렌트는 일종의 인권과 시민권의 '딜레마'를 다루고 있다. 이념상으로는 인권이 국적과 무관하게 모든 인간에게 기본권으로서 주어져야 하지만, 현실에서는 특정한 시

---

25. 같은 책, 525쪽.
26. 같은 책, 527쪽.

민권이 우위를 갖는다.

이러한 역설이 발생하는 이유는 무엇인가? "처음부터 양도할 수 없는 인권선언에 들어 있는 역설은 그것이 어디에도 존재하지 않을 것 같은 '추상적인' 인간을 염두에 두고 있다는 것이다."[27] 아렌트가 보기에 인권은 추상적 관념에 불과하다. 유럽의 진보적 정치세력들은 그들의 시민권을 개혁하면 인권도 자연스럽게 신장될 것으로 기대했다. 이런 가운데 이들은 무국적자의 존재를 애써 무시했으며, '시민의 권리와 구분되는 보편적인 인권'이 실제로 필요한 순간에 이를 직시하지 않았다. '고향 상실'을 겪는 사람들의 기본권은 그 어떤 세력에 의해서도 대변되지 못했다.

"인권 개념에 들어 있는 많은 난점들"이 이로부터 분명해진다. 다음과 같은 아렌트의 정식화는 인권 개념의 근본적 한계를 폭로하고 있다. "권리를 상실한 사람들의 재난은 그들이 (…) 어느 공동체에도 속하지 않는다는 것이다. 그들의 곤경은 그들이 법 앞에서 평등하지 않아서가 아니라 그들을 위한 어떤 법도 존재하지 않기 때문이고, 그들이 탄압을 받아서가 아니라 아무도 그들을 탄압하려 하지 않는다는 데 있다."[28] 소속된 정치적 공동체의 박탈은 인권의 근본적인 박탈, 자신의 존엄에 실질적 효력을 부여할 장소의 박탈로 이어진다. "인권을 빼앗긴 사람들은 바로 이런 극단

---

27. 같은 책, 525쪽.
28. 같은 책, 531쪽.

적인 궁지에 처해 있는 것"[29]이다.

그런데 이처럼 인권을 '빼앗기는' 것, 즉 인권의 완전한 박탈은 동시에 인권 개념 그 자체에 부합하는 것이라는 아포리아가 발생한다. 그리고 이는 인권 개념의 파괴로 귀결된다. 인권의 난제들이 도달하는 최후의 귀결은 죽음의 수용소다. 여기서는 개성도, 직업도, 시민권도 없고 모든 차이가 제거된, 단지 '인간일 뿐인' 사람들이 수용되며, 인간의 권리는 총체적으로 박탈된다. 아렌트는 여기서 '인권 상실'의 역설은 '인권 자체의 역설'인 셈이라고 지적한다. 보편적인 인간, 인간 존재라는 사실 외에 어떤 규정도 더해지지 않은, 인간 그 자체, 즉 "인간에 불과한 사람"[30]이 되는 순간 '인간'으로서의 모든 권리를 박탈한다는 수용소의 역설은, 자신의 절대적 고유성을 얻는 순간 모든 고유성이 상실된다는 비참한 상황의 표현이다.

그렇다면 아렌트의 대안은 무엇인가? 그녀는 "권리를 가질 수 있는 권리ᵃ right to have rights"[31], 즉 공동체에 소속될 권리를 새로운 권리개념으로 제시한다. 이것은 추상적인 '인권' 개념보다도 훨씬 더 현실적인, 그러면서도 모든 인간을 포괄할 수 있는 권리개념이다. 이런 의미에서, 이 정식화는 아렌트가 '인권' 개념 자체를 포기

---

29. 같은 책, 533쪽.
30. 같은 책, 538쪽.
31. 같은 책, 533쪽.

하지 않고 새로운 차원에서 재정립하기 위한 시도로 보인다.

벤하비브는 '권리를 가질 권리'라는 아렌트의 정식을 다음과 같이 해석한다. 이 표현에서는 두 개의 '권리'라는 단어가 등장하는데, 앞의 권리('권리들'을 가질 권리)는 타자의 승인을 통해 특정한 정치 공동체 내에서 성원이 될 권리를 말하며, 따라서 시민적, 정치적 권리로서 법률적–시민적 용례juridico-civil usage를 뜻한다. 반면 뒤의 권리(권리들을 가질 '권리')는 타자의 승인이 필요 없는 권리를 말한다. 즉 그것은 인류임에서 비롯하는 권리이며 예외가 없어야 한다. 보편적 인권은 곧 "시민사회의 한 구성원이 될 수 있는 자격"이며, "사법적인 시민권을 가질 자격"을 의미한다.[32] 우리는 이처럼 아렌트의 정식을 예외 없는 보편적 권리로 해석하려는 벤하비브의 해석이 갖는 의미를 발리바르에게서 확인할 것이다.

우리는 이처럼 근대성의 핵심을 이루는 인권이라는 개념이 근대 사회의 근간을 이루는 두 가지 사회 제도들— 시장과 국민국가—속에 실현되는 과정에서 부딪히는 난점에 대한 맑스와 아렌트의 비판을 살펴보았다. 이 두 비판은 서로 다른 관점에서 인권의 추상성을 겨냥하고 있으며, 근대 사회 이후 등장한 정치와 사회의

---

32. 벤하비브는 이를 정언명령에 비교될 수 있는, 칸트적인 의미에서 '도덕적'인 요청과 의미이며, '인간을 목적 그 자체'로 규정하는 도덕법칙에 상응한다고 주장한다. 세일라 벤하비브, 『타자의 권리 — 외국인, 거류민 그리고 시민』, 이상훈 옮김, 철학과현실사, 2008, 85~86쪽.

역할에 관한 근본적으로 엇갈리는 진단과 대안을 제시하고 있지만, 앞서 보았듯 이 두 비판 사이에서 공통적으로 교차하는 문제의식이 존재하는 것 역시 사실이다. 이제 우리는 발리바르가 인권에 대한 이 두 비판을 어떻게 수렴하면서도 인권 개념을 포기하기보다는 그로부터 급진적인 근대 비판의 모티브들을 도출하는가를 살펴보기로 한다.

4. 발리바르: 인권의 정치와 시민권의 재발명

1) 맑스의 한계와 아렌트의 수용

1970년대 후반부터 알튀세르와 이론적으로 갈라서면서, 80년대 후반 이후 본격적으로 포스트 맑스주의로의 방향 전환을 시도한 발리바르에게 중요한 이론적 주제는 인권 개념의 재해석과 현재화, 그리고 시민권의 재발명이었다. 이는 전통적인 맑스주의의 명제들에 대한 비판적 재독해를 전제로 하는 것이었다.

먼저 발리바르는 '지배적인 이데올로기는 항상 지배계급의 이데올로기'라는 맑스의 명제를 비판한다. 이러한 관점은 "어떤 이데올로기가 (⋯) '지배'하기 위한 필요조건은 그 이데올로기가 '인민', '다수자', 나아가 '다중'의 가치들 및 요구들의 가공물을 구성한다는 것, 단적으로 그 이데올로기가 (⋯) 피지배자들의 담론으로 구성된다는 것"을 망각한다는 점이다.[33] 다시 말해, '지배 이데올로기'와 완전히 단절된 자립적인 '피지배계급의 이데올로기'(또는 '계급의식')란 존재하지 않는다. 지배계급의 이데올로기는 반드시 피지배계급을 체제 내로 통합하면서도 그들에게 지배에 저항할 수 있는 합법적인 공간을 제공함으로써 헤게모니적 방식으로 이루어지며, 피지배계급의 저항은 반드시 지배계급의 이데올로기가 가진 관념적(이상적) 보편성에 호소함으로써 이루어진다. 이러한 관점에서 발리바르는 맑스의 인권선언 비판이 갖는 일면성을 넘어서고자 시도한다.

다음으로 발리바르는 맑스의 정치 개념, 특히 국가 개념에 내재된 아포리아를 지적한다.[34] 발리바르에 따르면 국가소멸론을 위시한 맑스주의 내의 강한 반(反)제도적 성향은 "맑스주의와 전체 자유지상주의 전통이 공유하는 이론적 아나키즘"[35]으로, 그것은 국가를 오로지 지배계급의 도구로, 법과 상부구조를 토대의 반영으로 이해하는 관점에서도 드러나며, 실천적으로는 대안적인 정치의

---

33. 에티엔 발리바르, 『대중들의 공포: 맑스 전과 후의 정치와 철학』, 최원·서관모 옮김, 도서출판 b, 2007, 535쪽.
34. 이에 대해서는 진태원, 「마르크스주의의 탈구축: 네 가지 신화와 세 가지 쟁점」, 『인문학연구』 제30집, 2018 참조. 또 서용순, 「19~20세기 해방정치 이념에 대한 비판적 검토」, 『인문학연구』 제30집, 2018; 김정한, 「한국 맑스주의의 위기 이후 인문학의 쟁점들」, 『인문학연구』 제31집, 2019 역시 참조.
35. Étienne Balibar, "The Infinite Contradiction," *Yale French Studies*, No. 88 (1995), p. 157.

창출이 아닌, 반反정치로 귀결된다. 반면 발리바르는 "제도 일반 (사실상의 정치 일반)을 거부하는 것이 아니라 제도 안에 부정성을 기입하는 것"[36]을 목표로 삼으며, 이에 따라 자신의 권리를 요구하며 그러한 봉기의 부정적 운동을 형성하는 주체성에 주목한다.

이러한 관점에서 발리바르는 맑스의 『유대인 문제에 관하여』를 독해한다. 그는 이 저작에서 '인간해방'과 '사회해방'의 동일시에 주목한다. '인간해방=사회해방'은 곧 정치적 해방이 낳는 인간의 분열과 소외로부터의 완전한 해방을 뜻한다. 이러한 관점은 (앞서 소개된 랑시에르의 비판에서도 언급되었듯) 해방이 '정치'의 외부에 있는 '사회'에서 발생한다는 것을 의미하기도 하지만, 이를 넘어 맑스가 '인간적'인 것을 '사회적'이라는 술어와 동일시한다는 것에서도 드러나듯, 부르주아 사회의 공리주의적 개인주의를 넘어서는 사회화를 향한 운동의 필요성을 제기하기도 한다.[37]

그러나 발리바르는 이 저작의 일면성을 강도 높게 비판한다. 앞서 살펴보았듯, 『유대인 문제에 관하여』에서 맑스는 시토아앵과 부르주아의 분열을 지적하며, 이를 소외의 표현으로 비판한다. 그러나 발리바르에 따르면, 프랑스 '인권선언'에서 시민이 삭제되었다는 맑스의 비판은 "완전한 오해"에 불과하다. "'인권선언'의

---

36. 장진범, 「에티엔 발리바르: 도래한 시민(권)을 위한 철학적 투쟁」, 홍태영·장태순·최정우 외, 『현대 정치철학의 모험』, 난장, 2010, 176쪽.
37. Étienne Balibar, *Citizen Subject: Foundations for Philosophical Anthropology* (New York: Fordham University Press, 2017), p. 278.

인간은 국가의 구성원인 시민에 대립하는 사적 개인이 아니다. 그는 정확하게 시민이다.'[38] 즉 '인권선언'의 '인간'은 맑스의 비판과 달리, 부르주아가 아니라, 정치적 시민으로서의 시토아엥이다. 오히려 인간이 정치적 시민과 부르주아로 분열하며 궁극적으로는 부르주아로 귀결된다는 맑스의 비판은 불가능하다. 모든 인간은 '동시에' 정치적 시민이면서 사적 개인으로서의 부르주아이기 때문이다. 인간은 동시에 '국민적 인간homo nationalis'이자, '경제적 인간homo oeconomicus'이며, '법적 인간homo juridicus'일 수 있다. 이러한 인간학적 조건과 상황이 바로 독특한 근대적 주체성을 형성하며, 정치적 운동을 추동한다.[39] 이를 혼동할 경우 인권선언을 단지 '부르주아 계급이익의 표현'으로 간주할 위험에 빠진다.

이러한 맥락에서 발리바르는 인권선언을 재해석하며 이로부터 '평등자유' 명제를 도출한다. 이때 발리바르의 전략은 맑스주의의 이론적 아나키즘을 극복하기 위해 아렌트를 적극적으로 재해석하여 수용하는 것이었다.

발리바르가 보기에 아렌트의 급진성은 종종 무시되어 왔다. 특히 "권리를 가질 권리"라는 "아렌트의 정리Arendt's theorem"는 현대 정치에서 나타나는 '봉기와 구성의 변증법'을 이해하기 위한

---

38. Étienne Balibar, *Equaliberty: Political Essays* (Durham and London: Duke University Press, 2014), p. 46.
39. Étienne Balibar, *Citizen Subject,* p. 280.

중요한 토대를 뜻하는 것이었다. 발리바르는 이러한 "권리를 가질 권리"로부터, 아렌트가 인권을 비판하지만 더욱 보편적인 기본적 권리를 요구하며, 이는 보편적 시민권의 논의로 확장될 필요가 있음을 의미한다고 보았다. 아렌트가 말하는 권리란 "개별 주체들의 '특성qualities'"이 아니라, "개인들이 상호 인정하는 특성들"이다. 이러한 의미에서 아렌트에게 권리는 "공통 세계"를 형성하는 계기로 작동한다.[40] 그런데 '국가 없는 사람들'에게 결여된 것은 이와 같은 공통 세계에 기입될 자신의 권리를 '청원'할 수 있는 권리다. '권리를 가질 권리'란 바로 이러한 상황에 대한 지적으로 해석될 수 있다.

발리바르는 이러한 아렌트의 관점이 '인권'과 '시민권'을 통일시키려는 자신의 해석과 부합한다고 해석한다. 만일 '권리에 대한 권리'가 인간 존재자들은 그들의 존재 조건의 '공통적' 영역에 속한다는 사실에 대한 인정을 의미하는 것이라면, "아렌트의 정리"란 결국 "'인간의 권리'는 '시민의 권리' 이전에 또는 그 위에 존재하지 않으며, 후자와 동시적이거나 상호 연관적이라는 통찰"[41]과 다르지 않을 것이다.

---

40. Étienne Balibar, "(De)Constructing the Human as Human Institution: A Reflection on the Coherence of Hannah Arendt's Practical Philosophy," *Social Research,* Vol. 74, No. 3 (2007), p. 732.
41. 에티엔 발리바르, 『우리, 유럽의 시민들?: 세계화와 민주주의의 재발명』, 진태원 옮김, 2010, 후마니타스, 255쪽.

우리는 발리바르가 어떤 맥락에서 '인권'과 '시민권'의 동일시를 추구하는지를 잠시 후 살펴볼 것이다. 다만 지적해 둘 것은, 이러한 발리바르의 해석은 "아렌트에게 시민의 권리만이 현실적이고 인간의 권리는 허구"[42]라는 클로드 르포르의 해석과 큰 차이를 갖는다는 것이다.

오히려 발리바르는 '권리를 가질 권리'라는 아렌트의 정리를 '정치 공동체를 창설(구성)할 수 있는 권리'로 적극적으로 해석하는데, 이러한 관점은 그가 주장하는 '해방의 정치'와도 부합한다고 볼 수 있다. 왜냐하면 이러한 정치 공동체의 창설 혹은 구성은 '봉기의 권리'를 포함하는 것일 수밖에 없기 때문이다. 즉 '권리를 가질 권리'를 '정치 공동체를 창설할 권리'로 해석할 경우, 그것은 자신이 정치적 주체로 대우받을 수 있는 '공통 세계'를 요구할 권리로서, 모든 인간의 봉기할 권리, 공적으로 발화할 권리에 대한 주장으로 이어지며, 따라서 그것은 '정치체'에 대한 권리일 뿐 아니라 '정치' 그 자체에 대한 보편적 권리를 의미하게 될 것이다.[43] 이런 맥락에서 발리바르는 아렌트를 다시 맑스와 결합시키고자 시도한다. 예컨대 그는 맑스 자신이 저술한 '인터내셔널 임시규약'에 포함된 "노동계급의 해방은 노동계급 자신에 의해"라는 구절이

---

42. 클로드 르포르, 『19~20세기 정치적인 것에 대한 시론』, 84쪽.

43. 전혜림, 「인간과 시민, 자유와 평등 사이 ― 아렌트와 발리바르의 인권과 시민권의 정치」, 『철학논집 제47집』, 2016, 140쪽.

234 _ 제II부 인권의 정치와 시민권의 정치

아렌트가 말하는 "권리를 가질 권리"의 봉기적 양상에 대한 완벽한 묘사라고 주장한다.[44] 이제 이러한 '권리를 가질 권리'를 발리바르가 어떠한 방식으로 자신의 '평등자유' 명제와 결합시키는지 알아보기로 하자.

2) 권리를 가질 권리 — 평등자유

인권선언은 '인간은 자유롭고 평등하게 태어났다'는 자연권을 토대로 한다. 그런데 이러한 자연권 사상은 많은 현대 이론가에게 비판의 대상이 되었다. 특히 가장 많은 지적을 받는 것은 '자연 상태에서 인간의 권리'라는 관념의 이데올로기적 추상성이다. 그러나 발리바르는 자연권은 단지 상상된 이데올로기가 아니라고 주장한다. 왜냐하면 그것은 "선언된 자연권"[45]이며 이러한 '선언'의 행위가 물질적 효과를 발휘하기 때문이다. 즉 그것은 일정한 "표현 행위의 물질성"[46]을 갖는다.

그렇다면 이 혁명적 표현들은 무엇을 나타내고 있는가? 여기에는 이중적 동일시가 존재한다. 그중 하나는 '인간과 시민의 동일시'다. 인권선언에서 인간의 권리와 시민의 권리는 동일하며 양자 사이에 차이는 없다. 이런 이유에서도 인권선언의 '인간' 개념은

---

44. Étienne Balibar, "On the Politics of Human Rights," *Constellations,* Vol. 20, No. 1 (2013), p. 22.
45. Étienne Balibar, *Equaliberty.* p. 42.
46. 같은 책, p. 42.

인간 본성에 대한 소박한 자연주의적 상상으로 환원되지 않는다. 나아가 인권선언의 '인간=시민' 등식은 인간을 '정치적 동물zoon politikon'으로 보는 고대 그리스의 정치관과도 다르다. 그리스나 로마인들은 인간의 정치적 본성이 도시국가의 현존 제도들과 대응을 이룬다고 생각했으나, 인간의 자연 본성에 따른 신분상의 차별을 정당화했다. 반면 오히려 인권선언의 자연권은 이러한 '자연주의적 인간본성론'과 단절함으로써 '인간=평등한 시민들'이라는 등식을 가능하게 한다.

이 같은 사실로부터 우리는 인권선언의 두 번째 동일시를 유추할 수 있다. 그것은 '자유와 평등의 동일시'다. 인권선언은 "평등은 자유와 동일identical하며, 자유와 동등equal하다는 사실, 그리고 그 역도 성립된다는 사실"을 보여준다.[47] 발리바르는 이로부터 "평등자유egaliberté" 테제를 도출한다. 평등자유 명제는 인간과 시민의 동일시의 근저에 놓여 있다. '시민'으로서의 인간은 평등하면서 동시에 자유로운 존재여야 하는 것이다.

이와 같은 평등자유 명제는 '평등'과 '자유'를 대립 명제로 보는 근대적 시각 — 예컨대 자유주의는 자유를, 사회주의는 평등을 각각 대변하는 사상이라는 시각 — 과 대립하는 것이다. 그러나 평등과 자유 가운데 어느 하나를 우선시하는 것은 시민권과 민주주의의 변증법적이고 내적인 긴장 속에 정치를 사유하는 데 실패

---

47. 같은 책, p. 46.

할 수밖에 없다. 왜냐하면 이런 시각은 자유와 평등 중에 한쪽으로 정치를 환원하여 갈등을 종결하려 하기 때문이다. 그러다 보니 전통적 자유주의는 정치에서의 '제도적' 측면만을 강조하고 정치가 가질 수밖에 없는 '봉기적' 성격을 애써 무시해 왔다. 반면 사회주의는 민주주의의 역동성을 특권화하면서, 정치를 '제도 밖의 투쟁'과 동일시한다. 이러한 관점에서는 '시민권'이 현대 정치에서 차지하는 중요성을 보지 못한다.[48]

3) 시민권의 아포리아 ― 민주적, 사회적 시민권?

그러나 시민권이란 아포리아적인 개념이다. 사실 시민권은 일정한 배제를 낳는다. 그리스의 아테네에서는 여성, 노예는 시민이 될 수 없었고, 19세기 후반까지도 노동계급의 투표권은 보장되지 않았으며, 20세기 초반까지도 여성의 참정권은 대부분의 국가에서 배제되었다. 남아공에서는 20세기 후반까지 공식적인 흑인 차별이 존재했다. 오늘날 유럽연합 시민권 역시 일종의 신분제 역할을 담당하면서 이주민들에 대해 차별적 효과를 만들어 내고 있다.

따라서 발리바르는 시민권과 민주주의는 평화롭게 공존하는 것이라고 볼 수 없으며, 오히려 시민권과 민주주의 사이에 이율배반적 관계가 존재한다고 말한다. 즉 시민권의 확산은 그것을 가능

---

48. 최원, 「민주주의적 시민권? ― 발리바르의 민주주의론」, 『민족문화연구』 70호, 2016, 76쪽.

케 해줄 민주주의라는 정치 원리를 필요로 하지만, 동시에 민주주의의 보편적 원리를 무제약적으로 확장할 경우 시민권의 제도적 틀 자체가 유지될 수 없다는 딜레마에 봉착한다. 따라서 주민 전체에게 권리를 배분해야 한다는 민주주의의 보편성의 논리와 시민권의 특수성의 논리(또는 달리 말하면 시민권 자체가 내포한 보편성의 논리와 특수성의 논리)는 언제나 갈등적 관계를 맺어왔다.

그런데 시민권이 갖는 배타성이나 민주주의에 대한 이율배반적 성격으로 인해, 제한된 시민권을 확장, 재구성하기 위한 저항들이 언제나 등장했다. 이러한 저항들은 언제나 정치적 변화의 내적 추동력이 되었으며, 발리바르는 넓은 의미에서, 즉 좁은 의미의 '정치체제'라는 의미를 벗어나 정치적 변화를 추동하는 과정에 '민주주의'라는 이름을 붙인다. 달리 말하자면 민주주의는 특정한 정치체제(아르케)가 아니라, 갈등적 세력 관계를 통한 역사적 운동을 포함하는 정치적 투쟁과 변화의 과정에 붙는 이름이다. 물론 발리바르는 이러한 양자의 모순적인 상호작용 속에 정치의 제도적 측면과 주체화의 변증법적 관계를 사유한다는 점에서, 이러한 갈등과 모순의 생산적 효과에 주목한다고 말할 수 있다.[49]

이러한 모순은 시민권이 오늘날 (일종의 특권적) '신분'으로

---

49. 진태원, 「무정부주의적 시민성?: 한나 아렌트, 자크 랑시에르, 에티엔 발리바르」, 『을의 민주주의: 새로운 혁명을 위하여』, 그린비, 2018, 201~202쪽.

기능하는 제1세계 국가들에서 첨예화되고 있다. 이 경우 시민권은 심지어 차별과 배제를 양산함으로써 민주주의의 확대를 가로막는 역할을 하기도 한다. 자신의 권리를 청원하는 주체가 된 난민 혹은 이주자들이 새로운 민주적 주체가 되는 순간, 시민권을 향유하는 기존 주민들이 이에 반대하는 역설적 상황마저 전개된다.

이 해결되지 않는 이율배반이자 아포리아적인 상황은 '사회적 시민권' 개념에서도 반복되고 있다. 일부 급진주의 진영의 반대와 달리, 발리바르는 '복지국가'라는 이름으로 표현되는 '사회적 시민권'을 가치 있는 것으로 평가한다. 즉 20세기 시민권은 단지 자본가의 시혜적 조치가 아니며, 자본주의의 장기적 유지를 위한 위로부터의 수동혁명도 아니다. 그것은 동시에 계급투쟁의 성과이자 보편적 연대의 실현으로 간주되어야 한다. 사실 국가가 보장하거나 제공하는 대부분의 '사회적 권리'는 능동적 개인들의 지속적 참여에 의해 조건 지어진 것이며, 행위자는 국가가 아니라 시민들의 연대적 실천이다. 사회적 시민권은 사회에 보편주의의 원칙을 도입한 사례로 그 의미를 인정받아야 한다. 능동적인 개인들의 안정적인 직업적 사회 참여를 기반으로 이뤄지는 시민권의 보편적 확산은 소수자들의 권리 증대에도 크게 기여했으며, 여성 역시 직업 참여 확대로 인해 크게 권리 진전을 이루기도 했다.[50]

그런데 이러한 사회적 시민권의 보편적 확산은 어디까지나 역

---

50. Étienne Balibar, *Equaliberty*, p. 14.

사적으로 국가의 국민적 경계 내에서 국가 주권의 보호 속에 가능
했다. 근대 국가는 언제나 "동시에 국민적이면서 사회적인 국가"[51]
였다. 사회적 권리들은 국민국가라는 틀 속에서 보편화될 수 있었
다. 문제는 이러한 결합이 모순을 내포하고 있다는 것이다. 사회적
시민권의 '보편성'은 국민국가라는 '특수성'의 제약 속에서만 가
능한 것이었다. 이러한 모순으로 인해, 20세기 후반 이래 소위
'세계화'의 국면에서 국민국가의 경계 위기가 초래되고 신자유주
의 축적 체제의 효과로 인해 노동과 개체성 사이의 관계가 불안정
해지면서 사회적 시민권은 커다란 위기를 맞이하고 있다.

4) 시민권의 역동성과 인권의 정치

이러한 위기의 맥락에서 발리바르는 '시민권 제도의 민주화'가
필요하다고 말한다. 그것은 '체류증'이라는 무기를 통해 이뤄지는,
포함과 배제라는 시민권의 제도적 도식이 스스로를 넘어서도록
만드는 것이다. 이를 개념화하기 위해 발리바르는 헤르만 R. 판
휜스테런을 차용한다. 휜스테런에 따르면 (칸트 이래의) '세계시
민권'의 추상적 개념과 달리, 시민권은 제한된 공동체 내에서의
권리이자 의무로 이해돼야 하지만, 동시에 이러한 시민권을 혈연
적 동질성이라는 폐쇄적 개념으로 이해함으로써 현대 사회의 다
양성을 배제하는 것 역시 거부해야 한다. 그가 보기에, "시민권은

---

51. 같은 책, p. 17.

영원한 본질이 아니라 문화적 인공물이다. 시민권은 사람들이 시민권을 재료로 만들어 내는 산물이다."[52] 그는 따라서 오늘날 '개방적 시민권', '미완의 시민권'을 사유하고 그 지평을 넓혀가려는 제도적 실천들이 필요하다고 주장한다.

발리바르는 이를 "시민권 제도에 대해 민주주의적 '역량'을 부여하는 구성적 운동"이라고 부른다.[53] 이러한 운동은 "시민권의 경계들에서 출발해 시민권을 민주화하고, 따라서 '권리를 만들어 내고' 이로써 국가와 정치를 문명화"[54]하는 시민들 간의 공동의 작업이자 공유된 행동으로서 (아렌트식으로 표현하자면) 하나의 '공통 세계'를 구성하는 과정이어야 한다. 여기서도 발리바르가 강조하는 '봉기와 구성의 변증법'의 면모가 드러난다. 즉 시민권은 포함/배제를 내포하는 제도적 차원의 개념이지만, 동시에 주체적 개념이면서 시민들의 주체화를 낳는 개념으로 전화될 수도 있으며, 그러한 주체화의 봉기적 계기들은 새로운 제도적 요소들을 구성할 수 있을 것이다.

그렇다면 이러한 과정은 어떻게 가능한가? 시민권의 봉기적 측면, 즉 민주주의의 발명(르포르), 권리의 쟁취, 권리와 의무 사이의 상호성에 대한 재정의 등은 이미 존재하는 시민권의 불변하는

---

52. 헤르만 R. 판 휜스테런, 『시민권의 이론: 동시대 민주정들에서 다원성을 조직하기』, 장진범 옮김, 그린비, 2020, 28쪽.
53. 에티엔 발리바르, 『우리, 유럽의 시민들?』, 159쪽.
54. 같은 책, 160쪽.

'이념' 그 자체에서 비롯한다. 이것은 이미 1789년 이래 '인권선언'
이 포함하고 있는 이념이기도 하다. 이런 의미에서 '민주주의의
발명'은 동시에 민주주의의 '보존'이기도 하다. 시민권의 봉기적
측면, 예컨대 시민불복종 운동은 이미 현대 민주주의가 내포하고
있는 이념에 근거하기 때문이다.[55]

여기서 현대 시민권의 특징이 드러난다. 그것은 특정한 개인
주체에 의해 수행되지만, 그것의 획득은 사회적 운동에 의해, 연대
의 형태와 언어 속에서 가능하다. 따라서 시민권의 평등자유 유산
은 계급투쟁이라는 집합적 실천 속에 드러나는 개인적 참여와
집합적 운동의 유대를 실현한다.[56] 이러한 측면에서도 발리바르에
게서 '시민권의 정치'와 '인권의 정치'는 상호결합되어 있다. 양자
는 동일한 '변증법적' 시각을 보여준다. 그것은 '자연권'의 형태로
제시되는 인권 이념과 그것의 '실증적', '제도적' 측면인 시민권
제도가 공히 지니고 있는 일종의 '규범적 이념의 추상성'을 그
자체로 거부하는 것이 아니라, 그것의 현실적인 모순적 효과를,
그러한 제도적 측면의 변화 가능성의 실현으로 전화시키는 실천
이다.

---

55. 물론 발리바르는 자신의 역할을 '보존'에서만 찾으려는 형태의 민주주의
    는 오늘날의 탈민주주의화를 막을 수 없을 것이라는 단서 역시 필요하다
    고 덧붙인다. Étienne Balibar, *Citizenship* (Cambridge: Polity Press,
    2015), p. 37.
56. 같은 책, p. 43.

이러한 '내재적 비판'의 원리는 언제나 발리바르 사유의 핵심 축을 이룬다. 그는 이러한 사유 과정을 "급진적 부정성의 형상"[57]이라고 부르기도 한다. 필자가 보기에 발리바르의 이러한 '변증법적' 시각은 아도르노가 말하는 '부정변증법적 운동'과 유사성을 갖는다. 아도르노가 보기에, "변증법적 길은 언제나 내재적 비판의 길이다. (…) 즉 사태에 외적 척도가 도입되는 것이 아니라, (…) 사태가 자기 자신에게 돌아오기 위해, 그 개념에 비춰 평가되어야 하는 것이다."[58] 현실을 외부의 척도가 아니라 그 자신의 개념적(규범적) 요구에 맞춰 비판하고 그 가능성을 확장하는 부정성의 운동은 발리바르의 인권의 정치와 시민권의 정치에도 적용된다. 중요한 것은 인권 또는 시민권의 추상적 이념이 아니다. "인권의 정치는 본질적으로 모호하다." 그것은 따라서 '인도주의적 개입'과 같이 지배적인 실천들에도 적용될 수 있는 양가적인 것이다. 그러나 그것이 내포하고 있는 "민주적 헌정이 기본권의 보호, 그리고 새로운, 확장된 권리들의 실행과 맺는 이상적 결합"이라는 그 개념적, 규범적 요구는 그것의 양가성이나 추상성을 근거로 폐기될 수 없는 것이며, 오히려 "민주주의의 발명과 연결되는 봉기적 운동"으로 확장될 필요가 있다.[59]

---

57. Étienne Balibar, *Equaliberty*, p. 90.
58. Theodor W. Adorno, *Einführung in die Dialektik* in *Nachgelassene Schriften* IV.2 (Frankfurt/M: Suhrkamp, 2010).
59. Étienne Balibar, "On the Politics of Human Rights," p. 20.

시민권이 시민들의 집합적 능력(또는 역량)과 관계 맺는다는 것은 시민권이 어떠한 선험적 형상에 갇혀 있거나, 미리 완성되어 있지 않다는 것을 뜻한다. 시민권을 근거로 종족적–민족적 차별을 정당화하는 논리에 맞서서, 정치적 권리로서 평등이라는 이념에 입각해서 시민권을 재정립하기 위한 사회운동 역시 가능하다. 그것은 시민의 정치적 참여 확장을 끌어내는 운동으로써 '정치에 대한 권리'이며, 다시금 이는 아렌트의 '권리를 위한 권리'를 '해방의 정치'에 적용한 것이라 할 수 있다.

5. 나가며: 인권의 세속화, 시민권의 민주화

1789년 '인간과 시민의 권리선언', 그리고 1793년의 헌법이 선언한 자연권 사상은 '천부인권'이라는 형태로 인간의 '신성한' 권리를 선언한다. 그런데 맑스의 언급대로, 이러한 '신성한' 권리는 정치적 공동체를 해체하는 개인의 사적 권리에 불가침의 신성한 권한을 부여하는 결과로 연결되었다. 오늘날 권리라는 용어는 정치적 시민권을 의미하기도 하지만 많은 경우 사유재산의 권리, 공적 이익에 대한 무관심의 권리, 보편적 물질적 부에 대한 소수의 약탈적 착취의 권리로 이해되기도 한다. 따라서 이러한 의미에서의 '인간'의 권리는 '세속화'되어야 한다.

발리바르의 전략대로 인권선언의 인간을 시민과 동일시하는 것은, 이러한 맥락에서 '신성한' 인간을 현실적 정치 공동체의 구성원으로 세속화하는 일일 것이다. 그런데 이러한 세속화는 동시에, 부르주아로서의 원자화된 개인이라는 인간 관념의 일면성을 넘어, 개인들 사이의 연대가 가능한 시민들의 정치화, 주체화를 사유하는 것으로 연결된다. 이러한 시민권은 오늘날 '체류권'의 이름으로 일종의 특권으로 작용하고 있으며, 따라서 시민권의 정치는 시민권의 고유한 효력을 가능하게 만들어 주는 제도적 틀과 경계를 근본적으로 부정하지 않으면서도 그것을 시민들 간의 연대적 주체화를 통해 민주화하는 전략을 택한다.

그런데 오늘날은 '시민의 소멸'을 경험하는 시대다. 사회적 경쟁의 압력 속에 개인을 몰아넣는 신자유주의의 반정치성은 '시토아앵으로서의 시민'을 원자화된 부르주아로 해체하는 탈정치화의 과정을 무서운 속도로 밟아왔다. 오늘날 '시민권자'란 사회적으로는 신분적 지위를 나타내지만, 실제로는 투표권에 불과한 '이름뿐인' 시민권, '명목적' 시민권의 불분명한 수혜자로 전락해 버렸다.[60]

필자가 보기에, 이러한 시대에는 근대적 권리의 주체로서 '인간'이 부르주아로 환원되며, 정치적 시민의 존재가 소실된다는 『유대인 문제에 관하여』의 맑스의 비판은 (발리바르가 지적하는 그

---

60. Geoff Pfeifer, "Balibar, Citizenship, and the Return of Right Populism," *Philosophy & Social Criticism*, Vol. 46, No. 3 (2019), pp. 11~14.

일면성이라는 한계에도 불구하고) '시장'이라는 사회적 권력이 어떻게 정치적 공동체성을 파괴하는가, 정치적 시민권을 어떻게 와해시키느냐는 주제 속에 재조명될 수 있다.

마찬가지로 아렌트의 '인권의 난제들'은 국민국가의 배타성과 세계화의 압력이 동시에 상승하는 모순적인 국가 질서 속에서 '인간'의 권리는 소멸하며, 시민권이 사실상 특권적 '신분'으로 전락하고 체류권이 하나의 무기가 되어, 지구상에 존재하는 수백만의 무국적 고향 상실자들을 권리의 외부로 배제할 수 있는 위험성을 보여준다는 점에서 난민이 현대 사회의 정치적, 윤리적 상황의 핵심을 이루는 오늘날 시효를 잃지 않고 있다. 또한 '권리를 위한 권리'라는 '아렌트의 정리'는 오늘날 이러한 시민권의 딜레마적 상황에서 어떻게 해방의 정치를 사유할 것인가에 관한 통찰에 기여한다.

발리바르는 이러한 맥락에서 오늘날 '인권의 정치'와 '시민권의 정치'로부터 해방의 정치를 사유하기 위한 다양한 사유 모험들을 시도했다. 그것은 한 마디로 "시민의 주체 되기citizens' becoming a subject"[61]라는 표현으로 요약할 수 있을 것이다. '주체'를 뜻하는 단어 subject불어 sujet는 본래 근대 초기까지 '신민, 예속된 자, 복종하는 자'를 의미하는 라틴어 subjectus에 해당하는 뜻을 가진 단어였다. 이후 칸트 이래 근대철학에서는 철학적 '주체'가 강조되면서

---

61. Étienne Balibar, *Citizen Subject*, p. 30.

이 단어는 동시에 '주체subjectum'이자 '신민subjectus'을 이중적으로 뜻하게 되었다. 정치적으로 이러한 의미의 변화는 주체의 '자발적 복종'을 강조하는 것으로 이어졌다.

역사적으로, subjectus와 완전히 단절하는 subjectum으로서의 주체는 1789년 프랑스 혁명과 시민의 등장 이후 비로소 가능했다. 이런 의미에서 발리바르는 '인권'과 '시민권'의 탄생은 곧 '정치적 주체'의 탄생과 일치한다고 본다. 따라서 같은 맥락에서 "시민의 주체 되기"는 동시에 "주체의 시민 되기becoming-citizen of the subject"[62] 이기도 한 것이다. 즉 '시민'의 등장은 주체subject가 예속subjection에서 벗어나 주체화subjectivation되는 과정을 의미하는 것이기도 했다.

바로 이러한 맥락에서 필자는 시민의 주체 되기, 또는 주체의 시민 되기야말로 오늘날 필요한 시민권의 정치를 압축적으로 보여주는 것이 아닐까 싶다. 오늘날의 신자유주의 사회에서는 아렌트가 '사회적인 것의 등장' 또는 '사적 자유의 승리'로 표현한, 또는 맑스가 '부르주아 사회'라는 이름으로 비판한 '사적인 것(오이코스)의 권력'이 공적 자유 공동체적 연대 관계를 근본적으로 와해시키고 있다. 이렇듯 자립화된 오이코스의 권력에 대한 대항 정치를 만들어 가는 과정은 '인권의 세속화'이자 '시민권의 민주화'의 방향을 택해야 할 것이며, 나아가 이는 다시금 '시민의 주체 되기'이자 '주체의 시민 되기'를 요구할 것이다. 그리고 이는 공동

---

62. Étienne Balibar, "The Infinite Contradiction," p. 156.

선을 상실하고 '제로섬' 경쟁에만 몰두해 있는 오늘날 '공통의 것'을 복원하기 위한 정치의 필요성을 함축한다. 새로운 보편성의 창출을 위한 대항 정치의 관점에서 새로운 인권과 시민권의 정치를 발명할 때다.

제III부

다시 만나는 세계시민주의

제1장 맑스의 국제주의와 환대의 정치-윤리

1. 들어가며: 오늘날 환대의 윤리가 갖는 의미

혹자는 최근 30년간 독일 현대사에서 가장 중요한 장면을 두 가지로 압축한다. 하나는 1989년 11월 9일 베를린 장벽을 넘어 환희의 축제를 벌인 동서 베를린 시민들의 모습이고, 다른 하나는 2015년 9월 5일 헝가리 국경에서 독일행을 요구하던 시리아 난민들이 기차를 타고 오스트리아를 건너 독일 뮌헨역에 도착했을 때, 난민들과 그들을 환영하러 나온 수많은 독일 청년이 어우러져 이루어 낸 광경이었다. 전자가 동서 분단 체제의 적대를 해소하는 시민들의 환대 자세였다면, 후자는 국경을 초월해 타자에게 연대하려 했던 또 다른 방식의 환대 풍경이었다. 전자의 환대가 바르샤바 조약과 나토 사이의 군사적 적대와 동서 분단을 해체하는 힘이었다면, 후자는 유럽연합이 암암리에 가정한 유럽의 문화적, 인종적 동질성을 해체하는 출발점이었다.

물론 이러한 해체의 흐름은 그에 대한 반작용을 낳는다. 오늘날 '난민'은 유럽이 상정하고 있었던 이 위계적, 수목적 질서를 해체하기 위한 '리좀'의 형상이기도 하고, 동일성을 해체하기 위한 '비동일자'의 모습이기도 하다. 그리고 이러한 현상은 그 반작용으로 기존의 수목적 질서, 동일성 권력을 지키고자 하는 세력의 확산을 낳았다. 영국에서 브렉시트 국민투표 가결, 미국에서 트럼프 정권의 당선, 프랑스의 국민연합과 독일의 '독일을 위한 대안'의 급성장, 오스트리아에서 중도 보수 국민당과 극우 자유당의 연정 수립과 난민 규제 정책 시행, 독일의 페기다(서구의 이슬람화에 저항하는 애국적 유럽인), 미국 샬러츠빌의 백인우월주의 시위와 같은 대중적 민족주의, 인종주의 운동의 등장은 난민과 이주자의 유입에 대한 제1세계인들의 반작용이 얼마나 널리 확산되고 있는가를 보여준다. 이러한 상황에서 우리는 1989년 11월과 2015년 9월 목격한 환대의 장면들과 이를 통한 국제질서의 변화라는 흐름을 어떻게 이어받을 것인가?

발리바르는 20세기 후반 이래 특히 유럽에서 두드러진 흐름으로 나타난 난민과 이주민에 대한 인종주의적 반응이 "정치적 진단의 문제"일 뿐 아니라 동시에 "도덕적 진단의 문제이기도 하다"고 주장한다. 즉 그것은 "도덕적 위기가 역사적 상황의 일부를 이루고 있다"는 점을 보여주면서, 한 사회가 가진 "도덕적 역량들"과 관련된 물음을 야기하는 쟁점이다.[1] 따라서 발리바르에 따르면 오늘날

정치의 핵심적 과제 중 하나는 사회의 도덕적 위기를 극복할 정치
적 역량, 곧 '시민다움civilité'을 확대하는 일이다. 그중에서도 낯선
이방인을 환대함으로써 인권과 시민권의 개념을 재정의 내리고,
이로부터 기성 사회의 (민족적, 인종적, 문화적) 동일성 권력에
물음표를 던지는 정치적–윤리로서 '환대의 윤리'는 새로운 정치
적 보편주의를 낳을 수 있는 출발점이 될 것이다.

필자는 오늘날 맑스의 국제주의적 시각이 이러한 환대의 윤리
를 위한 출발점이 될 수 있는지 질문하고자 한다. 그리고 맑스의
국제주의 이념이 적어도 오늘날 일정한 호소력을 갖는다는 점을
제시할 것이다. 즉 1989년 베를린 장벽 붕괴는 '맑스주의'라는
하나의 '국가 이데올로기'의 시효가 지났음을 증명할 수는 있겠으
나, 맑스 사상 자체가 갖는 근원적 의미를 부정하는 것은 아니다.
오히려 (구동독이나 소련의 국가 관료들이 이해했던 것과 달리)²
맑스야말로 국가의 경계를 넘어서는 피억압 대중의 국제적 연대
와 환대의 이념을 윤리적, 실천적 지상명령으로 설정했으며, 이는

---

1. 에티엔 발리바르, 『대중들의 공포: 맑스 전과 후의 정치와 철학』, 최원·서
   관모 옮김, 도서출판 b, 2007, 391쪽.
2. 공산권 국가들은 맑스의 국제주의 이념을 실천적으로 철저히 배반하면서
   '소비에트 민족주의'를 추구해 왔다(서관모, 「계급, 국가, 국제주의」, 『사
   회과학연구』 28권 1호, 2011, 109쪽 참조). 여기에 더해 소비에트 국제주
   의는 동독, 헝가리, 체코 주민들의 반소련 저항을 진압하는 과정에서
   러시아의 패권적 지배를 정당화하기 위해 동원된 이데올로기로 작동하기
   도 했다는 점 역시 지적되어야 할 것이다.

2015년 이후 펼쳐지고 있는 전 지구적 흐름에 필요한 이념적 요청으로서 그 현재성을 갖는다는 것이 본 논고의 주장이다.

2. 근대적 세계시장의 창출: 지구적인 교류형식의 확산과 연대의 조건

맑스 사상의 국제주의적 요소가 최초로 그 형태를 분명히 드러내는 것은 엥겔스와 함께 저술한 『공산당 선언』(1848)에서였다. 1848년 1월 작성된 이 저작은 2월과 3월에 전 유럽의 언어로 동시 출간되었으며, 2월(프랑스)과 3월(독일)에 우연히 동시에 일어난 혁명의 여파를 타고 전 유럽에서 읽히게 되었다. 즉 『선언』은 그 탄생 자체가 국제주의적인 특징을 띠었다. 맑스와 엥겔스는 이미 자본의 세계화 추세로 인해 한 나라에서 혁명이 일어날 경우 그것이 유럽 전역으로 확산될 것임을 『선언』의 1장 '부르주아지와 프롤레타리아트'에서 다루고 있는데, 바로 이 책의 출간과 동시에 그 내용이 실현된 것이다.

그렇다면 어째서 부르주아 사회, 근대 자본주의는 세계화라는 경향을 갖는가? 아메리카 대륙의 발견, 아프리카 탐험 등은 봉건제의 한복판에서 여전히 낮은 신분 속에 살아가던 부르주아 계급에게 새로운 영역을 제공하였다. 즉 내부에서 여전히 신분제의 지배를 받았던 부르주아 계급은 유럽을 벗어나 다른 세계를 발견함으로써 자신의 지배를 위한 조건들을 창출해 냈다. 동인도와 중국의 시장 개척, 아메리카 대륙의 식민지화, 새로운 무역의 급증을 통해 몰락하는 봉건 사회에 들어 있던 혁명적 요소가 극대화되면서 봉건적, 길드적 공업방식은 공장제 수공업(매뉴팩쳐)으로 대체되고, 결국 근대적 대공업에 이르게 된다. 세계시장의 창출 과정에서 부르주아 사회는 전 세계적으로 확장되었다. 이렇게 현대 부르주아 계급은 긴 발전의 산물이며 생산양식과 교류양식의 변형의 산물로 등장하였다.

이러한 서술에서 드러나듯, 맑스와 엥겔스는 세계시장의 적극적인 개척자로서의 부르주아 계급의 역사적 역할을 일정 부분 예찬하고 있다. 특히나 역사에서 부르주아 계급이 수행한 혁명적 역할은 전 사회를 교환, 화폐, 자본의 논리로 급진적으로 재편성함으로써 구사회의 잔재를 청산한 데에서 드러난다. 또 사회의 발전 속도를 급격히 가속하여 새로운 것(새로운 생각이나 기술)은 등장하자마자 이미 낡은 것이 되도록 하였다. 이러한 과정에서 부르주아 계급은 지구 전체를 자본주의 생산양식으로 편입시키고 전 지구적인 부르주아들의 네트워크를 구축하였다. 즉 부르주아 계급은 외부를 허락하지 않는다. 그들은 국지적 공동체에서의 자급자족이라는 전통적 삶의 이상을 가차 없이 파괴하면서 목가적, 전통적 공동체적 편협함을 소멸시켰다. "한 마디로 부르주아 계급은 그 자신의 고유한 형상Bild에 따라 세계를 창조한다."[3]

물론 이러한 부르주아 계급의 세계시장 형성 과정이 잔인한 폭력의 역사임을 맑스와 엥겔스는 잘 알고 있었다. 그것은 인도와 아메리카 원주민에 대한 학살과 억압, 폭력을 수반했으며, 아프리카인들의 노예화와 그들의 자연 자원을 수탈했으며, 중국과 아시아를 반식민지로 전락시켰다. 그뿐만 아니라 유럽 내에서도 가난한 농민들을 비참한 도시빈민으로 전락시킨 시초축적 과정이 일어났다. 이를 잘 알고 있는 맑스와 엥겔스는 어째서 부르주아 계급의 역사적으로 진보적인 역할을 강조하고 있는 것일까?

잘 알려져 있듯이 여기서 가장 큰 강조점은 부르주아 계급에 의한 사회의 변혁이 모든 기타 사회 계급을 거대한 프롤레타리아 군중으로 단일화함으로써 새로운 혁명을 위한 주체를 형성하는 데 기여했다는 것에 있다. 물론 이러한 테제(계급관계의 단순화, 단일화)는 이후의 역사적인 경향에 부합하지 않았다는 반론에 직면한다. 그럼에도 여기서 주목할 만한 사실은, 맑스와 엥겔스가 예찬하고 있는 지점이 피억압 대중의 국제적 교류형식의 창출과 맞물려 있다는 점이다.

부르주아 계급의 세계시장의 건설과 세계적인 교류의 확장으로 전 세계가 부르주아 자신의 형상대로 만들어진 사회로 탈바꿈함에 따라, 프롤레타리아트 역시 지역적, 민족적 한계를 넘어 전 세계적으로 결속할 가능성이 창출되었다. 즉 부르주아 사회가 만

---

3. Karl Marx and Friedrich Engels, *Manifest der kommunistischen Partei* in *Marx–Engels–Werke (MEW)* Bd. 4 (Berlin, 1977), p. 466.

들어 낸 새로운 생산양식은 그에 상응하는 새로운 교류형식을 창출했으며, 이것은 부르주아 계급의 지구적 확장과 소통이 피억압 계급의 국제적 연대와 소통으로 이어질 가능성을 낳은 것이다. "중세 부르주아가 그들의 지역 소로를 통해 연합에 도달하는 데 수 세기가 필요했다면, 현대 프롤레타리아는 철도를 이용해 수년 안에 연합을 달성한다."[4]

우리는 여기서 사용된 '교류양식Verkehrsweise'이라는 개념에 주목해 볼 필요가 있다. 독일어 Verkehr는 '관계'라는 의미와 '교류', '교통'이라는 의미를 모두 가지고 있다. 맑스와 엥겔스는 『선언』에서 그들의 전작인 『독일 이데올로기』와 마찬가지로 이 표현을 자주 사용하고 있는데, 이 용어는 맑스의 후기 사상에서는 '생산관계'라는 표현으로 바뀌며 그 의미 역시 각 생산양식에 상응하는 생산적 활동들의 관계로 한정되는 경향이 있다. 반면 중기 사상에서 주로 사용되는 교류형식, 교류양식이라는 표현은 각각의 역사적 생산양식들이 해당 시대 인간들 사이의 관계방식과 소통방식을 어떻게 규정짓는지에 보다 많은 초점을 맞춘다. 예컨대 봉건 사회에서는 소규모 농촌 공동체 혹은 산발적으로 등장하는 자치도시(코뮌)들이 자급자족을 통해 유지되고 있었으며, 대규모 경제교역이 일어나지 않는 상황에서 각 지역 공동체들이 상호 독립적으로 존재할 수 있었다. 반면 사회가 전면적인 자본 관계로 재편됨

---

4. 같은 책, p. 471.

에 따라 이러한 국지적 공동체들의 자족성을 해체하고(맑스는 여러 저작에서 '화폐는 공동체를 해체한다'고 표현한다), 유럽 대륙뿐 아니라 전 세계가 발전된 교통수단(처음에는 항해, 그 뒤에는 철도, 맑스 사후 현대 자본주의는 항공)과 통신수단(전신, 이어 전화의 발명, 그 후 팩스, 인터넷 등)으로 연결되어 상호 교류와 왕래가 가능해졌다. 이러한 새로운 교류형식은 국제적인 무역과 생산, 소비 네트워크를 갖춰야 하는 부르주아 계급의 필요에 의해 등장했지만, 이는 동시에 부르주아 계급에 대항해 결속하는 프롤레타리아 계급의 국제적인 연대와 소통의 가능성을 낳은 것이다.

이처럼 『선언』에서 묘사되는 부르주아 계급의 역사적 성과 중 가장 본질적인 요소들의 하나는 피억압 계급의 국제적인 연대의 가능성이다. 자본의 세계화 경향은 동시에 자본 질서에 도전하는 계급의 지구적 연대의 조건이기도 하다. 그러나 근대 세계에서 창출된 근대적 교류형식이 국제적 연대와 소통을 객관적으로 가능하게 만들었더라도, 그러한 연대가 반드시 일어나는 것은 아니다. 각 국가의 장벽은 여전히 존재하며, 국가별로 나뉘어 있는 피억압 계급 사이의 단절 또는 심지어 경쟁 역시 소멸한 것이 아니다. 따라서 한 지역 또는 국가에서 벌어진 반정부 시위나 혁명이 다른 국가에 사는 피억압 대중들에게 별다른 정치적 영향을 미치지 못할 가능성도 여전히 남아 있다.

이 때문에 맑스와 엥겔스는 『선언』의 마지막 4장에서 각국 반정부 당(예컨대 프랑스의 산악파 공화주의자, 폴란드의 민족 부르주아, 독일의 반봉건 부르주아 급진파 등)에 대한 공산주의자(코뮌주의자)들의 입장을 나열하면서, 코뮌주의자들이 해야 할 가장 중요한 과제를 서로 고립된 채 각국의 도처에서 진행되는 다양한 대중운동들 사이의 교류와 연대를 만드는 것으로 규정한다. "한마디로 코뮌주의자들은 도처에서 현존하는 사회적 정치적 상태에 반대하는 모든 혁명 운동을 지지한다."[5] 물론 코뮌주의자들은 이러한 지지에 만족하지 않으며, 그러한 운동들 속에서 "소유에 대한 물음을 운동의 근본 물음으로 제기"하는 것을 포기하지 않는다. 그럼에도 이러한 다양한 운동들 사이를 연결할 교량을 만드는 것이 본질적으로 시급한 코뮌주의자들의 과제로 언급된다. 즉 비판하면서도 지지를 보내고, 또 지지하는 가운데에서도 비판적 쟁점들을 포기하지 않는 자세가 강조된다. "결국 코뮌주의자들은 도처에서 모든 나라의 민주주의 정당들 사이의 결합과 소통을 위해 노력한다."[6]

『선언』의 말미에 등장하는 "만국의 프롤레타리아여 단결하라!"라는 유명한 구호는 이러한 맥락에서 나온 것이다. 즉 부르주아 계급이 창출해 낸 세계시장 속에서 피억압 계급의 국제적 연대 가능성이 역사적, 객관적으로 달성되었다는 진단하에, 각국에서 상이한 형태로 등장하는 급진적, 민주적 대중운동들이 서로 고립

---

5. 같은 책, p. 493.
6. 같은 책, p. 493.

되지 않고 연결될 수 있는 교량의 역할을 함으로써 이 연대의 객관적 '가능성'이 구체적으로 '실현'되도록 하는 것이 코뮌주의자들의 역할로 제시된다. 그리고 그 실천적 목표는 프롤레타리아트의 국제적 연대이며, 이러한 연대만이 지역적, 국가적 경계 속에 분열된 운동들의 연합된 힘을 창출하여 프롤레타리아 계급을 해방시킬 것이다.

3. 코뮌주의와 환대의 정신: 맑스의 중세 코뮌 연구

그러나 맑스의 기대는 이루어지지 않았다. 1848년 혁명은 패배하거나 절반의 성공에 만족해야 했고 반혁명 세력의 집권으로 귀결되었다. 정치적 검열과 탄압에 시달리던 맑스는 1849년 8월 런던으로 망명을 떠난다. 시간이 흐를수록 유럽 대륙에서 혁명의 열기가 식어버렸다는 사실을 확인한 후, 1850년 6월 맑스는 자신의 런던 체류가 길어질 것을 예감하고 대영박물관 도서관 입장권을 구입해 경제학에 대한 비판적 연구에 착수한다.

이 당시 맑스는 경제학뿐 아니라 다양한 독서를 했던 것으로 알려져 있는데, 그가 주로 엥겔스의 경제적 후원에 의존해야 했기 때문에 자신의 연구 활동을 엥겔스에게 보고하는 형식으로 편지를 보내기도 했다. 그중 맑스가 엥겔스에게 보낸 1854년 7월 27일의 편지에서 맑스는 역사학자 앙리 티에리Henry Thierry가 쓴 『제3신분의 형성과 전개*Histoire de la formation et du progrès du Tiers état*』라는 책의 내용을 엥겔스에게 소개한다. 이 편지에서는 당시 중세 자치도시 (코뮌)의 역사에 관한 맑스의 관심이 소개되고 있다. 여기서 흥미로운 점은 중세 코뮌의 활동 속에서 현대 코뮌주의 운동이 겹쳐 있음을 맑스가 직감하고 이를 표현하고 있다는 사실이다.

맑스는 자치도시에 대한 독일 황제의 탄압 과정을 서술하고 있는 티에리의 책 내용을 소개하며 다음과 같이 적는다.

> 그가 훌륭하게 전개하고 강조한 것은 12세기 자치도시 운동의 반역 음모적이고 혁명적인 성격일세. 독일 황제, 예컨대 프리드 리히 1세와 2세는 완전히 [현대] 독일 연방의회의 정신에서 이 '코뮌들communiones', '반역 음모들conspirationes', '[음모에 가담한] 동맹 도시들conjurationes'에 반대하는 칙령을 포고했네.[7]

이 포고령의 다양한 내용들을 거론한 뒤 맑스는 거기에 담긴 문체들이 흡사 맑스 자신의 시대에 코뮌주의자들의 활동을 맹비난하던 독일의 연방 중앙위원들, 곧 속물적인 강단 교수들의 스타일과 같지 않은가 하면서 조롱 조의 질문을 던진다. 즉 여기에는 어떠한 연속성이 존재하고 있으며, 중세 코뮌의 여러 형태는 현대 코뮌주의 운동과의 유사성을 드러내고 있다.

---

7. Karl Marx, "Marx an Engels 27. Juli 1854," *MEW 28*, p. 384.

종종 웃기는 것은 '코뮌communio'이라는 단어가 오늘날 코뮌주의와 완전히 동일한 방식으로 지칭되어 비난받는다는 것일세. 예를 들어 쥘베르 폰 누아용이라는 신부는 '코뮌, 새롭고 매우 사악한 이름'이라고 쓴다네.

12세기의 속물들은 간혹 무언가 웅장한 일들을 해내는데, 이를테면 도시들, 즉 선서로 맺어진 코뮌들communio jurata로 도주하는 농민들을 초대하기도 한다네. 예를 들어 생캉탱St. Quentin의 자치 헌장문에는 다음과 같은 내용이 있네.

'여러분(생캉탱의 시민들)은 만장일치로 각각 자신의 동료에게 상호 협력과 상호 조언 그리고 상호 보증과 상호 보호를 서약하였습니다. 만장일치로 우리는 언제나 우리 공동체 안으로 들어오고 자신의 재산으로 우리에게 도움을 제공하는 사람은 그가 도주를 했든, 적에 대한 두려움 때문에 왔든 아니면 다른 악행 때문이든 상관없이 (…) 공동체로 들어올 수 있다고 서약하였습니다. **왜냐하면 문은 열려 있기 때문입니다.** 그리고 도주자의 군주가 그의 재산을 부당하게 소유하거나 그를 정당하지 못한 방법으로 묶어두려 할 경우 우리는 이에 대해 정의를 실행할 것입니다.'[8] (강조는 맑스)

---

8. 같은 책, pp. 384~385.

맑스가 인용한 생캉탱 코뮌의 헌장이 보여주듯, 중세 코뮌으로 부터 맑스가 얻은 커다란 영감 중 하나는 환대의 정신, 즉 이방인에 대한 개방성이었다. 영주의 탄압을 피해 도주하는 농노들은 자치 도시로부터 환영을 받았다. '문은 열려있다'는 생캉탱 코뮌 헌장의 표현에서 드러나는 도주 농노와 이방인에 대한 이러한 환대의 자세는 맑스에게 커다란 영향을 미친 것으로 보인다. 또한 영주가 부당한 방법으로 그의 인신을 구속할 경우 '정의를 실행할 것'이라 는 경고에서 드러나듯, 코뮌 내의 농노에게 자유를 부여하는 환대 의 정신은 공동의 방어 의지를 표명한 데에서 드러난다. 이러한 이유로 중세 코뮌은 봉건 영주들과 제후들로부터 탄압을 받았으 며, 그 탄압의 방식은 맑스 시대 코뮌주의자들이 겪은 것과 유사한 것이었다. 맑스는 이에 관해 긴 설명을 붙이지는 않지만, 우리는 이러한 중세 코뮌의 환대의 정신이 맑스의 코뮌주의 구상에 어느 정도 영향을 미쳤을 것으로 짐작할 수 있다. 만일 사실이 그러하다 면, 이는 맑스의 국제주의 이념이 (발리바르의 비판과 달리) 단순 히 하나의 계급적 토대에 기반하여 신화적, 무매개적으로 구성되 는 의미의 국제주의, 곧 경제주의적 국제주의[9]로 국한되지 않는다 는 사실을 보여주는 것으로 해석될 여지를 남긴다.

그렇다면 맑스의 국제주의는 단순한 조합적인, 계급적 이익을 넘어서는 환대의 정신을 포함하고 있는가? 우리는 뒤에서 실제로

---

9. 에티엔 발리바르, 앞의 책, 428~444쪽 참조.

맑스가 인터내셔널의 건설과 활동 과정에서 보여준 실천적 개입 속에서 그러한 요소들을 확인할 수 있을 것이다. 우선 그에 앞서 우리는 국제주의와 환대의 윤리 사이에 놓인 관계를 칸트로부터 검토해 보기로 한다.

4. 국제주의와 환대의 권리: 칸트와 맑스

『영원한 평화를 위하여*Zum ewigen Frieden*』(1795)에서 칸트는 하나의 인민 속에서는 시민권Staatbürgerrecht이, 각 인민들 간의 상호관계에서는 국제법Völkerrecht이, 그리고 인민들과 국가들이 하나의 보편적 인간 국가의 시민으로서 서로 관계함으로써 세계시민법Weltbürgerrecht이 성립하는 것을 평화의 조건으로 제시하고 있다. 칸트는 이로부터 영원한 평화의 이념이 달성될 수 있을 것으로 기대한다.

여기서 세계시민법은 환대의 정신을 다루고 있다. 환대Hospitalität란 외국인이 누릴 수 있는 권리, 곧 타국에서 태어났다 해서 적대적으로 취급받지 않을 권리를 말한다. 칸트는 이것이 단지 박애주의적 이념만을 말하는 것이 아니라 법적 권리라는 점을 강조한다.[10] 물론 이 권리는 일정한 시기에 친구로 지내며 머물 수 있는 거주권

---

10. Immanuel Kant, *Zum ewigen Frieden: Ein philosophischer Entwurf* in *Werkausgabe,* Bd. XI (Frankfurt/M, 1977), p. 213.

Gastrecht이 아니라 방문권Besuchsrecht으로 국한되는 것이다.

이로 인해 세계시민권을 근본적으로 보장해 주기에는 제약이 따른다는 견해도 존재한다.[11] 그런데 칸트의 이러한 통찰은 역사적 맥락을 고려해 이해되어야 한다. 만약 한 국가의 국민이 다른 국가로 이주하는 것이 무조건적으로 허용된다면 즉각 발생할 수 있는 위험은 강대국 출신인들이 약소국에 이주해 그곳을 식민지화하는 일이다. 벤하비브가 지적하듯, "타인에게 피난처를 제공하는 것이 그 자신의 생명과 신체를 위태롭게 할 수 있을 경우, 그것은 의무가 될 수 없다."[12] 실제로 우리는 유럽 백인들이 아메리카 대륙이나 아프리카에 이주함으로써 그곳을 식민지화했던 역사를 기억하고 있다. 칸트는 말년의 저작인 『윤리 형이상학』에서도 근원적 토지 공유제를 옹호하면서 아메리카의 토지에 대한 유럽인들의 불법적 점유와 식민지화를 냉철하게 비판하고 있는데[13] 이런 점에 비추어 볼 때, 세계시민권을 방문권으로 제약한 것 역시 식민지화를 경계하기 위한 그의 의도로 정당화될 수 있을 것이다. 벤하비브 역시 "지구 표면에 대한 공동 소유"를 주장한 칸트는 "지구가 아무에게

---

11. 손철성, 「세계시민주의와 칸트의 '환대' 개념」, 『도덕윤리과교육』 48호, 2015, 271쪽.

12. 세일라 벤하비브, 『타자의 권리 — 외국인, 거류민 그리고 시민』, 이상훈 옮김, 철학과 현실사, 2008, 61쪽.

13. Immanuel Kant, *Die Metaphysik der Sitten* in *Werkausgabe*, Bd. VIII, hg. von Wilhelm Weischedel (Frankfurt/M, 1977), pp. 376~378.

도 속하지 않는다"는 로크의 주장을 명백히 거부하는데, "이는 제국주의적 침탈에 저항할 수 있는 능력이 없는 비유럽 민족들을 약탈하는 얕은 속임수에 불과하다"는 점을 칸트가 간파했기 때문이라고 보고 있다.[14]

환대의 권리는 지구상 모든 토지에 대한 공동 소유의 권리, 즉 그 누구도 다른 사람보다 지구상의 어떤 장소에 대해 더 많은 권한을 요구할 수 없다는 점을 바탕으로 한다. 자연은 인간이 서로 무한히 흩어져 살 수는 없고, 결국은 서로 더불어 사는 관용을 베풀어야 할 것을 강제하고 있다. 따라서 환대의 권리는 일종의 자연권이지만, 이는 무한히 확대되는 권리는 아니며, 해당 지역 원주민들과의 교역을 추구할 가능성으로 국한되어야 한다. 이처럼 칸트는 유럽인에 의한 아프리카 영토 침범, 아메리카 원주민에 대한 적대를 비판하고 있다. 그러나 칸트는 유럽 문명이 폭력적으로 제3세계와 맺고 있는 관계가 극복되고 결국은 전 인류가 하나의

---

14. 세일라 벤하비브, 『타자의 권리』, 54~55쪽. 사족을 달자면, 칸트로부터 제국주의의 위험을 경계하는 관점을 예리하게 읽어내는 벤하비브의 이런 통찰에도 불구하고, 정작 그녀 본인은 미국의 군사개입 명분이 된 '인도주의적 개입'을 사실상 지지하고, 이를 뒷받침하면서 인권이 주권보다 상위에 있다는 '자유주의적 국제 주권' 사상을 전개한 것은 또다른 논란의 쟁점이다. 국민국가의 주권을 해체하면서, '인권'을 명분으로 한 약소국 주권에 대한 강대국의 개입을 허용하는 관점은 그것은 맑스의 국제주의는 물론이거니와, 세계시민권에 대한 칸트의 관점과도 일치하지 않는다.

세계시민적 헌법에 가까워질 수 있을 것이라고 낙관하고 있었다.

이런 점에서 칸트에게서는 세계시민주의cosmopolitanism와 환대의 윤리를 연결시키는 논의의 출발점이 발견된다고 말할 수 있다. 칸트는 지구상의 민족들 사이에서 점차 확산되는 공동체적 관계 속에서 이제 한 지역에서의 법의 손상은 모든 지역에서의 손실로 느껴지게 되었으므로, 세계시민법의 이념, 환대의 권리는 더 이상 환상적인 법의 이념을 나타내는 것이 아니라 영원한 평화를 위한 필수적인 보완책으로 나타날 수 있으리라고 기대하고 있다.

이러한 칸트의 기대 속에는 첫째로 교역의 세계화가 세계 평화로 이어질 거라는 낙관주의가 기저에 놓여 있으며, 둘째로 이렇게 해서 달성된 영원한 평화는 당위적인 요청인 '공적인 인권 일반'의 성취로 이해되고 있다. 즉 영원한 평화는 인간이 전쟁의 수단이자 기계로 파괴되어 가는 것이 비로소 중단되는, 인간적 권리가 실현된 상태와 동일한 것이다. 따라서 도덕의 규범적 당위인 '목적으로서의 인격'이 국제 사회에서 달성되기 위해서는 자연에 의한 민족들의 분리라는 제약이 오히려 그 당위의 실현을 위한 수단이 되는 역설적인 상황이 요구된다. 분리된 민족들 간의 무역이 바로 그것이다. 이러한 무역, 곧 상업의 정신Handelsgeist, 그리고 이를 매개해 주는 화폐의 힘Geltmacht은 분열된 민족들을 연결해 줄 것이므로 갈등을 평화롭게 조정하는 기능을 할 것이다.[15]

---

15. Kant, *Zum ewigen Frieden*, p. 226.

이렇게 '상업 정신'을 자연 목적의 실현 과정으로 낙관적으로 고찰함으로써 칸트는 그 이후 벌어질 세계시장과 식민지 개척이 낳을 폭력과 억압의 역사에 대해 근원적으로 인지하지 못했다는 비판을 면하기 어렵다. 이 때문에 칸트의 세계시민주의가 상인 자본의 지배를 넘어서는 상호호혜의 원칙에 기반한 '어소시에이셔니즘적 사회주의'를 근본 내용으로 담고 있다고 고찰하는 가라타니 고진의 논의 역시 한계를 갖는다.[16] 오히려 칸트는 카우츠키가 주창한 초제국주의ultra-imperialism의 선구자라고 볼 수 있을 것이다. 상인의 개척정신이 있는 곳에는 상호호혜성에 기초한 협력이 가능할 것이며 따라서 민족 간의 상호적대를 종식시킬 수 있는 가능성이 여기에서 비롯한다고 주장함으로써, 칸트는 상인 정신으로 무장한 신흥 부르주아 계급이 국제 평화와 세계시민권의 실천적 담지자가 될 것이라고 기대하였다. 그러나 역사적으로 볼 때, 봉건적 잔재를 청산한 부르주아 계급은 산업의 폭발적 성장과 더불어 전 세계를 식민지화하면서 폭력적 수탈과 학살을 벌였고, 서구사회는 식민지를 둘러싼 끝없는 분쟁 속에 두 차례의 세계대전으로 인류 전체를 절멸의 위기로 몰아넣기도 했다. 이 때문에 과연 상업의 정신, 곧 세계시장을 무대로 한 자본주의적 이윤 추구의 논리가 국제 평화의 실현을 위한 수단이 될 수 있는가에 대한

---

16. 가라타니 고진, 『세계공화국으로』, 조영일 옮김, 도서출판b, 2007, 185~186쪽.

의구심이 제기될 수 있다.

정리하자면, 칸트는 맑스가 『선언』에서 분석한 '부르주아 계급이 창출한 지구적 교류형식'을 세계시민주의의 객관적인 토대로 오인한다. 반면 맑스는 부르주아 계급에 의해 창출된 교류형식은 궁극적으로는 착취를 위한 수단으로 기능하며, 자본들 사이의 경쟁이 폭력적으로 분출하는 사태를 막아내지 못한다는 한계를 갖고 있다고 본다. 맑스의 관점에서 칸트는 부르주아 계급의 '상업 정신'에 의해 만들어진 세계시장이 국제주의의 토대가 된다는 사실을 간파했으나, 부르주아가 이를 실제로 완수하지는 못한다는 사실을 예상하지 못했다. 맑스는 상업 정신이 아닌 피억압 계급의 아래로부터의 연대적 정신을 국제주의의 모티브로 수용하고 있다. 즉 국제주의의 주체는 상인과 자본가 계급이 아니라 피억압 민중일 수밖에 없다. 마찬가지로 이 때문에 칸트와 달리 맑스에게서 국제주의란 국가들 사이의 관계라는 의미로 사용되는 것이 아니라 "국제주의적 주체들(그리고 운동들)의 형성"[17]이라는 관점에서 논의된다.

칸트의 세계시민주의와 맑스의 국제주의 사이의 차이 역시 여기서 드러난다. 맑스는 단지 개별자로서 내가 '세계'에 속한다는 의식에 머물지 않는다. 맑스는 피억압 계급의 국경을 초월한 직접

---

17. 백승욱, 「마르크스주의와 국제주의 그리고 노동자운동」, 『마르크스주의 연구』 5권 3호, 2008, 113쪽.

적인 실천적 연대를 행위의 규제적 이념으로 설정함으로써, 세계 시민의 범주로서의 '개인'을 넘어서는 국제적 결속과 연대의 이념을 강조한다. 이러한 요소들은 그의 인터내셔널에서의 활동 속에 반영되고 있다.

물론 이러한 칸트와 맑스의 차이에도 불구하고, 맑스의 국제주의 이념은 환대의 권리로서 세계시민권이라는 칸트의 이념과 분명한 유사성을 갖고 있다. 뒤에서 밝혀지겠지만, 그는 칸트의 평화 구상으로부터 분명 직접적인 영향을 받은 것으로 보이며, 실천적 과제들을 제기할 때 의도적으로 칸트적인 개념들을 차용하기도 한다.

5. 국제노동자협회에서 맑스의 실천들

1862년 런던에서 열린 2차 만국박람회에는 프랑스 노동운동의 지도자들이 참석하고, 여기서 영국과 프랑스의 노동운동 지도부 사이의 교류가 싹트기 시작한다. 사실 만국박람회는 이제 지배계급으로 안착한 영국의 부르주아 계급이 자신들이 이룩한 산업혁명의 놀라운 성과들을 만방에 알리기 위해 개최된 행사로서, 근본적으로는 (발터 벤야민이 지적했듯이) 상품 물신의 축제이자 제전이라는 성격을 가지고 있었다. 그런데 역설적으로 이러한 부르주아의 세계적 축제는 노동운동의 국제적 교류의 장이 되기도 했던 것이다. 이를 토대로 1864년 9월 28일 런던의 세인트 마틴 홀에서 국제노동자협회(인터내셔널)의 창립이 선언된다. 그리고 인터내셔널의 상임위원으로 추대받은 맑스는 이 창립총회에서 연설할 기회를 얻는다.

그의 연설문에서 맑스는 산업혁명이 최고조에 이른 19세기 중반에 노동자 대중의 생활 수준은 변함없는 빈곤 속에 고통받고 있다는 사실을 지적한다. 그럼에도 1848년 혁명 패배 이후 유럽 대륙과 영국에서 노동계급은 모두 정치적 허무주의나 냉소에 시달리고 있다. 48년의 혁명이 패배한 이유는 국제적으로 발생한 혁명 과정에서 노동자 계급이 국가별로 분열되어 있어 서로 결속하지 못하고 통일적인 힘을 낳지 못했다는 사실에서 드러난다. 노동자 운동은 이러한 뼈아픈 경험으로부터 배워야 했다. 다행히 그사이에 영국 노동자들은 10시간 노동제를 관철하는 데 성공했다. 이는 곧 유럽 대륙으로 확산되었으며, 노동자 운동에 새로운 활력을 불어넣어 주었다. 승리의 경험이 다른 나라로 확산되는 신선한 경험이 노동자 운동을 다시 고양시키고 있었던 것이다.

지나간 경험이 보여준 것은 여러 국가의 노동자들을 연결해 주고 해방을 위한 그들의 모든 투쟁 속에서 서로 확고하게 단결할 수 있도록 고무하는 박애의 결속이 경시되면, 그들의 연관성 없는 시도들이 공통으로 좌절됨으로써 어떻게든 대가를 치르게 된다는 사실입니다.[18]

바로 이러한 경험이 인터내셔널 설립의 직접적인 동기가 되었다. 맑스는 이러한 국제연대가 성공한 사례와 실패한 사례를 들어 인터내셔널의 나아갈 길을 제시한다. 성공한 사례는 영국과 서유럽 노동자들이 각국 정부가 미국의 남북전쟁에 개입하는 것을 막은 것이다. 반대로 실패한 사례는 러시아에 의한 폴란드 침략과 코카서스 점령에 대해 타국 노동자들이 보인 "부끄러운 동조, 허울뿐인 공감대 또는 멍청한 무관심"[19]이었다. 맑스는 이 방조의 태도에 담긴 쓰라린 가르침이 주는 의무Pflicht를 다음과 같이 제시한다. 각국의 노동자들은 자신이 속한 산업의 울타리를 넘어 국제 정치에 개입해야 하며, 자국 정부의 활동들을 감시하고 필요한 경우에는 대항해야 한다. 그리고 이 의무 조항에 맑스는 다음과 같은 내용을 덧붙인다. "사적 개인들의 관계를 규제하는 도덕과 법의 단순한 법칙들은 민족들의 관계에 관한 최상의 법칙들로 간주되어야 합니다."[20]

이처럼 맑스는 여기서 칸트의 윤리학에서 강조되는 의무, 도덕, 법칙 등의 개념들을 차용하며, 국제관계에서도 사적 개인들의 관계를 규제하는 도덕적 법칙들이 적용되어야 한다는 주장을 펼친

---

18. Karl Marx, *Inauguraladresse der Internationalen Arbeiter-Assoziation* in *MEW* 16, pp. 12~13.
19. 같은 책, p. 13.
20. 같은 책, p. 13.

다. 이 역시 칸트가 『영원한 평화를 위하여』에서 국가 간에 준수되어야 할 국제법의 성립 과정으로 제시된 것과 유사한 관점이다. 결국 우리는 맑스가 새로 창설된 인터내셔널의 국제연대 실천을 위한 근본이념으로써 칸트의 평화 구상을 참고했음을 알 수 있다.

만약 국제연대가 각국 피억압 계급들의 행동을 규제할 수 있는 (윤리적) 이념이자 '의무'로 강제되지 않는 한, 자국 정부의 압력 앞에서 각국 노동자들은 저항의 의지를 상실할 것이고 국제적인 결속은 와해될 위험에 처할 것이다. 그런데 국가의 틀을 벗어난 노동자들의 국제적 연합은 이러한 연대의 의무를 강제할 '법적' 처벌 수단을 가지고 있지 않다. 따라서 (윤리적) 이념과 의무를 강조하여 연대의 정신을 고조하는 것 이외에 다른 방법은 존재하지 않는다. 그러나 동시에 이러한 연대의 '윤리적' 의무는 노동자 운동의 국제적인 성장과 확산을 위해 불가피한 '정치적' 요청이라 할 수 있다. 맑스가 국제주의를 (칸트의 방식처럼) 윤리적인 규제적 이념이자 요청으로 강조한 것은 이러한 정치적, 실천적 필요의 맥락으로 해석될 수 있을 것이다. 칸트에게서 당위로서의 의무가 실천이성의 규제적 이념으로서 요청된다면, 맑스에게서 국제연대라는 윤리적 의무는 실천적, 정치적 필요에 의해 요청되는 이념인 셈이다.

이제 새로 창설된 국제노동자협회는 총회에서 새로운 강령과 규약을 제정하기 전 「임시규약」을 마련할 필요가 있었다. 맑스는 1864년 10월 임시규약의 초안을 제출하였다. "노동계급의 해방은 노동계급 자신에 의해 쟁취되어야 한다"는 유명한 문장으로 시작하는 이 글은 이러한 해방이라는 목적 달성의 실패 이유를 각 국가의 다양한 노동 부문들에서의 연합과 여러 국가 노동계급 사이의 박애적 결속이 부족했던 것에서 찾는다. 그리하여 "노동자 계급의 해방은 국지적이거나 민족적인 과제가 아니라, 모든 국가를 포괄하는 하나의 사회적 과제"라는 점이 선언되며, 이를 위해 "연결되지 않은 운동들의 결합"이라는 과제가 수행되어야 한다는 점이 강조된다.[21]

『선언』에서와 마찬가지로, 코뮌주의자들의 실천 과제는 무매개적인 운동들 사이의 매개와 연결을 달성하는 것으로 제시된다. 이와 같은 보편적인 매개를 국제적인 수준에서 달성해야 하는 과제가 바로 인터내셔널의 목표로 선언되는 것이다. 이러한 보편적인 매개는 인종과 국적, 종교 등에 의거한 모든 종류의 차별에 반대하는 것을 뜻했다. "국제 협회 그리고 여기에 결합된 모든 단체와 개인들은 피부색, 종교 또는 민족과 무관하게 진리, 정의 그리고 윤리를 그들 사이의, 그리고 모든 인간에 대한 태도의 기준으로 인정한다." 그리고 인터내셔널의 각국 회원들에게는 이를 준수하기 위한 강한 윤리적 의무감이 요청된다. "회원들은 단순히 자기 자신을 위해서만이 아니라 이 의무를 행하는 모든 사람을

21. Karl Marx, *Provisorische Statuten der Internationalen Arbeiter-Assoziation* in *MEW* 16, p. 14.

위해서 한 인간과 시민의 권리를 요구하는 것을 모든 사람의 의무로 여긴다. 의무 없는 권리는 없으며, 권리 없는 의무는 없다."[22]

이와 같이 국제주의의 이념은 우선적으로 노동자 운동의 국제적, 보편적인 매개와 결합을 위한 실천의 윤리적 의무이자 규제적 이념으로 제시되고 있다. 더 나아가 이러한 실천의 규약은 이방인에 대한 환대의 정신을 포함하고 있다. "국제 협회의 모든 구성원은 한 국가에서 다른 국가로 거주지를 변경시킬 시 그와 연계된 노동자들의 박애적인 지원을 받는다."[23] 중세 코뮌이 도주한 농노들을 상호 공동방위를 통해 그의 옛 영주로부터 지켜주기 위한 서약을 맺듯이, 인터내셔널은 "박애적인 협력의 영원한 결속으로의 연합"을 통해 정치적 탄압을 피해 온 노동운동의 지도부를 보호하며, 일자리를 찾아온 이주노동자들에게 아낌없는 지원을 베풀어야 한다. 이처럼 맑스는 (아마도 그가 중세 코뮌으로부터 받은 영향 속에서) 환대의 권리를 적극적으로 확장하며, 그러한 미시적 영역에서의 노동자들의 상호 결합이 실천적인 국제적 연대와 연합의 전제조건이 될 수 있는 방식으로 인터내셔널의 규약이 실천적 구속력을 가져야 한다고 생각했다. 즉 맑스에게서 환대의 권리는 단순한 국가 간의 협정을 넘어서는 피억압 계급의 상호부조와 이를 통한 연대 정신의 확산이라는 실천적 맥락에서 그

---

22. 같은 책, p. 15.
23. 같은 책, p. 16.

의미를 드러내는 것이다. 또한 그것은 개인들 간의 윤리를 넘어선, 정치적 실천을 위한 윤리적 요청이었다.

맑스는 이러한 환대의 정신 사례를 미국 남북전쟁에 대한 유럽 노동자들의 태도에서 발견한다. 어찌 보면 남북전쟁은 유럽 노동 자들의 상황과 아무런 관련도 없는 사건으로 보인다. 유럽은 이미 흑인 노예제가 철폐됐으며, 미국 남부 세력과 북부 세력 중 누가 승리하건 그것이 유럽 대륙의 노동자들에게 직접적인 영향을 미 치는 것은 없을 것이라고 단정할 수도 있을 것이다. 반면 맑스는 링컨의 대통령 재선을 축하하기 위해 그가 작성한 인터내셔널 명의의 공개편지 「미합중국의 대통령 에이브러햄 링컨에게」에서 유럽 노동자들이 처음부터 "본능적으로" 그들의 운명이 이 전쟁에 걸려 있음을 감지했다고 말한다.[24]

미국의 남북전쟁 당시 북부 정부의 해상봉쇄로 남부 주들의 면화 수출이 막혀버리자 영국 면직 공업은 위기에 봉착했고, 기업 의 도산과 노동자 대량 실업이 발생했다. 결국 영국 정부는 면직 공업 자본가들의 입장을 대변해 북부 정부의 해상봉쇄를 풀기 위한 참전을 계획하게 된다. 물론 이러한 계획은 남부의 대토지 소유주들을 지원하는 것임이 명백했다. 그러나 영국의 노동자 대 중은 당국의 이러한 참전 시도를 비판하면서 맨체스터 등지에서

---

24. Karl Marx, *An Abraham Lincoln, Präsident der Vereinigten Staaten von Amerika* in *MEW* 16, p. 18.

대중 집회를 열어 정부를 압박했고, 결국 영국 정부는 아래로부터의 압력에 직면해 참전 계획을 철회해야만 했다. 그런데 영국 노동자들의 순수한 경제적 입장만 고려하자면, 정부의 전쟁 수행으로 남부의 면화가 영국에 공급되면 다시 면직 공업이 활성화되어 일자리가 증가하거나 임금이 상승할 수 있으리라는 기대를 보낼 수도 있었다. 단순히 조합주의적으로 고려해 보자면, 영국 정부의 미국 남부군 지원은 영국 방직 노동자들의 고용을 개선하는 효과를 낳을 것이었다. 그럼에도 직접적인 이해관계를 넘어서 미국 북부를 지지하기로 결정하고 이를 행동으로 옮긴 영국 노동자들의 사례는 협소한 조합적 이해관계를 넘어선 보편적인 국제연대를 보여준 것이라 평가할 수 있다.[25]

마지막으로 언급해야 할 맑스의 강조점은 이러한 국제연대라는 (정치-윤리적) 당위를 구체적으로 조직해 내야 할 인터내셔널이라는 기구의 역할이다. 이를 명시적으로 드러내는 문건은 그가 취리히에서 열리는 인터내셔널의 임시 중앙위원회 직전에 작성한 「임시 중앙위원회 대표단을 위한 지침들」이다. 여기서 맑스는 우선 국제노동자협회의 목적을 각 나라들에서 노동계급의 분산된 해방을 위한 노력을 결속하고 보편화하는 것이라고 명시하면서, 협회의 특수한 기능 중 하나로 파업, 점거시 외국인 노동자들을

---

25. 안효상, 「제1인터내셔널: 국제주의의 전통과 마르크스주의의 유산」, 『마르크스주의 연구』, 11권 2호, 2014, 25쪽 참조.

대체 수단으로 활용하려는 자본의 음모에 대한 저항을 제시한다. 이것은 마찬가지로 국제주의적 (윤리적) 의무와 그 실천을 요구한다. 준실업 상태에 있는 노동자로 하여금 인근 국가의 파업에 대한 대체 노동력을 제공하러 가지 않도록 설득하는 일을 어떻게 구속력 있게 수행할 수 있는가? 인터내셔널의 존재는 바로 이러한 실천을 조직하여 무매개적인 상태에 있는 각국 노동자들 사이의 매개와 연결을 달성하기 위한 것이다. 그리하여 맑스는 이렇게 선언한다. "협회의 중요 과제 중 하나는 여러 국가 노동자들이 단지 해방군의 형제이자 동지로 느낄 뿐 아니라, 또한 그렇게 행동하도록 만드는 것이다."[26]

이러한 구속력 있는 행동을 조직하는 데 필요한 것은 노동자들 자신에 의해 수행되는 각국 노동계급의 현황에 대한 통계적 분석이다. 여기서 맑스는 구체적 수행 방법, 조사 문항 등의 실례를 들어 그러한 분석의 중요성을 강조한다. 이러한 분석은 각국 노동자들의 상황을 명확히 이해할 수 있도록 해주며, 이를 통해 다양한 활동들의 국제적인 조율과 결합을 가능케 해줄 것이다.

이 글에서 마지막으로 맑스가 강조하는 바는 이러한 국제연대가 피억압 민족의 해방과 자결권에 대한 지지에서 출발한다는 사실이다. 대표적으로 폴란드의 러시아 지배로부터의 해방은 유

---

26. Karl Marx, *Instruktionen für die Delegierten des Provisorischen Zentralrats zu den einzelnen Fragen* in *MEW* 16, p. 191.

럽 다른 국가 노동계급에게도 중요한 과제라 할 수 있다. 러시아의 전제적 정치체제와 동유럽에서 러시아가 가진 패권적 힘은 유럽의 반동적 구체제 세력이나 이미 기득권이 된 대부르주아 계급이 모든 개혁과 혁명적 조치들을 무화시키기 위해 기댈 수 있는 최후의 은신처 역할을 제공하고 있었다. 이 때문에 러시아의 영향력에서 폴란드가 벗어나는 것은 서유럽 노동계급에게도 반드시 관철되어야 할 사건을 의미했다. 특히 독일의 프로이센은 러시아의 폴란드 지배에 공동 책임을 지고 있었다. 맑스는 바로 이러한 이유에서 독일 노동계급이 폴란드 독립을 위한 주도력을 발휘해야 한다고 강조한다.[27] 맑스가 인터내셔널의 「임시규약」에서 밝힌 것처럼, '의무' 없이는 '권리'도 없다는 점이 여기서도 드러난다. 독일이 폴란드의 민족적 억압으로부터 얻는 경제적 이익이 독일 노동계급에게 직접적인 이익을 제공하는 경우 역시 생겨날 수 있다. 이때 독일 노동자들은 자신들이 누려야 할 국제연대와 환대의 권리를 얻기 위해서는 민족적 억압으로 고통받는 폴란드 노동자들의 해방을 지지할 '의무'가 있다.

이것은 단순히 조합적, 경제주의적인 의미에서의 계급이익을 넘어서는 윤리적 요청[28]이다. 그러나 그러한 윤리는 추상적 당위로

---

27. 같은 책, p. 199.
28. 이러한 필자의 표현은 이 글에서 언급되는 환대의 정치–윤리를 데리다와 레비나스의 환대 개념과 비교할 필요성을 제기한다. 데리다는 환대를 법, 권리, 명령의 표상과 분리해야 한다고 강조한다. 그에게 환대란 "명

서 존재하는 것이 아니라, 탈자본주의적 운동의 보편적 매개와 연대라는 정치적, 실천적 목적을 위한 윤리적 의무를 의미한다.

맑스가 인터내셔널에 직접 개입함으로써 수행한 실천적인 실험들은 국제연대와 환대의 권리라는 정치-윤리적 이념의 요청을 구체적으로 구현하기 위한 시도들이었다. 물론 이러한 실천적 시도들은 파리코뮌의 패배 이후 분열 속에 막을 내리지만, 그것은 오늘날에 요구되는 국제주의적인 정치-윤리적 실천을 위한 중요한 귀감이자 원천을 제공해 줄 수 있을 것이다.

—

령 없고 지시 없고 의무 없는 그러한 법", 즉 "한마디로 법 없는 법"이자 "명령하지 않고 요청하는 호소"를 말한다(자크 데리다, 『환대에 대하여』, 남수인 옮김, 동문선, 2004, 107쪽). 이러한 데리다의 사유를 맑스와 직접적으로 연결시킬 수 있는지는 미지수다. 왜냐하면 데리다는 칸트적인 정언명령보다도 고차적인, 절대적 환대를 구상하고 있는데, 맑스가 이러한 데리다의 구상에 동의할 것인지 불분명하기 때문이다. 다만 칸트, 맑스, 데리다를 관통하고 있는 환대 이념의 유사성에 관해서는 언급할 수 있을 것이다. 그것은 이방인이 누구인지와 무관하게 그를 환대하려는 윤리적 자세가, 환대를 금지하는, 또는 제도적 법으로 국한시키려는 권력의 시도에 대한 저항이 될 수 있다는 것이다. 그럼에도 맑스는 데리다와 레비나스가 표방하는 존재론적 환대 개념, 즉 "절대적으로 근원적인, 전-근원적이기까지 한 환대, 다시 말해 윤리의 전-윤리적인 근원"(자크 데리다, 『아듀 레비나스』, 문성원 옮김, 문학과 지성사, 2016, 90쪽)이라는 의미에서의 환대 개념을 갖고 있지는 않다. 필자의 주장대로 맑스가 윤리적 요청으로서 환대를 제기한다면, 그것은 존재론적 개념으로서가 아니라 어디까지나 프롤레타리아트의 자기해방이라는 정치적 과제와의 관계 속에서 사유되는 정치-윤리적 함축으로서 제기될 따름이다.

6. 나가며: 오늘날 국제주의적 환대의 의미

필자는 맑스의 국제주의 이념이 아무런 한계도 갖고 있지 않다고 주장하고자 하는 것은 아니다. 맑스에게서 발견되는 가장 큰 문제는 역시 유럽인으로서 그가 가지고 있었던 유럽중심주의적 시각이다. 맑스에게서 '국제연대'란 현실적으로 '유럽 국가 간 노동자들의 연대'를 말하는 것이었다. 물론 당시의 통신 매체의 발전 수준으로는 유럽 대륙과 타 대륙 사이에 직접적이고 긴밀한 소통이 이루어지기는 어려운 조건이라고 말할 수도 있다. 그럼에도 맑스가 국제연대를 주로 유럽과 북미로 국한해 고민한 것을 온전히 옹호할 수는 없을 것이다.

시간이 흘러 21세기 현재 우리는 전 지구가 하나의 네트워크 속에 실시간으로 긴밀하게 연결된 세계를 살아가고 있다. 지구 반대편에서 일어난 일은 매 시각 온라인으로 직접 검색할 수 있으며, 다른 나라의 친구들과 소셜 미디어로 언제든 소통하는 것이 가능하다. 해외여행이나 이주도 급속도로 증가하고 있어, 말 그대로 전 지구가 하나의 세계로 서로 연결되어 있음을 피부로 실감할 수 있다.

이러한 상황에서 다시 국민국가적 질서의 복권을 주장하는 정치세력이 거대하게 성장하고 있다는 사실은 말 그대로 아이러니다. 다시 국가의 경계를 분명하게 긋고, 보호무역주의와 자국중심주의를 선명하게 내세우면서 외국인에 대한 엄격한 통제를 통해 국민국가의 민족적, 인종적, 문화적 동질성의 질서를 지키는 것을 목표로 하는 극우 민족주의, 인종주의 정치세력은 신자유주의와 자본의 세계화가 초래한 불안정한 삶으로부터의 고통을 이용해 혐오와 원한 감정을 조장하며 성장하고 있다.

외국인 타자에 대한 혐오의 분출은 제1세계에서만의 문제는 아니다. 민주화된 미얀마는 로힝야족에 대한 인종청소와 강제 추방으로 국제적 비난을 받고 있다. 문제는 오랫동안 미얀마의 민주화를 위해 싸워왔던 사람들, 한국에 살면서 이주노동자들의 노동조합을 결성하고 소수자로서 자신들의 권리를 위해 적극적으로 활동했던 미얀마 출신 활동가들조차 노골적으로 로힝야족에 대한 탄압과 차별을 정당화하거나 심지어 적극적으로 주장한다는 점이다. 미얀마 출신의 국내 이주노동자들이 서울 을지로 유엔난민기구UNHCR 한국사무소 앞에서 집회를 열어 로힝야족을 보호해야 한다는 유엔의 결정을 비난하면서 로힝야족을 테러리스트로 규정하고 "꺼져라" 하고 외치는 상황을 마주한 뒤, 이주노동자들과 적극 연대해 온 한국인 활동가들은 소수자들이 다른 소수자들을 공격하는 현 상황에 난색을 표현하기도 한다.[29]

사실 서구에서도 주로 하층부 백인들에게 있어 난민과 이주자들의 유입이 자신의 일자리를 빼앗아 갈 것이라는 강박적 공포를

---

29. 나현필, 「로힝야 문제를 바라보는 한국 활동가의 고민」, 『월간 워커스』 37호 참조.

낳고 있으며, 한국에서도 주로 일용직 노동자들이나 단순노무직 노동자들이 중국 동포들, 탈북자들, 외국인 노동자들을 대상으로 유사한 감정을 표현하기도 한다. 이렇듯 난민과 이주자들에 대한 혐오 정서는 주로 해당 사회의 가장 기층에 있는 불안정 노동자들이나 실업자들에 의해 표출되는 경우가 대부분이다. 약자가 더 약한 타자를 혐오하는 비극적인 상황인 것이다.

이러한 상황은 오늘날 다시금 국제주의적인 정치-윤리적 이념이 갖는 의미에 대해 고민하도록 만든다. 오늘날 우리는 신자유주의적인 방식의 주권 해체가 낳은 사회적 위기를 해소하기 위해 국가의 힘을 필요로 하는 상황 앞에 놓여 있다. 그러나 국가의 정치적인 힘을 통해 통제해야 할 것은 자본의 무정부성이지, 결코 '외국인'과 같은 '타자'들이 아니다. 하층 계급들의 일자리 양이 줄고 질이 낮아지면서 그들이 저임금과 씨름해야 하는 근본적인 상황을 초래한 것은 다국적 기업이지 난민과 이주민들이 아니다. 열악한 일자리를 가진 노동계급이 조직적 저항을 하지 못하도록 가로막으면서 그들을 초과 착취로 내모는 오늘날 신자유주의적 불안정 사회에서 피부색과 출신지, 문화와 종교를 넘어서는 연대와 환대의 정신은 여전히 억압받는 계급의 결속을 통한 권리 확장을 위해 필요한 정치-윤리적 이념을 나타낸다.

맑스의 국제주의 이념과 이를 구현하기 위한 그의 실천적 활동들은 오늘날 억압받는 계급의 권리 실현이 가능한 유일한 조건이 그들의 보편적 매개를 통한 연대에 있음을 우리에게 호소하고 있다. 맑스의 사상 중 오늘날 무엇이 여전히 현재성을 갖는지에 관해 다양한 학술적, 실천적 논의들이 오고 가고 있지만, 적어도 극우 인종주의, 민족주의가 제1세계 국가들뿐 아니라 전 지구적으로 승리의 포효를 내뿜고 있는 이 시점에서 맑스의 국제주의는 분명 강한 현재적 시사점을 제공해 주고 있다.

제2장 세계시민주의의 자기반성
부정변증법적 비판을 통한 고찰

1. 들어가며: 지구적 디스토피아?

오늘날 전 지구적인 위기 속에서, 국경을 넘어선 전 인류의 연대와 협력, 환대의 필요성은 점점 커지고 있다. 난민 위기, 기후 위기, 팬데믹의 지구적 유행, 그리고 지구적 경제 위기 등은 국민국가의 경계를 넘어선 국제적 차원에서 정치가 작동해야 할 필요성을 일깨워 준다. 그러나 날이 갈수록 현실에서 국제적 연대나 협력이라는 가치는 오히려 인기를 잃고 있는 것처럼 보인다. 지난 세기 후반 이래로 주도적인 담론이자 정책으로 자리 잡았던 세계화에 대한 반발은 전 세계적으로 민족주의와 국경 통제에 대한 요구를 증폭시켰고, 이를 실현할 수 있는 권위주의 정권의 출현, 그리고 이주민이나 외국인에 대한 혐오 정서가 그에 수반되었다. 또 국제 관계에서의 새로운 갈등들이 때로는 국지적으로, 때로는 전 지구적인 규모로 펼쳐지면서 첨예한 긴장, 심지어 전면적 전쟁이 발생하고 있다.

이러한 시대적 분위기는 사실 매우 역설적인 현상이다. 우리는 1990년대와 2000년대에 냉전 해체와 세계화의 시대를 맞이하여 우리 모두가 장벽을 넘어서는 세계시민이 되어야 하며 국민국가의 경계를 넘어서는 세계가 출현할 것이라는 낙관적 전망이 등장하는 것을 보았다. 로버트 파인은 1989년 베를린 장벽 붕괴 이후 냉전 해체와 세계화라는 세계사적 조건들 속에 등장한 세계시민주의 담론들을 '신新세계시민주의new cosmopolitanism'라고 부른다.[1] 이들은 칸트의 고전적 세계시민주의를 넘어, 베스트팔렌 평화조약 이후 300년 이상 지속된 국민국가 체계를 넘어서는 새로운 세계질서가 실현되고 있다는 점을 강조하면서, 그러한 질서에 대한 기대와 예측을 나타내고 있다.

반면, 현재 우리가 실제로 살고 있는 세계는 그러한 예측과 전망과는 거리가 먼 것처럼 보인다. 에티엔 발리바르는 오늘날 지구적 시민사회라는 '이념'이 지구적 내전이라는 '현실'로 귀결되고, 테러와 반테러 전쟁, 지역 블록들 간의 지정학적 대립, 국지적 전쟁 등 폭력이 확산되면서 지구적인 규모에서의 만인에 대한 만인의 투쟁, "지구적 디스토피아global dystopia"로 귀결되었다고 주장한다.[2]

---

1. Robert Fine, *Cosmopolitanism* (London: Routledge, 2007), p. 16.

그렇다면 우리는 국민국가를 넘어서는 새로운 질서의 탄생이라는 미래를 예측했던, 1990년대 이후 주류적인 세계시민주의 담론들이 틀렸다고 진단해야 하는가? 그리고 이것은 오늘날의 세계에 세계시민주의의 이념을 대입할 수 없다는 회의에 도달하는가? 그러나 다른 한편, 앞서 언급했듯이, 오늘날 전 지구적인 규모의 협력과 환대가 부재한 상태에서는 현재 우리가 처한 위기에 대해 결코 대처할 수 없다는 것 역시 사실이다. 그렇다면 우리는 여전히 '세계시민주의적 가치들'에 의존하고 있다는 점을 부정할 수는 없다. 이러한 괴리를 우리는 어떻게 사유해야 하는가?

이 글은 세계시민주의에 대한 부정변증법적 분석[3]이 가능하다는 사실을 보여주고자 한다. 그것은 대상의 진리를 근본적으로 폐기하는 비판(추상적 부정)이 아니라, 대상의 고유한 진리를 더 고차적인 차원에서 구제하는 방식의 비판(규정적 부정)을 추구한다. 그것은 이러한 방식으로 대상 자체가 그 자신의 진리를 스스로 끌어내는 '내재적 자기 초월'을 추구한다. 즉 이 글은 세계시민주의 담론들을 근본적으로 거부하는 것이 아니라, 그것의 이상과

---

2. Étienne Balibar, "Citizenship of the World Revisited," ed. Gerard Delanty, *Routledge Handbook of Cosmopolitanism Studies* (London: Routledge, 2012), p. 292.
3. 필자는 여기서 부정변증법을 아도르노의 의미에서 사용한다. Theodor W. Adorno, *Negative Dialektik* in *Gesammelte Schriften* Band 6 (Frankfurt/M, 2003) 참조.

실재, 추상적 당위와 그 수행적 현실 사이에 존재하는 모순들에 대한 내재적 비판을 통해 세계시민주의 담론이 그 스스로 자신의 한계를 뛰어넘도록 이끄는 방식의 분석을 제시하고자 한다.

여기서 세계시민주의의 모든 요소를 다룰 수는 없다. 이 글은 1990년대 이후 등장한 주류 세계시민주의의 경제적 요소와 정치적 요소에 국한하여 분석을 수행하려 한다. 이로부터 경제적 세계화를 통해 토대를 갖추게 되는 세계시민사회라는 관념, 주권의 논리를 뛰어넘는 국제기구를 통한 세계시민적 민주주의라는 정치적 이념이 어떻게 각각의 영역에서 자신의 대립물로 전도되는지를 분석할 것이다. 그 이후 필자는 오늘날 요청되는 세계정치의 가능성과 조건들에 대한 물음을 제기하면서, 세계시민주의의 진리 내용이 어떻게 자기 초월적으로 구제될 수 있는지 검토해 보고자 한다.

2. 내재적 비판 ①: 경제적 세계화 이후의 세계시민주의

1) 세계화와 그 역풍^{blowback}

냉전 해체 이후 다수의 세계시민주의 이론가들에게 국민국가의 경계를 초월하는 자본과 금융의 이동, 경제적 세계화^{economic global-ization}는 세계시민주의가 이루어질 수 있는 현실적 토대로 여겨졌다. 브레튼 우즈 체제 종말 이후 세계시장의 자유화 조치로 인해 시장에 대한 국가의 통제력은 낡은 유물로 취급되었고, 이는 국민국가의 경계를 넘어서는 세계에 대한 상상력에 장밋빛 전망을 제공하는 것처럼 보였다.

예컨대 울리히 벡은 "세계시민적 기업들" 또는 심지어 "세계시민적 자본주의"가 만들어지고 있다고 지적한다. 이에 대한 그의 전망은 기본적으로 긍정적이다. 지구적인 기업들은 다양성의 생산성을 발전시키며, 인종 그룹과 국적의 혼합을 새로운 창의성을 위한 핵심 자원으로 만들어 내면서 개방적인 고용 정책을 실시하고 있다는 것이다. 이러한 혼종화hybridization는 경기 침체에 대응할 수 있는 해독제로 작동한다.[4] 나아가 세계시민적 자본주의는 국가가 독점하는 정치 영역에 대한 자유화를 촉진한다. 선진 자본주의 국가들, 구사회주의권 국가들, 그리고 IMF나 세계은행의 체제하에서 법적 규범과 제도들을 변경한 아시아나 아프리카, 남미 국가들 모두 입법 과정에서의 변화를 경험하고 있다. 그것은 국가가 독점하는 입법권을 민영화하는 것에서 출발한다. 벡은 세계시민적 기업들, NGO들과 같은 새로운 지구적 행위자들이 국가를 대체하여 정치적 주도권을 획득해야 한다고 말한다.

물론 벡은 이러한 세계화 과정이 신자유주의적 방향으로 나아

---

4. Ulrich Beck, "The Cosmopolitan State: Redefining Power in the Global Age," *International Journal of Politics, Culture and Society,* Vol.18 (2005), p. 151.

가는 것을 경계해야 한다고 말한다. 그는 앞으로 국가가 "세계시민적 국가cosmopolitan state"6의 형태로 전환되어야 하며, 이는 자족적 국민국가, 신자유주의적 최소주의 국가, 통합된 지구적 국가라는 세 가지 입장 각각이 갖는 한계를 넘어서, 세계시민적 주권을 통해 다양성을 보장하는 해결책이 될 것이라고 본다. 리처드 폴크 역시 베스트팔렌적 세계질서의 범주를 넘어서는 이행의 행위자들 중 하나로 세계를 생산, 소비, 투자를 위한 하나의 시장으로 인식하는 지구적 기업들과 은행들을 지적한다.6 이들에 의한 경제적 발전의 결과로 이제 비국가 행위자들의 영향력을 무시하는 것은 불가능해졌으며, 이는 주권적 영토 국가들을 국제 무대의 유일한 행위자로 간주하는 베스트팔렌 질서의 쇠퇴를 의미하는 신호로 받아들여져야 한다.

반면 세계시민주의가 경제적 세계화에 대해 갖는 이러한 기대가 결국은 신자유주의적인 방식으로 추진되는 세계화를 막지 못하는 한계를 낳았다는 비판 역시 존재한다. 이에 따르면, 금융자본과 초국적 자본의 관점에서 추진된 세계시민주의, 곧 "신자유주의적 세계시민주의자들"에 의해 추진된 일방적 세계화는 역으로 세계시민주의와 한 몸이 된 세계화에 대한 반감을 낳았다.7 그러한

5. 같은 글, p. 156.
6. Richard Falk, "Revisiting Westphalia, Discovering Post—Westphalia," *The Journal of Ethics,* Vol. 6 (2002), p. 321.
7. Robert Went, "Economic Globalization Plus Cosmopolitanism?," *Review*

반감은 근거 없는 것이 아니다. 세계화의 과정에서 남반구 국가들의 경제적 예속은 더욱 심화되었으며, 부채위기에 몰린 국가들은 IMF, 세계은행, 유럽연합 등의 국제기구들로부터 긴축재정의 압박을 받았다. 그런데 이들 국가들은 가혹한 긴축재정으로 인해 오히려 경제적 회생 능력을 상실하고 국가의 주요 자산이 해외 초국적 자본에게 매각되면서 더 깊은 경제적 예속이 발생하는 등 악순환이 되풀이되었다. 그러는 사이 전 세계의 부는 꾸준히 북반구의 소수의 수중에 집중되고 있으며, 그것도 세계 주요 금융 중심지로 흘러 들어가고 있다. 이러한 추세는 1920년대 이래 찾아볼 수 없는 정도의 양극화로 나타나고 있다.[8]

결국 세계화로 인해 초래된 불평등과 이에 대한 대중적 불만은 세계시민주의적 전망을 오히려 불가능하게 만들고 있다. 시민들 사이에서 잃어버린 주권을 회복해야 한다는 요구가 민족주의적이고 보호주의적인 방식으로 출현하여 새로운 공격적인 배제와 혐오의 정치를 낳고 있는 현상은 그러한 '역풍'의 한 단면이다. 이에 화답하여, 오늘의 세계는 '국가 없는 국가주의'의 확장을 낳고 있다. 이를 발리바르는 '전능한 자의 무기력'이라고 부르는데, 그것은 세계화로 국가의 경계가 위협받자 오히려 국경 통제, 외국인

---

of *International Political Economy,* Vol. 11, No. 2 (2004).

8. 데이비드 하비, 『신자유주의: 간략한 역사』, 최병두 옮김, 한울, 2007, 148쪽.

국적 취득 요건 강화 등을 통해 자신의 존재 이유를 증명하려는 국민국가의 노력이 강화되고 있다는 역설적 상황을 지칭한다. 즉 세계화로 타격을 받은 국가는 자신의 존재 이유를 상쇄라도 하듯, "아무런 보호도 받지 못하는 개인들을 희생물로 삼아 더욱더 보란 듯이 (따라서 권력의 과잉이라는 형태로) 자기 자신을 입증"하기 시작했다.[9]

결국 경제적 세계화를 토대로 전 지구적인 인류의 상호 연계를 추구했던 세계시민주의는 그 귀결에서는 보호적 민족주의와 배타적 국가 경계에 대한 목소리가 출현하고 강화되는 배경을 형성한 것이다. 경제적 세계화와 단절되는 방식의 세계시민적 전망이 결여되는 사이, 빈틈을 파고든 것은 세계화에 대한 누적된 불만의 민족주의적 폭발이었다. 그 결과 새로운 형태로 강화된 국경봉쇄와 이주민에 대한 통제가 나타나기 시작했다. 여기서 우리는 대립물로의 전도라는 변증법적 역설을 확인하게 된다. 세계화에 대한 반발은 민족주의와 보호무역주의가 더 큰 힘을 얻게 되고 이를 추진하는 국가주의 정치세력이 부흥할 수 있었던 토대를 만들었다.

이러한 맥락에서 세계시민주의가 경제적 세계화에 대해 비판해야 한다는 자기반성적 목소리 역시 존재한다. 앞서 언급된 울리히

---

9. 에티엔 발리바르, 『우리, 유럽의 시민들?: 세계화와 민주주의의 재발명』, 진태원 옮김, 후마니타스, 2010, 94쪽.

벡은 다른 글에서는 "세계시민적 의도를 갖는 신비판이론"[10]을 주창한다. 이는 미국 중심의 일방적 세계화와 자본 권력에 대한 대항 권력의 흐름을 지구적 시민 사회운동의 집합적 행위 역량에서 찾는 시도로 나타난다. 한발 더 나아가 리처드 폴크는 세계시민주의가 세계화 경향과 일치될 위험에 대해 조심스레 경고한다. 그에 따르면, "세계시민주의적인 견해는 명백히 세계적 차원의 윤리와 인본주의를 갖고 있지만, 급속하게 경계를 초월해서 경험을 통합하고 있는 세계화 경향들과 충분히 구별되지도 않거니와 그것들을 인식조차 못 하고 있다"는 것이다.[11] 그는 카지노 자본주의와 초국적 헤지펀드에 의한 세계시장의 파괴적 교란을 억제할 수 있는 대책의 필요성을 주장한다. "시장 주도 세계화의 파괴적 도전에 대한 대처 없이, 환상적인 세계시민주의를 국가주의적 애국주의에 대한 대안으로 기획"[12]하는 것은 불충분하며, 따라서 신자유주의적 사고방식과 정책을 토대로 추진되고 있는, 윤리적 결함을 가진 세계화 경향을 넘어서는 세계시민주의가 필요하다는 것이다. 이를 그는 아래로부터의 윤리적인 세계화, 신세계시민주

---

10. 울리히 벡,『세계화 시대의 권력과 대항권력: 새로운 세계정치경제』, 홍찬숙 옮김, 도서출판 길, 2011, 55쪽.

11. 리처드 폴크, 「세계시민주의 다시 보기」, 마사 누스바움 외 지음, 조슈아 코언 편집,『나라를 사랑한다는 것: 애국주의와 세계시민주의의 한계 논쟁』, 오인영 옮김, 삼인, 2003, 90쪽.

12. 같은 책, 90쪽.

의neo cosmopolitanism로 명명한다.[13]

이러한 세계시민주의의 자기반성 노력은 경청할 만한 것이다. 그러나 동시에 울리히 벡과 리처드 폴크 모두 시민사회의 역량과 초국적기업들 사이의 동맹이라는 아이디어를 제시하며, 양자의 대립을 중재하는 것에 초점을 두고 있다는 사실 역시 지적해야 할 것이다. 그에 따르면, 경제적 세계화가 낳은 극단적 결과들에 대해서는 비판해야 하지만, 초국적 기업의 자유로운 국경 이동과 이윤 추구, 기업 중심의 세계화 질서 그 자체를 국민국가가 규제하는 것은 과거로 회귀하는 위험한 일로 간주된다.

2) 국민국가의 해체는 반드시 긍정적일까?

이처럼 세계시민주의는 근본적으로 지구적 공동체를 가로막는 국민국가의 경계를 넘어서야 할 장애로 간주하는 경향이 있다. 그러나 그 과정에서 세계시민주의가, 국가의 경계를 해체하고자 하는 욕망을 갖는 초국적 자본과 금융자본의 시도들이 만들어 낸 폐해들을 간과하고 말았다는 지적 역시 가능하다.

국가 개입의 축소는 경제 영역에 대한 민주적, 공적 규제의 가능성을 제한하는 결과를 낳았으며, 국민국가와 결합된 사회보장제도의 축소와 시장 경쟁 증대로 인해 불평등의 증가, 투기자본에 의한 시장 교란, 불안정 노동의 확산이라는 결과가 초래된 것

---

13. 같은 책, 92쪽.

역시 역사적으로 드러난 사실이다.[14] 지그문트 바우만은 "국가가 빼앗긴 권력을 차지한 것은 정치의 통제를 받지 않는 '흐름들의 공간'에서 활동하는 초국가적 즉 전 지구적 세력들"이라는 사실을 지적한다.[15] 즉 정치적 규제를 받지 않는 경제 세력들이 금융, 투자, 노동시장, 상품 유통의 영역에서 자율성을 획득하며, 이러한 민영화된, 규제 완화된 자본주의가 지구적으로 확산되는 것이 경제적 세계화의 구체적 내용이라는 것이다. 이러한 맥락에서 경제적 세계화는 세계인들의 상호협력과 통합이 아니라 통제되지 않는 위기의 악순환과 불평등을 낳는다는 비판이 꾸준히 제기되어 왔다. 그러한 비판들은 "민중과 국가들의 의사결정 역량을 빼앗아 가는 자본의 논리와 이른바 경제적 합리성에 지배되는 통합 과정"[16]이 과연 정당한가 하는 물음을 던진다.

국민국가 질서를 넘어서는 통합된 세계에 대한 세계시민주의적 전망이 국경 없는 자본 권력의 논리와 혼합되는 이러한 현상은, '국가 외부의 사회'가 시민들의 자유로운 소통과 행위를 통해 형성되는 중립적인 공간이기만 한 것이 아니라, 또한 자본의 경쟁적인

---

14. 하랄트 슈만, 한스-페터 마틴, 『세계화의 덫』, 강수돌 옮김, 영림카디널, 1997.

15. 지그문트 바우만, 카를로 보르도니, 『위기의 국가』, 안규남 옮김, 동녘, 2014, 35쪽.

16. 파블로 솔론, 「탈세계화」, 파블로 솔론 외, 『다른 세상을 위한 7가지 대안』, 김신양·김현우·허남혁 옮김, 착한책가게, 2018, 186쪽.

이윤 추구가 벌어지는 가운데 불평등과 경제적 예속이 심화되는 장소이기도 하다는 관점이 결여되었기 때문에 발생한다. 이로 인해 정치적, 법적 규제에서 벗어나는 초국적 투기자본의 자유로운 이동이 새로운 세계시민적인 것으로, 기존의 국민국가적 틀 속에 발전되어 온 사회보장제도는 해체해야 할 낡은 유산으로 간주되는 일이 나타나는 것이다. 만일 세계시민주의가 현실에 대한 구체적인 고려 없이 자본의 자유로운 세계적 이동을 무비판적으로 정당화할 경우, 그것은 결과적으로 불평등의 세계화, 고삐 풀린 규제 완화 자본주의를 추진하는 담론적 근거로 이용될 위험에 처한다.

3. 내재적 비판 ②: 세계시민적 정치와 '주체 없는 민주주의'

1) 세계시민적 민주주의

세계시민주의의 정치적 측면은 새로운 형태의 민주주의 제도에 대한 사유를 통해 전개된다. 세계시민적 민주주의 모델에 대한 논의를 가장 활발하게 벌이는 학자는 데이비드 헬드다. 헬드는 민주주의의 핵심 원리를 칸트의 자율성autonomy 이념이라는 합리주의적, 계몽주의적 원천에서 발견한다. 그는 칸트의 세계시민권 개념인 보편적 환대의 현실적 조건을 위해 국가들 사이를 규제하는 민주적 공법으로서 "세계시민적 민주적 법률"[17]을 제정할 필요가 있다고 보는데, 구체적으로 이것은 칸트가 말한 국가들 사이의 연방제를 시행하는 것을 뜻한다. 헬드는 세계국가와 같은 단일한 권력체는 실현 불가능할 뿐만 아니라 위험하기도 하다고 보며, 유일하게 가능한 대안은 민주적인 국가들 사이에서 연방제가 실현되는 것이라고 주장한다. 각각의 정치적 대의기구들은 세계시민적 민주적 법률을 준수한다는 의무를 지니며, 각 국가들이 민주적 국가들일 경우, 이것은 실현 가능해질 것이다. 이러한 방식으로 세계시민적인 민주적 공동체의 확대가 가능할 것이며, 이를 토대로 국가들과 사회들의 민주적 규제를 위한 제도적 틀을 확장하여 세계시민적 정치체cosmopolitan polity를 성립해야 한다. 이러한 논의는 국민국가가 적절한 때에 사멸wither away할 것이라는 전제를 함축한다.[18] 이는 국가가 완전히 쓸모없어지거나 사라진다는 것이 아니라, 더 이상 민주주의의 유일한 중심적 위치를 유지하지 못하게 된다는 것을 의미하는 것이다. 개별 국가의 주권은 세계시민적 민주 질서 속으로 흡수될 것이며, 이에 바탕을 둔 새로운 지구적 정치적 권위가 출현할 것이다. 기존의 UN이 서구와 북반구 강대국의 이익에 지나치게 함몰되어 있다는 비판을 받은 바 있다면, 이제 UN의 틀을 넘어 비정부기구NGO나 시민사회의 연합체들을 포괄

---

17. David Held, *Democracy and the Global Order: From the Modern State to Cosmopolitan Governance* (Stanford, CA: Stanford University Press, 1995), p. 227.
18. 같은 책, p. 233.

하는 새로운 세계적 질서의 창출이 필요하다. 이를 그는 "국제 민주 의회international democratic assembly"[19]라고 부른다.

헬드와 유사하게 세계시민적 민주주의를 구상하는 아르키부지는 세계시민주의가 모든 개인이 그와 관련된 결정 과정에 참여해야 한다는, 모든 민주주의 개념의 핵심에 놓인 이념과 결합되어 있다고 규정한다.[20] 이처럼 세계화의 시대, 시민들의 코먼웰스를 형성해 나가는 민주적 참여의 행위 주체는 오로지 개인이다. 그는 의도적으로 집합적 행위 주체, 의사결정의 주체라는 관념을 거부한다. 왜냐하면 민주주의의 집합적 주체로 간주되는 인민people은 애매한 개념이며, 언제나 자의적으로 정의될 수밖에 없는 데다가, (지구의 거주자들이 그들에게 분열된 성원권이라는 척도를 강요하는) 국가로 분열된 상태를 반영하고 있기 때문이다.[21] 인민이 애매하고 낡은 개념인 것과 마찬가지로, 아르키부지는 주권이라는 개념 역시 낡은 것이라고 규정한다. 민주주의는 오로지 주권을 대체한 입헌주의적 절차에 의해서 안정성을 보장받을 수 있게 될 것이다. "주권 개념과 민주주의 개념 사이의 긴장은, 국가의 내부에서 그리고 국가들 사이에서 모두 주권이 입헌주의에 의해

---

19. 같은 책, p. 274.
20. Daniele Archibugi, *The Global Commonwealth of Citizens: Toward Cosmopolitan Democracy* (Princeton, NJ: Princeton University Press, 2008), p. 286.
21. 같은 책, p. 232.

대체될 것을 요청한다." 따라서 "주권이라는 용어는, 최소한 규범적 관점에서 보건대, 민주주의 이념과도, 개별 국민국가보다 더 높은 정당성의 수준과도 양립할 수 없다."[22] 이처럼 '인민'과 '주권'을 모두 거부하는 아르키부지는 헬드와 유사한 방식으로, 주권국가보다 더 상위에 위치하는 세계의회World Parliamentary Assembly를 구상한다. 그것은 전 세계 시민이 정치적 동물로서 민주적 의사결정 과정에 참여하는 것을 목표로 삼는다. 세계의회는 인권을 보호하며 필요한 경우 인권을 위반한 국가에 대한 군사적 제재 조치인 인도주의적 개입을 결의할 수 있다. 또 정치 공동체들의 경계와 사법권을 재규정하며, 이들 사이에 필요한 거버넌스의 가장 적절한 수준을 규명한다.[23]

리처드 폴크 역시 국민국가 중심의 질서가 민주주의의 장애물이라고 평가한다. 그는 주권적 영토국가들의 불평등한 국제관계라는 베스트팔렌적 틀을 넘어서는 초국가적 사회적 힘이 인권이라는 척도로 국가 주권을 제약해야 한다고 말한다.[24] 세계시민적 민주주의는 민주주의를 국내적 수준에서 이해하는 베스트팔렌적 틀을 넘어 확장적인 방식으로 이론화되어야 한다. 인권을 비롯한 민주적 가치들은 삶의 모든 영역에 포함되는 것으로 간주되며,

---

22. 같은 책, p. 98.

23. 같은 책, p. 280.

24. Richard Falk, "Revisiting Westphalia, Discovering Post-Westphalia," p. 337.

민주적 참여는 국내적인 입법과정의 수준을 넘어 국제연합, 국제통화기금, 세계은행, 세계무역기구, 유럽연합 등으로 확장되어야 한다.[25]

여기서 알 수 있는 사실은, 세계시민적 민주주의자들이 제시하는 원리의 핵심은 인권이라는 가치에 의해 주권을 제약하는 것이고, 여기서 민주주의란 이처럼 '주권을 제약하는 힘'이라는 소극적 의미로만 이해된다는 것이다. 이러한 논의는 주권이라는 정치적 권위를 오로지 제약해야 할 대상으로, 정치적 권위를 오로지 분산해야 할 대상으로 전제하고 있다.[26] 마이클 사워드가 말하듯, "세계시민적 모델은 헌정주의와 민주주의 사이의 균형을 헌정주의에 유리한 방향으로 옮겨 놓는 것처럼 보인다."[27] 그런데 이것이 뜻하는 바는 무엇일까? 주권이 민주주의에 대립하는 낡은 시대의 전유물이라는 세계시민적 민주주의론의 전제는 언제나 타당한가?

2) 민주주의, 주권, 주체화

이러한 질문에 대해 필자는 세계시민적 민주주의자들이 주장하

---

25. 같은 글, p. 339.
26. Thomas W. Pogge, "Cosmopolitanism and Sovereignty," *Ethics,* Vol. 103, No.1 (1992) 참조.
27. 마이클 사워드, 『민주주의란 무엇인가』, 강정인·이석희 옮김, 까치, 2018, 207쪽.

는 헌정주의(입헌주의)에 의한 주권의 대체가 민주주의의 핵심 원리인 인민주권을 절차적 합의의 물음으로 축소하면서, 정치의 탈정치화를 낳는다는 비판을 제기하고자 한다.

이를 구체화시키기 위해 우선 우리는 로버트 달의 비판을 참조할 필요가 있다. 그는 국제기구와 제도들은 민주주의적이지 않다고 단언한다. 그는 "정부 정책과 결정에 대한 인민적 통제popular control의 체계로서 민주주의"와 "기본권의 체계로서 민주주의"를 구분하는 것이 가능하다고 말한다.[28] 그런데 국제기구에서는 후자로서의 민주주의에 도움이 될 수는 있지만, 전자로서의 민주주의는 실현이 불가능하다. 이는 민주주의가 언제나 외연의 문제를 제기하기 때문이다. 초국가적 형태로 구성되는 국제기구는 '인민적 통제'라는 민주주의의 원칙이 구현되기에는 너무나 큰 규모의 단위들이며, 따라서 국제기구를 통한 민주주의는 단적으로 불가능하다. 물론 그렇다고 이것이 국제기구의 효용을 부정해야 하는 것은 아니다. 그러나 비민주적인 기구들을 민주적이라고 규정하는 환상은 거부되어야 한다. 국제기구들은 오히려 "관료적 협상 체계들bureaucratic bargaining systems"[29]로 간주되어야 한다. 따라서 달은 "민주주의의 지지자들"이라면, 세계화로 인해 국민국가의 소

---

28. Robert A. Dahl, "Can International Organizations Be Democratic?: A Skeptic View," eds. I. Shapiro and C. Hacker-Cordon, *Democracy's Edges* (Cambridge: Cambridge University Press, 1999), p. 20.
29. 같은 글, p. 33.

멸과 새로운 민주주의의 실현이 가능해질 것이라는 기대, 달리 말해 "세계화가 불가피하므로 국민적 단위들과 하위국민적 단위들이 스스로 통치할 수 있는 역량 면에서 겪는 커다란 쇠락이 불가피하다는 주장"에 저항해야 한다고 역설한다.[30]

필자가 보기에, 세계시민적 민주주의자들은 달이 언급한 후자로서의 민주주의 개념, 곧 권리들의 체계로서 민주주의를 옹호하며, 이러한 관점에서 주권을 민주주의에 대립시킨다. 그런데 이러한 관점이 지닌 약점은, 주권의 약화가 민주주의적 자율성을 강화하는 것이 아니라 거꾸로 약화시킬 위험성을 간과한다는 데에 있다. 즉 그러한 관점은 근대 주권이 국가나 정치 제도에 대한 인민의 주권적 통제와 결부되어 있기도 하다는 사실을 무시한다. 반면 필자가 보기에, "주권 개념의 이중성"[31]은 민주주의를 이해하는 데 필수적이다. 근대 주권의 원리는 배타적 영토 내에서 주권자(군주) 또는 국가의 절대적 권한이라는 절대주의적 특징을 갖기도 하지만, 동시에 인민의 자율적 자기 통치라는 민주주의의 이념을 구현하는 현실적 토대를 이루고 있기도 하다. 따라서 '주권의 제약'은 국가권력이나 국민국가의 절대성, 배타성을 넘어선다는 점

30. 같은 글, p. 34.
31. Jan Weyand, "Souveränität und Legitimation: Ein Essay über das Verschwinden des Politischen in der Kritischen Theorie," jour fixe initiative berlin (Hg.), *Souveränitäten: Von Staatsmenschen & Staatsmaschinen* (Münster, 2010), p. 17.

에서 민주주의를 확대할 수도 있지만, 거꾸로 민주적 자기 통치의 현실적 가능성을 약화시킬 위험 역시 내포한다.

결론적으로 말해, 세계시민적 민주주의 이론은 민주주의가 단순한 통치 절차가 아니며, 집단적 역량에 의한 권력의 실행과 이에 대한 통제라는 인민주권의 관점을 결여하고 있다. 이러한 논의는 '인민'과 '주권' 개념을 모두 기각했던 아르키부지에서 두드러지게 나타나는데, 그를 비롯해 세계시민적 민주주의에서 내세우는 초국가적 제도들에 대한 논의에 결정적으로 빠져 있는 것은, 이를 아래로부터 통제할 수 있는 인민 내지 데모스의 구성적 역할에 대한 고민이다. 이처럼 정치체에 대한 '민주적 통제'라는 관점이 결여되어 있기 때문에, 세계시민적 민주주의는 '주체 없는 민주주의'에 대한 전망이라는 비판에 직면한다. 다시 말해, 개별 국가들의 주권적 자율성과 인민적 통제에 대한 민주주의의 원칙이 빠진 채 국제기구에 의해 수행되는 민주주의가 과연 민주적일 수 있는가 하는 물음이 제기된다. 여기서 우리는 '세계시민적 민주주의'가 그 논리적 귀결로서 '민주주의 없는 세계시민주의'로 전도되는 또 다른 변증법적 역설에 직면한다.

유사한 맥락에서 샹탈 무페는 "세계시민적 관점의 탈정치적 성격"[32]을 발견할 수 있다고 주장한다. 구체적으로 무페는 이것이

---

32. Chantal Mouffe, *On the Political* (London and New York: Routledge, 2005), p. 103.

정치를 기술적 문제들의 해결로 보는 관점에서 비롯하며, 따라서 이러한 논의들에서는 갈등적이고 헤게모니적인 기획을 둘러싼 경합적 대결을 통해 자신들의 민주적 권리를 실행하기 위한 시민들의 능동적 참여가 고려되지 않고 있다고 지적한다. 그녀에 따르면, 이러한 측면은 세계시민주의자들이 주장하는 '국가를 넘어선 권리' 개념에서도 드러난다. 실제로 그러한 개념은 권리를 보장할 수 있는 현실적인 제도적 힘, 그리고 그러한 힘을 추동하기도 하면서 동시에 통제하기도 하는, 나아가 이 새로운 권리들을 책임 있는 것으로 만들 민주적 주체의 형성이라는 물음이 고려되지 않고 있다.

반면 무페가 보기에, 이러한 주체의 형성에 관한 고려 없이는 세계시민적 권리들은 가공의 것에 불과하다. 즉 '주체 없는 권리'라는 개념은 위험성을 갖는데, 이는 국제기구들이 '지구적 관심사'라는 명목하에 개별 국가의 주권에 도전하는 것이 '자기 통치'라는 현재의 민주적 권리의 침해로 이어지기 때문이다. 결국 세계시민적 접근은 '새로운' 가공의 권리들을 위해 주권이라는 '낡은' 권리를 희생시킨다.[33] 물론 보편적 인권은 (심지어 그것이 '가공적' 개념이라고 해도) 중요한 가치이며, 주권은 절대적인 것이 아니다. 그러나 무페에 따르면, 세계시민주의적 접근은 인권의 '민주적' 실행보다는 그것의 '정당화' 기능에 초점을 맞춘다.[34] 여기서 민주

---

33. 같은 책, p. 101.

주의 정치를 탈정치화하는 세계시민주의의 문제가 드러난다는 것이다.

이처럼 무페가 바라보는 세계시민적 접근방식의 근본적인 한계는, 그것이 "헤게모니와 주권을 넘어서는 세계의 가능성을 요청"하며, 따라서 "정치적인 것의 차원을 부정"한다는 데에 있다.[35] 무페는 이러한 적대 없는 조화로운 세계를 추구하는 세계시민주의적 보편성의 원리가 실질적으로는 서구적 모델의 무조건적 정당화에 기여하며, 이것이 비서구권에게 받아들여지기 어렵다는 사실을 지적한다. 세계시민주의자들이 제시하는 새로운 국제기구들은 '모든 민주 국가들로 구성된' 세계시민적 공동체로 상정된다. 그러나 여기서 어떤 국가가 '민주적'인지 누가 어떤 척도로 결정하는가? 결국 여기서 그러한 국제적 공동체의 성원권은 서구적인 관점의 민주주의 제도와 관념을 받아들이는 국가들로 제한되며, 이는 서구의 통제를 강화하고, 이에 반감을 갖는 비서구 국가들과의 위험한 적대로 귀결될 가능성을 낳는다. 이는 다원주의적 관점과 충돌하며, 결국 합의에 대한 믿음과 적대 없는 세계에 대한

---

34. 무페와는 다른 관점이지만, 랑시에르는 '주체 없는 인권'이라는 개념을 기각하면서, 오늘날 인권의 정치에 필요한 물음은 '인권의 주체는 누구인가?' 하는 것이라고 주장한다(Rancière, "Who Is the Subject of the Rights of Man?" (2004)).

35. Chantal Mouffe, "Democracy in a Multipolar World," *Millennium: Journal of International Studies,* Vol. 37, No. 3 (2009), p. 552.

비현실적인 환상이 현실에서는 더 커다란 적대적 폭력을 낳을 위험으로 이어진다는 것이다.

4. 세계시민주의를 넘어서, 세계시민주의와 함께

지금까지 살펴본, 20세기 후반부 이후 등장한 주류 세계시민주의 조류들에 가해진 이러한 비판들은 어떤 의미를 갖는가? 필자는 지금까지 이러한 세계시민주의적 흐름들에 대해 내재적으로 비판하고자 시도했다. 즉 세계시민주의를 그것이 스스로 설정한 이념에 따라 비판하려 했다. 그렇게 했던 이유는, 그러한 비판이 세계시민주의 자체의 폐기라는 다른 극단으로 이어지거나, 국민국가 주권의 절대성과 강대국들 사이의 헤게모니 경쟁 질서를 복구하는 것을 해법으로 내놓을 가능성을 차단하기 위해서였다. 우리는 분명 국제 사회에서의 폭력적인 갈등과 적대를 줄이기 위해, 타자에 대한 혐오에 맞서기 위해 노력하면서 인류의 국경을 넘어선 협력을 모색해야 한다. 이런 점에서 우리는 세계시민주의에 동의할수 있다. 따라서 우리는 세계시민주의를 폐기할 것이 아니라, 세계시민주의의 이념이 지닌 합리적 핵심을 다른 방식으로 구제해야할 것이다. 이것이 대상을 내재적으로 비판함으로써 대상이 그자신의 힘으로 자기 자신의 한계를 초월하도록 이끄는 부정변증법적 비판의 핵심이다. 그렇다면 우리는 세계시민주의를 어떻게 그러한 '내재적으로 자기 초월'로 이끌 수 있을 것인가?

1) 이분법 피하기

먼저 다음과 같은 질문을 던져보자. 오늘의 세계시민주의는 개별 국가의 주권을 해체 또는 제약을 지지해야 하는가? 이 물음에 대해, 브레넌이 주장하는 국제주의의 원칙에서 답변의 힌트를 얻을 수 있을 것이다. 그는 '세계시민적 민주주의'를 추구하는 기존의 세계시민주의가 지구적 규모 위에서 숙의하는 대표자들을 갖는 완전히 포괄적인 대의적 구조를 주장하는 반면, 자신이 주장하는 국제주의internationalism는 존중과 협력의 지구적 관계를 건설하기 위해 정치체제와 문화의 차이를 인정하며, 국민주권national sovereignty과 갈등을 빚지 않는다고 말한다. 국민주권의 원칙이 존중되지 않을 경우, 현실적으로 약소국 인민의 권리를 보장하기 어렵기 때문이다.[36] 이러한 관점은 개별 국가의 주권을 존중하면서도, 동시에 초국가적 연대를 실현할 수 있는 구체적인 실천 방법을 모색한다는 점에서 설득력을 갖는다. 나아가 이 같은 물음은 세계시민주의가 민족주의에 대해 맺는 관계로 이어질 수 있다.

분명 많은 세계시민주의자들이 민족주의를 비판하며, 이러한 비판들은 정당한 측면이 있다. 우리는 민족주의가 갖는 배타성,

---

36. Timothy Brennan, "Cosmopolitanism and Internationalism," *New Left Review,* Vol. 7 (2001), p. 77.

그리고 그로 인해 야기되는 타민족에 대한 배제와 적대감에 대해 저항할 필요가 있다. 그러나 동시에 우리는 상상의 공동체로서 민족이 갖는 정치적 상상계의 실질적인 효력에 대해서 조심스럽게 접근할 필요가 있다. 앤더슨이 주장하듯, 민족은 하나의 '공동체'로 '상상'된다.[37] 그것은 부재하는 공동체에 대한 상상적 대응물로서, 원자화된 시대에 상상할 수 있는 공동체의 현실적 등가물로 기능한다. 이러한 상황에서 단순하게 민족 또는 국민국가의 정치 공동체적 성격의 한계만을 일방적으로 부각시키는 것만으로는 설득력을 갖기 어렵다. 만약 민족주의는 틀렸고 세계시민주의가 옳다면, 우리는 오늘날 예컨대 유럽연합에 대해 거부감을 갖고 유럽연합 헌법을 좌절시키거나 브렉시트에 찬성표를 던진 시민들을 잘못된 편견에 이끌리는 우매한 대중으로 간주해야 하는가? 오늘날 민주적 시민들로부터 광범한 설득력을 얻기 위해서는, 세계시민주의는 그러한 훈계하는 태도에서 벗어나야 한다. 또 우리는 민족주의를 이렇게 외부로부터 비판하는 관점에서 벗어나야 한다. 에티엔 발리바르가 말하듯, "민족주의를 정의하고 세계 속에서의 그 기능들과 그 위치의 전화를 분석하기 위한 외부적 거점을 발견하기는 어렵다. 이 때문에 내부에서의 대결과 내재적 비판이 필요한 것이다."[38]

---

37. 베네딕트 앤더슨, 『상상의 공동체: 민족주의 기원과 전파에 대한 성찰』, 윤형숙 옮김, 나남, 2007, 27쪽.

나아가 치아 펭의 지적대로, 역사적으로 민족주의와 세계시민주의는 대립하기도 하고 결합되기도 하였다는 사실 역시 지적될 수 있다. 자본주의적 세계화는 세계시장의 개척 과정에서 민족주의를 파괴하면서 동시에 다시금 국가의 민족화(국민화)를 필요로 했으며, 19세기의 제국주의적 식민지 정복 과정에서도 이를 달성하기 위해 국민국가의 민족주의를 요청했다. 거꾸로 피억압 민족의 탈식민지 민족주의는 민족자결에 대한 요구 속에서도 다양한 민족들 사이의 지구적 조화와 같은 세계시민주의적인 가치들과 혼합되기도 했다. 역사 속에서 드러난 양자의 복합적 관계를 이해하지 못하면 우리는 양자를 추상적인 대립항으로 간주하는 오류를 범하게 될 것이다. 이러한 맥락에서 그는 이렇게 주장한다. "민족주의를 자기 만족적으로 '파생 담론'으로 탈신비화하면서 안주하거나 세계시민주의를 비당파적인 부르주아적 초연함이라고 도덕적으로 비난하는 대신에, 우리는 민족주의와 세계시민주의를 실천적 담론으로 제기하는 정치, 경제 그리고 문화적 세력들의 지구적인 장을 변화시키는 것으로 우리의 비판적인 초점을 모아야 한다."[39]

---

38. 에티엔 발리바르, 『대중들의 공포: 맑스 전과 후의 정치와 철학』, 최원·서관모 옮김, 도서출판 b, 2007, 441쪽.

39. Cheah Pheng, "The Cosmopolitical—Today," eds. Cheah Pheng and Bruce Robbins, *Cosmopolitics: Thinking and Feeling beyond the Nation* (Minneapolis, MN: University of Minnesota Press, 1998), p. 31.

그런데 동시에 이러한 방향, 곧 세계시민주의를 민족주의를 비난하며 훈계하는 역할에서 벗어나 '정치, 경제 그리고 문화적 세력들의 지구적인 장을 변화시키는 실천적 담론'으로 제기하는 방향을 택한다는 것은, 국제관계를 "정치적인 것의 지구적인 힘의 장"으로 이해하는 관점이 필요함을 뜻한다. 이러한 관점을 펭은 세계정치, 곧 코스모폴리틱스cosmopolitics라고 부른다.[40]

2) 시민권의 정치와 코스모폴리틱스

그렇다면 오늘날 세계정치의 과제는 무엇이 되어야 하는가? 필자는 이를 발리바르를 따라 시민권citizenship(시민 자격)의 정치라는 측면에서 살펴보고자 한다. 발리바르에 따르면, 오늘날 필요한 정치의 과제는 (앞서 논의된) '전능한 자의 무기력 증후군'이라는 현상, 곧 역설적으로 지구화 이후 점차 강화되고 있는 국가들 사이의, 또는 국가 내부의 '경계'를 민주화해야 한다는 것이다. 이는 구체적으로 차이를 문명화하는 번역의 작업을 통해, 타자를 적이 아닌 이방인으로 간주하는 관국민적transnational 시민권을 제도화해야 함을 의미한다.[41]

그렇다면 관국민적 시민권은 세계시민주의의 흐름을 이어받은

---

40. 같은 글, p. 31.
41. Étienne Balibar, "Fremde, nicht Feinde: In Richtung eines neuen Kosmopolitanismus?" *Allgemeine Zeitschrift für Philosophie*, Vol. 42, No. 2 (2017) 참조.

개념인가? 그렇다고도, 아니라고도 할 수 있다. 발리바르는 세계
시민적 민주주의가 추구하는 세계시민적 시민권(시민 자격)이 개
념적 아포리아에 직면한다고 지적한다.[42] 왜냐하면 그러한 시민은
처음부터 주어지는 것이 아니며, 공통의 역사를 가진 '시민들의
공동체'와 이에 대한 성원권이라는 역사적, 제도적 차원이 없이
시민은 존재할 수 없기 때문이다. 세계시민주의는 '경계 없는 시민
들'의 사회를 꿈꾸지만, 공동체의 일정한 경계 구분 없이는 시민
그 자체가 존재할 수 없다. 시민권(시민 자격)은 세계국가 또는
세계도시라는 거대한 규모가 아니라, 그보다 작은 국가 혹은 도시
(polis나 civitas의 의미에서)에서 비로소 제도화될 수 있는 것이다.
물론 바로 이 같은 이유에서, 국민적 성원권으로 제한되는 시민권
은 외국인이나 난민 등 타자에 대한 배제의 역할을 수행하기도
하며, 시민권의 유무에 따른 차별을 정당화하기도 한다. 따라서
시민권은 일종의 딜레마를 형성한다. 공동체의 경계 없는 시민권
은 불가능하지만, 동시에 시민권은 바로 그러한 경계로 인해 배제
의 기능을 담당한다.

발리바르는 이 때문에 '경계 없는' 유럽적 공동체를 만들기 위한
시도가 유럽 외부에 대한 또 다른 '경계'를 세움으로써, 또는 유럽

---

42. Étienne Balibar, "Citizenship of the world revisited," ed. Gerard Delanty,
    Routledge Handbook of Cosmopolitanism Studies (London: Routledge,
    2012), p. 294.

내에서 이주민 등 비시민권자를 차별함으로써 새로운 유럽적 아파르트헤이트를 낳고 있다고 지적한다. 그는 이러한 아파르트헤이트에 저항하는 난민과 이주민들을 새로운 시민권 정치의 주체들로 규정한다. 그가 "시민권의 역사적 변증법"[43]이라는 이름을 통해 제안하는 견해는 시민권을 갈등 속에 존재하는 제도적 틀로 보는 시각을 함축한다. 시민권(시민 자격)은 고정된 제도가 아니다. 시민권은 분명 경계의 설정으로 인한 배제를 낳지만, 동시에 그러한 배제에 대한 저항이 이 시민권 제도를 둘러싸고 벌어진다는 점에서, 그것은 시민권 자신을 둘러싼 정치적 갈등의 장소를 제공하기도 한다. 이러한 맥락에서 오늘날 필요한 새로운 시민권(시민 자격) 개념의 세계정치적 과제는 그러한 시민권 제도들을 작동시키는 경계들의 민주화로 요약될 수 있다. 그것은 근대가 낳은 국민국가라는 정치 공동체의 작동을 추상적으로 부정하면서 시민권 제도 자체의 효력을 약화시키는 방식이 아니라, 현실 속에 등장하는 민족, 인종, 종교적 방식의 배제와 갈등을 극복해 나가는 정치적 장과 그 안에서 행위하는 새로운 주체들의 출현에 주목하는 세계정치 내지는 정치적 세계시민주의의 필요성을 제기한다.

이런 맥락에서 세계정치는 세계시민주의의 부정이 아니라, 현

---

43. Étienne Balibar, "Cosmopolitanism and Secularism: Controversial Legacies and Prospective Interrogations," *Grey Room,* Vol. 44 (2011), p. 72.

실적인 정치적 갈등의 장 속에서 세계시민주의의 이념을 구현하려는 관점을 의미한다고 해석하는 것이 가능하다. 나아가 발리바르는 "세계정치는 우리로 하여금 (…) 그 자체 갈등적인, 대안적인 세계시민주의들 사이의 경쟁을 위한 장을 개방한다"고 말한다.[44] 즉 복수의 세계시민주의'들'이 있음을 인정하고, 어떠한 형태의 세계시민주의가 필요한지에 관한 논쟁이 제기되어야 한다. 이러한 논쟁의 장을 형성하는 노력 역시 세계정치적인 관점의 일환이라고 할 수 있다.

5. 나가며: 세계시민주의의 자기 초월

이상의 논의를 정리해 보자. 이 글은 세계시민주의, 특히 1990년대 이후 본격적으로 전개된 신세계시민주의에 대한 부정변증법적 분석을 추구했다. 그것은 이러한 세계시민주의가 빠지는 자기모순에 대한 내재적 비판에서 시작했으며, 이러한 비판은 세계시민주의가 지닌 여러 요소들 중 주로 경제적, 정치적 측면에 대한 진단을 통해 수행되었다. 이는 각각 경제적 세계화 그리고 세계시민적 민주주의에 대한 검토를 통해 이뤄졌으며 이로부터 세계시민주의가 초국적 자본의 세계화 전략과 혼합되어 오히려 그에

---

44. 같은 글, p. 13.

대한 반편향으로서 배타적 민족공동체와 보호주의에 대한 갈망을 낳는다는 역설, 그리고 초국가적 제도에 의한 탈주권적 민주주의에 대한 믿음이 주체 없는 민주주의로 귀결될 위험을 내포한다는 사실이 지적되었다. 그러나 부정변증법이 추구하는 비판은 이러한 대상 자체의 결함으로부터 대상을 추상적으로 부정 또는 폐기하는 것이 아니라, 대상이 자신의 현재 상태를 스스로 초월함으로써 자신의 고유한 진리 내용을 실현할 수 있도록 하는 내재적 자기 초월의 방법이다. 따라서 이러한 비판은 세계시민주의가 갖는 의미를 온전히 거부하는 것이 아니라, 오히려 그것을 구제하는 것을 목적으로 한다.

필자는 오늘날 세계시민주의의 가치들과 이념들 자체가 폐기되어서는 안 된다고 생각한다. 다음과 같은 로버트 파인의 지적은 타당하다. "현대적 세계시민주의 개념이 갖는 강점은 정치적 근대성의 핵심 원리에 대한 포용에, 즉 주관적 자유라는 특수한 권리를 공동선과 통합한다는 데에 있다."[45] 헤게모니적 갈등의 세계라는 엄혹한 현실 속에서도, 세계인의 다원적인 공존이라는 이념이 갖는 정치적, 윤리적 가치는 근본적으로 부정할 수 없는 것이다. 또 오늘날 전 세계적으로 표출되는 민족적, 인종적 타자성에 대한 혐오에 저항하기 위해서도 세계시민적 관점은 유효성을 갖는다. 타자에 대한 민족적, 인종적 혐오는 타자의 존엄을 부인하고 따라

---

45. Robert Fine, 앞의 책, p. 16.

서 정치 공동체를 파괴하며, 잠재적으로 폭력적인 방식으로 표출될 위험을 가지므로 다원적인 민주주의 질서를 불가능하게 만든다. 마지막으로, 기후 위기나 팬데믹을 비롯해 개별 국가가 해결하기 어려운 지구적 과제에 직면하여, 경계를 넘어서는 교류와 협력의 필요성을 강조하는 세계시민주의의 가치는 분명 그 타당성을 갖는다.

그렇다면 세계시민주의는 자신이 지니고 있는 잠재적 진리 내용이 실현될 수 있도록 어떻게 새로운 형태로 자기 초월을 이룰 수 있을까? 그 구체적인 형태에 대한 청사진을 그리는 것은 불가능하겠지만, 여기서 필자는 오늘날 우리에게 필요한 세계시민주의의 자기반성을 위해 다음과 같은 제언들을 정식화해 보고자 한다.

▶ 경제적 세계화에 대해: 세계화된 시장 속에 국가 개입의 공간이 축소되는 것이 결코 긍정적인 결과를 초래하지 않았음을 인정하고, 초국적 자본에 의한 약탈적 이윤 축적, 규제 완화로 인한 불평등 심화와 생태 파괴를 막기 위해 경제 영역에 대한 정치 제도들을 통한 민주적인 개입과 규제의 가능성을 확보해야 한다. 권력화된 기업의 무제한적 자유를 공적으로 규제하는 것은 자유의 침해가 아니라 오히려 공동선의 관점에서 이해될 수 있다(이런 맥락에서 필자는 오늘날 민주주의는 일종의 공동선을, 그러나 이 개념이 내포하는 전근대인 획일성이나 타자에 대한 폐쇄성의 함의를 넘어, 다원주의와 조화될 수 있는 방식으로 정치 공동체를

시민들의 공동체로 가능하게 해줄 수 있는 공동선의 정치를 요청한다고 본다). 나아가 회원국들에게 긴축정책을 강요하는 국제기구들(IMF, 세계은행 그리고 유럽연합 등)의 패권적 경제, 금융, 통화정책은 지양되어야 한다. 오히려 개별 국가의 차원에서 규제하기 어려운 초국적 기업들의 탈법적 행위들을 지구적 차원에서 규제하기 위한 국제적 시도들이 필요하다.

▶ 세계시민적 민주주의에 대해: 이러한 맥락에서 국제기구들은 필요하다. 그러나 개별 국가의 주권을 무력화하는 방식으로 세계의회나 지구적 대의기관들을 만드는 것이 인민의 자기 통치라는 민주적 원리에 위배된다는 점을 인식할 필요가 있다. 인민주권을 낡은 이념으로 규정하고 이를 대체할 수 있는 보편적인 권리들의 체계를 상정하는 것은 민주주의를 주체적 역량이 아니라 그와 유리된 제도적 합의라는 절차의 관점으로 환원하여 이해하는 것을 뜻한다. 따라서 오늘날 인권이 시민권이라는 제도적 틀속에서 기능할 수 있다는 조건을 이해하면서, 시민권의 개방적 확장과 경계의 민주화를 추구해야 한다. 이는 인간과 시민의 권리, 정치체의 경계 설정과 같은 범주들이 갖는 (갈등과 적대를 포함하는) 고유한 정치적 성격을 이해해야 함을 뜻한다. 민주주의는 갈등을 초월하는, 갈등이 부재하는 온전하고 영속적인 합의라는 표상속에 이해되는 것이 아니라, 갈등과 불화의 과정에서 (물론 그러한 갈등과 불화가 폭력적 적대로 격화되는 것을 막을 수 있는 제도적

틀에 대한 전제 속에서) 형성되는 주체적 역량의 관점에서 파악되어야 한다.

물론 이와 같은 제언들은 완전하지도, 구체적이지도 않은 것이 사실이다. 다만 이러한 자기반성적 숙고가, 세계시민주의가 민주주의 제도들의 끝없는 자기혁신과 그것의 국제적 확산에 기여할 수 있는 이념으로 자리매김하는 데 어느 정도 보탬이 될 수 있으리라는 것이 이 글이 제시하고자 하는 결론이다. 오늘날의 세계에서 그러한 이념은 우리가 처한 지구적인 위기에 대응하기 위해 실천적으로 요청된다고 말할 수 있을 것이다.

제3장 국민국가 이후에 무엇이 오는가?

발리바르의 세계정치와 관국민적 시민권

1. 들어가며: 국민국가의 이중 위기

역사학자 에릭 홉스봄은 소비에트 연방의 해체와 탈냉전, 경제적 세계화와 다국적 기업에 의한 세계시장의 통합 과정이 진행 중이던 1992년 다음과 같이 적었다. "새로운 세계사는 '민족국가들'과 '민족들' 또는 종족/언어적 집단들을 일차적으로 세계의 새로운 과대민족적 재구조화 앞에서 뒷걸음질 치거나 저항하거나, 적응하거나 흡수 또는 해체되는 것들로 분석할 것이다."[1] 이러한 표현 속에서 홉스봄은, 국민국가의 소멸을 목격하고 있다고 믿었던 동시대의 많은 지식인과 마찬가지로 언젠가 (또는 머지않

---

1. 에릭 홉스봄, 『1780년 이후의 민족과 민족주의』, 강명세 옮김, 창비, 2005, 241~242쪽.

아) 민족과 민족주의가 소멸하는 날이 도래할 것이라는 기대를 드러내고 있다. 예컨대 그는 역사학에서 민족과 민족주의에 대한 연구가 발전하고 있다는 것은, 미네르바의 올빼미는 해가 져야만 날갯짓을 시작한다는 헤겔의 격언에서와 같이, 이미 민족과 민족주의가 그 역사적 정점을 다했다는 사실을 의미한다고 보고 있다.

민족과 국민국가(민족국가)가 쇠퇴한다면, 그 이후엔 어떤 세계질서가 도래할 것인가? 지난 세기말, 냉전의 해체와 세계화의 시대를 맞이하여 많은 이론가들은 초국가적, 탈국민적인 방식의 새로운 세계시민주의 질서가 출현할 것이라고 기대하였다. 그러나 오늘날 이러한 전망은 실현되지 못했다. 우리가 목격하는 것은 세계시민적 민주주의가 아니라 주권국가에 대한 포퓰리즘적 열망이며, 국경 통제와 외국인 차별의 확산, 그리고 보호주의적 민족주의의 재등장이다. 어째서 세계화 또는 세계시민적 민주주의의 경향이 아니라, 다시금 주권국가의 논리가 권좌에 오르게 된 것일까?

세계화가 진행되면서 지구 곳곳에서 나타난 일련의 현상들 속에서 많은 사람들은 국민국가의 통제력이 약화되는 것이 사회를 더 나은 방향으로 만들어 주는 것이 아니라는 깨달음을 얻은 것처럼 보인다. 왜냐하면 냉전 해체 이후 등장한 '장벽 없는', 즉 경계 없는 세계라는 이상은 실제로는 국가의 제도적 규제 능력의 상실과 이로 인한 탈규제화된 자본의 무제약적인 약탈경제, 나아가 자연 상태적 무질서에 준하는 극단적 폭력이나 자본주의적 경제권력과 결합된 조직적 범죄 등 새로운 형태의 만인에 대한 민인의 투쟁이었기 때문이다. 한 마디로, 세계는 발리바르가 "지구적 디스토피아global dystopia"라고 부른 곳으로 변했다.[2] 이러한 경험은 국민국가 이후의 질서가 반드시 새로운 민주주의와 안정, 평화를 보장하지 않을 것이라는 비관적 전망으로 이어진 것으로 보인다.

오늘날의 세계는 "'국민적인 것'만이 아니라 그것의 지양으로 제시되는 '포스트 국민적인 것'의 동시적인 위기"[3]를 경험하고 있다. 달리 말해, '옛것'인 국민국가는 과거의 자명성을 상실하고 새로운 도전에 직면한 반면, '새것'은 도래하지 않았을 뿐만 아니라, 세계화 이후의 불평등이나 국민적 사회보장 체계의 해체, 국경의 소멸 이후 내전과 극단적 폭력의 등장 등에서 보듯, 심지어 퇴보적인 면모를 보이고 있을 뿐이다. 이처럼 세계는 낡은 것과 새로운 것이 모두 그 정당성을 상실해 가는 이중의 위기에 직면해 있다. 그렇다면 '국민국가 이후'라는 이름으로 도래한 일련의 과정들에 대해 제대로 평가하고, 오늘날 국민국가 중심의 질서를 넘어서는 세계시민적, 국제주의적 정치의 가능성이 어떻게 이러한 위기를 피해 실현될 수 있을지 판가름해 보는 것은, '도래할' 새로운 질서를 새로이 '발명'해야 할 역설적 과제에 직면한 오늘의 민주주

---

2. Étienne Balibar, "Citizenship of the world revisited," ed. Gerard Delanty, *Routledge Handbook of Cosmopolitanism Studies* (London: Routledge, 2012), p. 292.

3. 에티엔 발리바르, 『우리, 유럽의 시민들?: 세계화와 민주주의의 재발명』, 진태원 옮김, 후마니타스, 2010, 141쪽.

의 정치에서 피할 수 없는 과제라 할 수 있을 것이다.

이러한 맥락에서 이 글의 목표는 국민국가와 탈국민적, 세계시민적 질서가 겪고 있는 이중의 위기를 규명하면서, 세계정치와 관국민적 시민권이라는 발리바르의 개념들이 이 위기를 넘어서기 위한 이론적 틀이 될 수 있는지 검토해 보는 것이다.

2. 좌절된 포스트–국민적 정치 질서 이후

1) 세계정치 개념과 유럽연합이라는 무대

먼저 언급되어야 할 것은 발리바르가 사용하는 세계정치 개념이다. 이것은 자신을 세계 공동체의 시민으로 규정하고 타자와 포용하려는 세계시민주의cosmopolitanism의 철학적, 윤리적 기획을 정치적 개념으로 확장하기 위해, 곧 세계적 무대에서의 정치를 사유하기 위해 치아 펭 등의 논의에서 차용된 개념이다.[4] 이 개념을 통해 발리바르는 세계시민주의는 온전히 실현 가능한 이념이라기보다는 상충하는 보편적 가치들 사이의 갈등들 속에서 비로소 정치적인 쟁점으로 나타날 수 있다는 사실을 지적한다.

---

4. Cheah Pheng, "The Cosmopolitical—Today," eds. Cheah Pheng and Bruce Robbins, *Cosmopolitics: Thinking and Feeling beyond the Nation* (Minneapolis, MN: University of Minnesota Press, 1998).

오늘날 세계정치는 정치의 특수하게 양가적인 형태다. 그것은 오로지 보편성들 사이의 이미 만들어진 해결책 없는 갈등으로부터 비롯한다. 그것은 철학적 '세계시민주의'의 실현을 미리 형상화하지 않으며, 그럼에도 세계시민주의를 준거점으로 간주할 가능성을 순수하게 그리고 단순히 폐기하지도 않는다. 세계정치가 다양한 세계시민주의들 사이의 경쟁을 위한 장을 마련한다고 말하는 것이 더욱 적절할 것이다.[5]

이러한 관점 속에서 발리바르는 단일하지 않고 그 해석과 적용의 과정에서 복수의 경쟁적 관점들을 개방적으로 허용하는 세계시민주의들 사이의 정치적 경합이 필요하다고 말한다. 그러한 경합이 나타나고 있는 주요 무대는 유럽연합이다. 1991년 마스트리히트 조약이 체결되고 1994년 유럽연합이 출범한 이래로, 유럽연합은 국민국가 질서 '이후의' 모델로 주목받아 왔다. 반면 급진적 사회운동 진영과 이론가들은 초국가 연합체인 유럽연합을 과두적 신자유주의 기구로 묘사해 왔다. 그리고 유럽통합이 가속화되고 유로화가 시행된 이래로 유럽연합에 대한 대중적 지지는 높지

---

5. Étienne Balibar, *Secularism and Cosmopolitanism: Critical Hypotheses on Religion and Politics* (New York: Columbia University Press, 2018), p. 23.

않았다. 2016년 브렉시트 국민투표를 통해 영국이 유럽연합에서 탈퇴하기 이전에도 유럽연합은 개별 주권국가의 논리와 부딪히면서 여러 차례 위기를 겪는다. 그중에 대표적 사례는 2005년 프랑스와 네덜란드의 국민투표에서 유럽연합 헌법 도입이 부결된 것이다. 유럽연합 헌법을 도입하려는 시도는 이 사건으로 인해 좌절된다. 국민국가 외부의 초국가적 제도에 헌법을 부여하려는 사상 초유의 실험은 이처럼 실패로 막을 내리게 된다.

이러한 현상을 어떻게 분석할 수 있을까? 발리바르는 이 사례를 (대중들의) '반동적 민족주의'와 (진보적 엘리트의) '계몽된 세계시민주의' 사이의 항구적 갈등이라는 단순한 사례로 취급할 수 없다고 본다. 유럽연합 헌법에 대한 대중적 불신은 단순히 국민국가와 민족주의에 대한 향수에 의한 결정이었다고 볼 수만은 없다. 비판적 진영에서 제기하듯, 유럽연합이 추구해 온 신자유주의적 조치들에 대한 뿌리 깊은 불신은 그 나름의 정당성을 갖는다. 유럽연합 체제가 국민국가를 중심으로 제도화된 민주주의를 발전적으로 계승하는 것이 아니라 그것을 해체할 것이라는 불신 역시 널리 퍼져 있었다. 이러한 상태에서 유럽연합 헌법을 부결시킨 유권자들의 판단 속에는 일정 부분 합리성이 전제되어 있었다고 볼 수 있다.

그러나 좌파나 급진주의 진영이 (특히 프랑스에서) 강조한 것처럼, 국민투표의 부결이 온전히 사회경제적 원인으로 인해 초래된 것이라고만 말할 수도 없다. 이들은 유럽연합 헌법 초안이 공공영역에 대한 신자유주의적인 이해 방식을 정당화하며, 집합적이고 사회적 권리를 약화시킬 것이라고 비판하면서 국민투표 부결이 옳은 결정이었다고 본다. 이에 대해 발리바르는, 비록 이런 주장에 옳은 지점이 있더라도 그것이 '민족주의적 부흥'이라는 정치적 효과로 이어지는 메커니즘을 설명하지는 못한다고 비판한다. 발리바르가 보기에 유럽연합 헌법 초안에 기입된 진전된 민주적 권리들은 노동자들 사이의 범유럽적 사회운동을 위한 수단이 될 수 있었을 것이었다. 따라서 유럽연합이 부결된 다른 원인이 존재한다는 사실 역시 받아들여야 한다. 그것은 프랑스나 네덜란드와 같은 부유한 유럽 시민권자들이 가지고 있는 다른 유럽인을 향한, 그리고 비유럽인에 대한 외국인 혐오xenophobia의 문제다. 발리바르가 보기에, 이것은 유럽이 해결해야 할 "세계정치적 어려움cos-mopolitical difficulty"을 뜻하는 것이다.[6]

발리바르가 유럽 헌법 부결을 보며 언급한 유럽연합의 '세계정치적 어려움'은 이후 더욱 첨예화된다. 2015년 그리스에서 부채위기와 유럽연합에 의한 긴축강요에 맞서 '국민투표'라는 인민주권 전통의 대안을 모색한 급진 좌파 시리자 정부의 선택, 이후 시리자를 무력화시키면서 굴욕적으로 긴축재정을 취하도록 강제한 패권

---

6. Étienne Balibar, "At the Borders of Citizenship: A Democracy in Translation?" *European Journal of Social Theory,* Vol. 13 No. 3 (2010), p. 321.

국 독일과 유럽연합을 보며 많은 사람들은 유럽연합 내에서 민주
주의가 실현되기 어려우며, 유럽연합이 오히려 민주적 통제에서
벗어난 관료 기구로 전화되었다는 비판을 제기했다. 이듬해인
2016년 영국은 국민투표를 통해 브렉시트를 가결 시켰으며, 유럽
연합을 탈퇴했다. 이 같은 결정 속에는 물론 유럽연합의 반민주성
과 신자유주의에 대한 뿌리 깊은 불신이 작용한 것이 분명하지만,
동시에 민족국가에 대한 향수와 이주민에 대한 인종주의적 차별
정서가 내적 동인으로 깔려 있다는 사실 역시 무시할 수 없다.
발리바르가 말한, 유럽연합의 자체적 위기와 유럽연합 시민들의
인종주의라는 이중적 어려움이 드러내는 아포리아는 오늘날까지
계속해서 이어지고 있다.

어쨌거나, 이처럼 유럽은 내적 타자(동유럽과 남부유럽)와 외적
타자(비유럽권 이민자들)라는 이중적 타자성의 문제에 직면해 있
다. 그리고 이 두 가지 영역을 바라보는 관점은 상호 연결되어
있다. 다시 말해 이민자(외적 타자)에 대한 유럽적 인종주의는,
다른 유럽 국민들에 대한 민족주의적 감정의 투사로부터 귀결되
기도 하며, 그 역도 성립 가능하다.

이러한 맥락에서, 오늘날 경계를 넘어서는 상호행위와 경계의
민주화를 실행할 행위자로서 세계정치의 주체가 누구인가 하는
질문이 중요해지게 된다. 유럽 헌법이 석연치 않은 이유에서 좌절
되고, 타자성에 대한 인종주의적, 민족주의적 대응이 제기되는
시점에서 이러한 주체는 이제 '세계시민적 인간'이나 '세계의 시

민'과 같은 고전적 유토피아의 이상적이고 추상적인 개념과는 구분되어야 한다.[7] 그런데 이러한 추상성은 기존의 세계시민주의 담론이 전제하는 인간학적 관점이 내포하고 있는 약점이다. 이러한 논의의 연장선에서 발리바르는 기존의 세계시민주의 이론들 내부에서 제기되는 논쟁에 개입한다.

2) 하버마스 이후: 탈국민적인 것인가 관국민적인 것인가?

그러한 논쟁의 쟁점 중 하나는 세계화 이후 등장한 '국민국가 이후'의 국제질서에 대한 장밋빛 전망들이다. 그 대표적 주자 중 한 사람인 위르겐 하버마스는 구체적으로 '탈국민적 성좌'에 대한 자신의 전망을 제시하면서, 냉전 해체와 세계화 이후에 본격적으로 '실현 가능한' 세계시민주의의 길이 열리게 될 것이라고 기대한다.

하버마스에 따르면, 국민국가의 등장과 함께 시작된 서구 근대 민주주의는 이제 200년간의 발전 과정의 종말을 맞이하는 중이다. 이제까지 민주적 헌정을 갖춘 자율적 사회는 오직 근대적인 국민국가의 틀 속에서 작동할 수 있었다. 그러나 세계화의 과정에서 기존의 영토적 국민국가를 중심으로 한 민주주의 제도의 역사적 성좌는 오늘날 의문시되고 있다. 물론 이러한 도전과 의문시는 민주주의 제도 자체를 겨냥한 것이 아니라 그것의 특수한 역사적

---

7. 같은 글, p. 322.

성좌를 문제시하고 있을 뿐이며, 따라서 하버마스는 "국민국가를 넘어 민주적 과정에 적합한 형태들을 발견"하려는 대안이 필요하다고 말한다.[8]

이제 세계화 이후 국민국가는 외부를 향한 개방성의 요구를 받으면서, 동시에 그 주권의 절대성을 무력화하려는 시도들을 마주하고 있다. 하버마스는 이러한 세계화의 도전이 낳을 수 있는 악영향을 경계하면서도, 그 도전을 합리적 방식으로 이용하여 새로운 패러다임 전환을 창출할 수 있다고 본다. 이러한 상황에서 하버마스는 "민주적 자기결정의 정당성 조건들"을 충족시키는 제도적 형태 속에 새로운 정치적 경계 설정이 필요하다고 말한다. 즉 정치적 경계는 민족주의나 국가 중심성을 넘어서는 방식으로 새롭게 설정될 필요가 있다. "우리는 탈국민적 성좌 속에서 사회의 민주적 자기조절의 새로운 형태들을 발전시키는 데 성공할 때, 세계화의 도전들을 이성적인 방식으로 직면할 수 있게 될 것이다."[9]

탈국민적 성좌 속에서 전개될 이러한 민주적 정치 형태들은 우선적으로 유럽의 수준에서 구체화 될 수 있을 것이다. 하버마스는 유럽연합에 대한 지지도 수준에 따라 상이한 네 가지 태도들을

8. Jürgen Habermas, *Die postnationale Konstellation: Politische Essays* (Frankfurt/M., 1998), p. 95.
9. 같은 책, p. 134.

구분한다. 여기에는 첫째로 유로화의 도입을 반대하는 유럽회의론자Euroskeptiker, 둘째로 유로화 도입은 찬성하나 그 이상의 규제에는 반대하는 시장유럽주의자Markteuropäer, 셋째로 정치적 헌법을 체결하기 위한 국제 협약을 추구하는 유럽연방주의자Euroföderalisten, 넷째로 이를 넘어 유럽연방국Bundesstaat Europa을 창설하여, 이를 장차 도래할 세계 국내 정치Weltinnenpolitik의 출발점으로 만들어야 한다고 보는 '글로벌 거버넌스global governance'의 지지자가 있다.

하버마스는 이 중에서 마지막 입장에 가까운 것으로 보인다. 그는 국민적 경계를 넘어 서로를 동일한 유럽적 정치 공동체의 구성원으로 인정하는 유럽 시민Europa-Bürger의 형성을 토대로 유럽적 수준에서 새로운 정치 질서를 만들고 이를 세계적 수준으로 점차 확장한다는 구상을 가지고 있다. 그러나 유럽적 수준의 민주적 의지 형성을 위해서는 우선 연대를 위한 토대가 필요하다. 이전에 국민국가적 제약 속에 가능했던 시민적 연대는 이제 유럽연합의 시민이라는 확장된 규모로 나아가야 한다. 이를 위해서는 유럽연합의 수준에서 국가들의 상호협력을 통해 사회적 분배정책을 도입해야 한다. 또 유럽은 공통의 조세, 사회, 경제정책을 가져야 한다. 이를 가능케 만들기 위해서 유럽연합은 국제적 협약의 전통 위에서 새로운 수준의 기본법에서의 "헌장Charta"으로 전환되어야 한다.[10]

---

10. 같은 책, p. 151.

하버마스는 이를 통해 국가들 상호 간의 협약에서 출발하여 결국 하나의 헌정을 가진 정치 공동체로 이행하는 것이 가능하다고 전망한다. 유로화라는 공통의 통화를 도입한 유럽 연방국가는 지구적 경쟁에서도 유리한 고지를 차지하게 될 것이다. 그러나 그것은 결국 지역적 경쟁의 수준에 머물러 있을 뿐이다. 즉 유럽이라는 하나의 지역 블록과 나머지 세계 사이에는 여전히 대립이 존재한다. 그럼에도 이러한 유럽통합의 과정은 지구적 수준에서의 시장 통합에 상응하는 정치의 통합을 만들기 위한 조건이 될 수 있으리라는 것이 하버마스의 전망이다.

물론 세계시민들Weltbürger 사이의 유대감을 만드는 일은 매우 어렵다. 공통의 역사적 경험이나 생활방식을 갖지 못한 사람들 사이에 세계적 수준에서 밀도 있는 유대감을 만드는 것은 불가능에 가깝기 때문이다. 하버마스도 이를 인정한다. 유럽과 달리 세계적 수준에서 단일한 정부라는 관념을 시도하는 것은 불가능하다. 그러나 국민국가들 사이의 경계를 공고하게 유지하면서 세계화가 제기한 도전에 대응하는 것 역시 불가능하다. 하버마스의 해결책은 이렇다. 단일한 세계 정부라는 관념은 포기하되, 각 국가 사이의 거버넌스를 가능하게 만들 수 있는 '세계적 수준에서의 국내 정치'라는 사고가 도입되어야 한다. 여기서는 국내 정치와 대외정책 사이의 이분법은 사라져야 한다. 각 국가는 자율성을 가지면서도 그들 사이의 관계를 하나의 국내 정치적 관점으로 상호결합시켜야 한다. 하버마스는 이를 "세계 정부 없는 세계 국내 정치Weltinnenpolitik ohne Weltregierung»,[11]라고 정식화한다. 이를 통해 세계의 시민들 사이의 유대관계를 확대하고, 그 과정에서 지구적인 불평등을 극복할 지구적 수준에서의 사회정책이 도입되어야 하며, 그것을 가능케 해줄 초국가적 의지 형성과 글로벌 거버넌스를 창출해야 한다는 것이 하버마스의 생각이다. 결국 하버마스는 이러한 논의를 통해 시장 통합 중심의 신자유주의화 된 경제적 세계화를 넘어서는 지구적인 수준에서의 공통의 정치적 숙의와 의지 형성을 이뤄내고, 이로부터 초국가적인 민주적 과정을 만들어 내는 것이 필요할 뿐만 아니라 가능하다고 역설하고 있다.

발리바르는 세계화 과정이 등장시킬 탈국민적 제도들에 관련된 물음에 관한 개입의 필요성을 받아들이면서 이러한 하버마스의 공로를 인정한다. 그러나 그가 보기에, 하버마스는 규범적 차원의 논의들을 제도들의 법적인 수준으로 끌어오면서 칸트의 세계시민적 이념이 가진 유토피아적 요소를 강화하고 있다.[12] 발리바르에 따르면, 하버마스에게서는 이처럼 국민국가나 국민국가의 패권정치Machtpolitik를 뛰어넘어 지구적인 질서에서 발견되는 새로운 시민성과 법치국가성Rechtsstaatlichkeit이라는 낙관적인 전망이 나타난다. 하버마스는 이러한 과정을 거쳐 국가들 사이의 경계나 외국

---

11. 같은 책, p. 165.
12. Étinenne Balibar, "Fremde, nicht Feinde: In Richtung eines neuen Kosmopolitanismus?" *Allgemeine Zeitschrift für Philosophie,* Vol. 42, No. 2 (2017), p. 140.

인이라는 개념의 의미가 유토피아적 방식으로 소멸할 것이라고 기대하고 있다는 것이다. 발리바르의 관점에서 하버마스는 '국민국가의 위기'를 국민국가의 '불가피한 몰락'을 위한 첫 단계로 해석하고 있다. 이러한 관점은 곧 '경계 없는 세계'라는 낙관적 전망과 이어져 있다. 그러나 발리바르는 이러한 '경계 없는 세계'에 대한 낙관적 전망에 대해 비판적이다. 한편으로 그것은 유토피아적 추상성에 머물러 있고, 다른 한편으로는 경계가 사라진 세계의 끔찍함에 대해 고찰하지 못하고 있다는 무능력을 보여준다. 나아가 이러한 낙관적 전망은, 타국의 주권을 제약하고 싶어 하는, 현존하는 강대국 패권 질서에 대해 무비판적인 옹호론으로 전락해 버릴 위험마저 존재한다. 실제로 발리바르는 하버마스가 말한 세계 국내 정치 개념이 2000년대 초반 아프가니스탄과 이라크에 대한 미국의 군사 침공으로 실현되었다고 과감하게 주장한다. 그것은 국가가 테러집단으로부터 공격을 받았다는 '국내 정치적' 출발점에서 비롯하여 타국을 공격하고 이 전쟁에 동맹을 참여시키는 '세계정치적' 사건으로 나아갔기 때문이다. 그러나 결국 이러한 방식의 군사적 개입은 법에 대한 전쟁의 우위를 영구화할 위협이 있다.[13]

그렇다면 발리바르는 하버마스의 주장을 어떻게 비판적으로

---

13. Étinenne Balibar, "What's in a War? (Politics as War, War as Politics)," *Ratio Juris*, Vol. 21 No. 3 (2008), p. 385.

극복하고자 하는가? 국민국가 질서의 필연적 몰락을 전제하여 국민국가 '이후의post' 세계질서를 논의하는 것이 하버마스의 '탈국민적postnational' 관점이 가진 관심이라면, 발리바르는 국민국가의 실재성을 부인하지 않으면서 동시에 그러한 조건 속에서 그 한계를 내재적으로 넘어서기 위한 정치적 지향을 '관국민적transnational' 관점이라고 부른다. 이와 같은 발리바르의 관점은 민주주의가 관국민적 수준에서 작동하기 위해서는 우선적으로 국민적national 수준에서 작동하는 민주주의 제도 속에서의 주체, 곧 시민권이라는 민주주의의 제도적 틀 속에서 출현하는 주체에 관한 논의에서 출발하지 않을 수 없다는 점을 전제하고 있다.

이러한 발리바르의 관점은 하버마스의 '탈국민적 성좌'에 영향을 받아 '지구적 정의론'을 추구하는 논자들과의 차이 속에 좀 더 명확히 규명될 수 있을 것으로 보인다. 그중의 한 사람은 "탈베스트팔렌적인 민주적 정의론"[14]을 제시하는 낸시 프레이저다. 프레이저는 정의를 '동등한 참여'의 관점에서 정의 내리는 자신의 이전 논의들을 지구적 수준으로 확장해서 지구적 정의론을 제시할 수 있다고 본다. 그런데 여기서 그녀가 제기하는 대안은 '탈국민적' 질서를 옹호하는 세계시민주의자들의 약점을 공유하는 것처럼 보인다.

---

14. 낸시 프레이저, 『지구화 시대의 정의: 정치적 공간에 대한 새로운 상상』, 김원식 옮김, 그린비, 2016, 57쪽.

프레이저는 먼저 정의를 '절차적 규범'으로 환원하면서, 이어 객관적으로 세계화의 경향에 따라 영토국가 중심의 질서가 소멸할 것이라는 이론적 가정을 공유한다. 그에 따라 프레이저는 '초국가적 민주주의'에 적합한 '참여 동등성'을 규정하기 위한 시도들을 감행한다. 그녀가 직면한 물음은 이러한 것이다. 민주주의에 요구되는, 그리고 '참여 동등성'이라는 정의의 척도를 만족시킬 수 있는 정치적 참여의 주체를 탈국민적 관점에서 정의 내릴 수 있는가? 베스트팔렌적 프레임에 반대하는 프레이저는 시민권을 중심으로 지구화 시대 정의론을 주장하는 구성원 원칙에 반대한다. 그러한 논의가 현존하는 집단적 정체성에 안주하기 때문에 담론적 효력은 있겠지만, 동시에 세계화에 역행하는 배타적 민족주의로 흐를 위험도 있기 때문이다. 역으로 그녀는 모든 문제에 대해 모든 사람에게 무차별적으로 동등한 지위를 부여하는 휴머니즘 원칙에도 반대한다. 그러한 담론의 추상성에 의존하는 것은 구체적인 정의의 관점을 도출하는 데에서는 무기력할 뿐이기 때문이다. 그녀가 제시하는 지구적 정의론은 "종속된 모든 사람의 원칙all-subjected principle"에 기반을 두어야 한다. 그녀는 이렇게 말한다. "이 원칙에 따르면 특정한 협치 구조에 종속된 모든 사람은 그 구조와 관련된 정의 문제와 관련하여 주체로서의 도덕적 지위를 갖는다."[15]

---

15. 같은 책, 117쪽.

이러한 프레이저의 시각에 따르면, 특정 집단의 사람들을 동료 주체로 만드는 것은 베스트팔렌적 국가 중심 논의에서 주장하는 시민권이나 국적 같은 배타적 구성원도 아니고, 휴머니즘 도덕이 말하는 추상적 인격성도 아니다. 오히려 "그들을 지배하는 기본 규칙들을 설정하는 협치 구조에 그들이 함께 종속되어 있다는 사실로 인해서 그들은 정의 문제의 주체가 된다."[16] 예컨대 특정 국가 내의 부정의가 아니라, 지구적인 수준에서 초국적 기구들 (WTO, IMF 등)의 잘못된 정책 수행에 의해 저질러지는 부정의에 피해를 입는 당사자들은 이 문제와 관련된 동등한 고려의 대상으로 간주 되어야 한다. 즉 국적과 무관하게 특정한 사안에 대해 지구적인 수준에서의 '당사자성'이 발견될 수 있으며, 그러한 당사자성은 지구적으로 저질러지는 부정의에 맞서는 정치적 주체로서의 정당성을 갖는다.

시민권을 벗어난 지구적 정의론의 당사자적 주체에 대한 프레이저의 개념화는 기존의 베스트팔렌적 프레임 속에서 제기되는 민주적 주체성에 대한 새로운 시각을 요청한다는 점에서 분명 전복적 효과를 내고 있다. 이런 맥락에서 프레이저는 '시민권'과 정치적 주체로서의 '당사자'를 개념적으로 분리하자고 과감하게 주장한다. 그러나 시민권이라는 제도적 틀을 배제하면서 제기되는 이러한 문제 제기가 추상성의 공허한 틀을 넘을 수 있을까에

---

16. 같은 책, 117쪽.

관한 물음 역시 제기될 수 있다.

세계시민적 민주주의를 강하게 비판하는 샹탈 무페는 이러한 프레이저의 관점이 실현될 수 없을 것이라고 주장할 것이다. 칼 슈미트의 세계시민주의 비판을 차용하는 무페가 보기에, 특정한 구획 속에 '그들'과 구분되는 '우리'의 집합적 정체성이 형성되는 과정을 무시한 채로 정치적 공동체의 주체에 대해 사유하는 것은 불가능하다. 그녀는 어떤 고정된 영토적 틀에 속박되지 않고 유동적으로 이동하면서 새로운 지구적 민주주의의 주체가 되는 '세계시민적 시민 순례자'라는 관념을 비웃으며 다음과 같이 주장한다.

그들이 소속되는 데모스 없이, 세계시민적 시민 순례자들은 실은 그들의 민주적인 입법적 권리들을 행사할 가능성을 상실할 것이다. 기껏해야 그들에게는 그들의 개인적 권리들이 침해될 경우, 이를 지키기 위해 초국가적 법정에 호소할 그들의 자유주의적인 권리들만이 남게 될 것이다. 그러한 세계시민적 민주주의가 실현된다면, 그것은 십중팔구 민주적 통치 형태들의 실질적인 소멸을 위장하며 통치 합리성의 자유주의적 형태의 승리를 지시하는 공허한 이름 이상이 될 수 없을 것이다.[17]

---

17. Chantal Mouffe, *The Democratic Paradox* (London: Verso, 2000), p. 42.

이러한 대립적 견해들 속에서 발리바르의 관점이 취하는 고유성이 나타난다. 발리바르는 (하버마스와 프레이저 방식의) 탈국민적 성좌와 같은 형태의 세계시민주의의 이념적 유토피아주의가 한편으로 불가능하다고 진단하면서도 그것의 이념적 요소들을 기각하는 것 역시 불가능하다고 본다. '세계시민'과 같은 형태의 '지구적 데모스'라는 관념은 성립 불가능하다. 일정한 경계가 없다면 데모스라는 집합적 주체의 성립 자체가 불가능해진다. 결국 경계 없는 '세계'라는 공간을 무대로 한 지구적 데모스는 상상적 관념에 불가하다. 그러나 그렇다고 해서 국민국가적 수준을 넘어서는 정치와 그 주체에 대한 관념을 기각하는 것 역시 적절하지 않다. 즉 발리바르는 '시민권 없는 정치적 주체'에 대한 (슈미트-무페적) 비판을 공유하면서도, 동시에 슈미트나 무페와 달리 국민국가와 결부된 이러한 시민권을 관국민적인 방식으로 확장하기 위한 새로운 정치의 발명을 주문한다.

그런데 또한 이러한 논의는 '시민권이 없는 주체들은 주체가 될 수 없는가?' 하는 물음으로 이어진다. 이러한 맥락에서 발리바르는 '시민들의 공동체'의 불가능한 성격을 지적한다. 공동체와 시민권 모두를 해체(탈구축)하지 않으면서 공동체를 구축하고 시민권을 구성하는 것은 불가능하다.[18] 분명 국적과 결부되어 있는

---

18. Étienne Balibar, *Equaliberty: Political Esaays* (Durham, NC: Duke

3. 국민국가 이후에 무엇이 오는가 _ 337

시민권 제도는 배타적이다. 동시에 그러한 배타성이 없다면 민주주의 정치 공동체 자체는 성립 불가능하다. 그러나 그러한 배타적 공동체를 해체(탈구축)하지 않는다면, 시민권 제도는 일종의 특권적인 법적 '지위'로 국한되어 민주주의 자체의 역동성을 축소시킬 것이며, 민주주의를 가능케 해주는 시민권은 동시에 반민주적 제도로 전도될 것이다. 그렇다면 이제 남은 선택지는 "국민적이고 국제적인 정치들 속에서 평등, 참여 그리고 통치 기관의 책임을 요구하며 이와 함께 관국민적 시민들politis을 위한 정치적 질서 혹은 시민적 권리들을 추구하는 민주적인 경향들"을 추구하는 방향이다.[19] 이러한 관점은 결국 주권국가의 경계를 내부에서 민주화하는 변혁적 정치의 전망과 결부된다.

3. 적이 아닌 이방인들: 시민권의 확장과 경계의 민주화

1) 경계의 민주화와 정치의 출현

발리바르는 경계를 세계정치적 개념으로 이해해야 한다고 강조한다. 경계는 타자인 이방인의 사회적 위치를 결정한다. 겉보기에 이방인이란 다른 땅이나 다른 국가에 거주하는 다른 사람, 다른

University Press, 2014), p. 126.

19. Étinenne Balibar, "Fremde, nicht Feinde," p. 141.

시민들이며, 경계는 이러한 '다름'이라는 존재를 규명해 주는 수단인 것처럼 보인다. 그러나 우리는 이 관계가 전도되고 있다는 사실을 마주한다. 타자가 있기에 경계가 존재하는 것이 아니라, 오히려 "경계의 효력이 점차 그 자체로 사회적 유형으로서의 이방인/외국인을 구성하거나 생산해 낸다."[20] 경계는 스스로 이방인을 구성 또는 생산하고, 무엇이 이방인의 낯섦인지를 결정한다. 타자성과 이방인 범주를 구성하는 사회적 조건들은 그 자체 자연적인 것이 아니며, 불안정하고 움직이는 것이다. 그것은 결국 갈등적인 (세계)정치적 개념이며, 공동체의 구획과 이를 통한 기본권의 제도화 또는 이를 둘러싼 극단적 폭력의 발생 등과 본질적으로 관련되어 있다.

경계는 내부와 외부를 구획하며, 정치적 동일성은 이러한 구획에서 비롯한다. 이런 맥락에서 경계는 이중적이다. "경계들은 정치적 동일성들의 제도적 고정점을 구성하면서 동시에 바로 이 동일성들이 불확실해지고 과잉 규정되는, 때로는 강제로 재정의되어야 하는 지점을 구성하기도 한다."[21] 정치적 공동체의 경계로서 국경은 맑스적인 의미에서의 '물신'으로 이해될 수 있다. 즉 그것은 감각적이며 초감각적인, 또 구체적이며 동시에 추상적인, 물질

---

20. 같은 글, p. 132.
21. 에티엔 발리바르, 『우리, 유럽의 시민들?』, 진태원 옮김, 후마니타스, 2010, 74쪽.

적이면서 또한 정신적인 대상이다. 특정한 국민적 전통은 이러한 경계의 물질적인 효력 속에서 발명된다. 새로운 헌정을 만들어 내려는 정치적 시도들 역시 국경이라는 틀 속에서 만들어지는 국민적 공동체라는 상상적 이미지로부터 벗어날 수 없다. "경계들은 제도들의 역사적 공간 속에 국민적 헤게모니(및 국민적인 것의 헤게모니)를 '투사한다'."[22] 외재적인 제도로서의 국경은 타자를 배제한다는 점에서 폭력적, 반민주주의적, 자의적인 성격을 지니고 있으며, 동시에 내면적인 제도로서 그 안에 거주하는 주체의 공동체적 소속감을 부여한다. 이를 통해 '상상의 공동체'로서 국민적 동일성이 촉진되지만, 이는 역설적으로 그러한 집합적 동일성에서 비롯하는 시민권의 제헌적constitutive 차원을 정초하기도 한다. 경계는 폭력적이고 배제를 수반하지만, 정치적 공동체의 형성과 이를 통한 시민권의 제도화를 현실 가능한 것으로 만들어 주기도 한다. 이러한 이유에서 우리는 '경계 없는 세계'라는 불가능한 표상을 추구할 것이 아니라, "경계들의 통제자들, 즉 국가들이나 초민족적 제도들 자체에 대해 행사할 수 있는 민주적 통제라는 질문"[23]을 던져야 한다고 말할 수 있다. 이것이 경계의 민주화 또는 국경 제도의 민주화가 뜻하는 내용이다. 그것은 "시민들에게

---

22. 같은 책, 77쪽.
23. 에티엔 발리바르, 『대중들의 공포: 맑스 전과 후의 정치와 철학』, 최원·서관모 옮김, 도서출판 b, 2007, 467쪽.

법적이고 실제적인 권력을 부여함으로써 시민들을 '통제하는' 데 사용되는 국경을 민주주의적인 방향으로 변화시키는 문제"[24]를 뜻한다.

경계는 이렇게 국가의 안과 밖을 구별한다는 외재적 의미와 함께 내재적 의미를 갖는다. 국가의 경계는 내부 구성원들에게 그들의 권리의 한계를 지시하는 내적 경계이기도 한 것이다. 따라서 민주적인 국가에서조차 국경은 '시민'의 지위가 '신민'으로 추락하는 지점을 이룬다. 그것은 시민이라는 주체가 경계를 규정하고 통제하는 주권에 예속되어 있음을 일깨워 준다. 이러한 맥락에서 국경은 민주적 제도의 절대적으로 비민주적인 조건이다. 따라서 경계의 민주화란, 시민들에게 내면화된 신성한 대상인 '물신'을 민주적인 통제를 통해 세속화하는 과정을 말한다. "따라서 국경을 민주화한다는 것은, 항상 인민과 그들이 이론상 보유한다고 가정되는 주권 사이에 삽입되는, 민주주의 그 자체의 어떤 비민주적인 조건들을 민주화한다는 것을 의미한다."[25] 국경에 관련된 행정 절차의 투명한 공개, 사법 권력의 제한적 적용, 기본권 존중 등 민주주의의 반민주적 조건인 국경을 민주화하는 과정은 결국 국경의 질서를 유지하는 단순한 치안의 논리를 넘어, 그러한 국경을 아래로부터의 통치하에 두려는 주체들의 정치가 출현하는 과

---

24. 에티엔 발리바르, 『우리, 유럽의 시민들?』, 218쪽.
25. 같은 책, 219쪽.

정을 뜻한다.[26] 이러한 맥락에서 "국경에 대한 치안적 관점, 곧 국경을 '방역선'으로 간주하는 관점 대신, 국경에 대한 정치적 관점 및 실천이 필요하다"고 말할 수 있다.[27] 이처럼 국경을 정치의 장으로 전위시키는 것은 국경이 민주주의를 통제하는 것이 아니라, 민주주의 정치가 국경을 통제하도록 만드는 과정을 뜻하며, 따라서 그것은 '물신주의적'으로 전도된 세계를 바로 세우는 일이기도 하다.

많은 사람들은 세계화가 경계의 소멸을 낳을 것이라고 기대했다. 세계화가 기존의 국가 경계를 의문시하며 경계들을 실질적으로 동요시킨 역사적 경험 속에서 이러한 경향은 되돌릴 수 없는 것처럼 보였다. 그러나 세계화 이후에는 다시금 새로운 경계들이 생겨났다. 예컨대 유럽연합의 통합 이후에도 유럽과 비유럽, 다시 유럽 내부에서 서유럽 대 남·동유럽 등 새로운 경계들이 등장하고 새로운 분리가 만들어졌다. 또 국경의 존재와 정당성이 의심받는 상황에서 역설적으로 국경 통제와 강력한 국가 주권에 대한 정치적 요구가 등장하고 그러한 요구가 계속해서 대중적으로 성장하

---

26. Robin Celikates, "Die Demokratisierung der Demokratie: Étienne Balibar über die Dialektik von konstituierender und konstituierter Macht," Ulrich Bröckling and Robert Feustel (Hg.), *Das Politische denken: Zeitgenössische Positionen* (Bielefeld: Transcript, 2011), p. 109.
27. 에티엔 발리바르, 『정치체에 대한 권리』, 진태원 옮김, 후마니타스, 2011, 109쪽.

기에 이른다. 결국 세계화는 국경 자체를 해체한 것이 아니라, 오히려 국경을 모든 정치적 사건과 갈등이 펼쳐지는 장으로 구성했다고 말할 수 있을 것이다. 그렇다면 이제 경계의 민주화는 곧 정치 그 자체의 구성을 가능케 만드는 조건인 셈이다.[28]

그러한 정치의 발명이 향하는 방향은 경계를 넘어서는 관국민적 시민권으로의 도약을 포함할 것이다. 관국민적 시민권이란 국민국가의 국적과 동일시되는 시민권 제도를 국적의 논리로부터 분리하기 위한 정치적 투쟁 속에 비로소 가능해질 것이다. 그러나 앞서 보았듯, 그것은 국민국가의 몰락이나 해체를 전제하는 '탈국민적' 관점과는 구별된다. 또 그것은 중앙집권적인 국가 제도를 '위로부터', 즉 초국가 자본이나 국제기구의 관점에서 해체하는 것이 아니라, 노동을 비롯한 사회운동의 영향력 속에서 '아래로부터' 통제하려는 시도 속에 가능해질 것이다. 이처럼 "강력한 노동조합의 재구성과 시민 사회운동의 발전"에 힘입어 "진정한 관국민적인 공적 영역 또는 (…) 새로운 유형의 탈중심화된 국가의 전진적인 출현을 위한 정치적 요구 사항"을 관철시키는 것이 바로 오늘날 제기되는 급진적 시민권 정치의 핵심 과제인 것이다.[29]

---

28. 에티엔 발리바르, 『우리, 유럽의 시민들?』, 225~226쪽.
29. 같은 책, 110~111쪽.

2) 번역: 차이를 문명화하기

관국민적 시민권의 확대를 위해 중요한 것은 "문화들 사이의 번역"이다. 여기서 번역이란 "언어적이고 행정적인 경계를 넘어 시민들의 이념들과 기획들이 토론될 수 있다는 민주적인 의미에서 관국민적 공적 공간의 산출을 위한 근본적 도구"[30]를 말한다. 따라서 번역적 실천은 그 자체 정치적 의미에서 이해된다. 번역은 언제나 설정된 경계 속에서의 이동이나 경계 자체의 변화를 포괄하는 잠재적 탈영토화이며, 관국민적 정치 공간을 향한 변화는 이를 통해 비로소 가능해진다.

문화는 창 없는 모나드와 같은 닫힌 총체성이 아니다. 문화들 사이의 번역 불가능성에 대한 관념은 '문명의 충돌'이라는 관점을 향한다. 물론 우리는 문화들 사이의 차이가 적대를 향해 나아가는 경향이 있음을 경험적으로 확인할 수 있다. 오늘날 문화들 사이의 적대적 대결과 충돌은 극단적 폭력의 양상으로 나타나고 있다. 그러나 문화들 사이의 번역 가능성에 대한 믿음이 없는 상태에서 '문명의 충돌'이라는 관념은 결국 상이한 문화권들 사이의 대립을 정당화할 위험을 갖는다. 반대로 문화들 사이의 조화가 쉽게 가능하다는 예정 조화에 대한 낙관론을 펴는 것 역시 위험하다. 인간성에 대한 믿음 속에 모든 문화를 포괄하는 보편적인 가치가 존재할 수 있고 이를 통한 문화들 사이의 통합이 가능하다는 믿음은 두

---

30. Étinenne Balibar, "Fremde, nicht Feinde," p. 135.

가지 이유에서 거부되어야 한다. 첫째로 모든 '인간'의 동질적인 본질 같은 것은 존재하지 않는다. 둘째로, (서구 계몽 이래 출현한) 그러한 담론은 '보편성'에 대한 믿음을 강조하지만, 실은 '특수성'에 불과한 서구적인 가치를 보편화하는 폭력으로 전도된다. 그것은 보편성을 강제하며, 따라서 오히려 문명들 사이의 화해가 아니라 충돌을 낳는다. 따라서 우리는 타 문화권에 대해 서구 계몽주의의 '보편적 이성'과 '인간' 개념을 강요하는 방식의 세계시민주의 기획이 실패했음을 인정해야 한다. 하나의 보편성에 대한 보편주의의 믿음은 특수성들 사이의 화해되지 않는 폭력을 낳는다. 우리는 결코 완벽하게 번역되지 않는 잔여들이 존재할 수 있으며, 이를 받아들이고 소통의 실패가 나타날 수 있음을 인정해야 한다.

우리가 목격하는 수많은 '내전'들은 바로 이러한 문화들 사이에 필연적으로 나타나는 번역 불가능성의 극단적 형태로 이해될 수 있다. 문화적 차이에서 비롯하는 갈등은 그 자체 환원 불가능성을 갖는다. 이것은 어떠한 고정된 보편성의 표상을 통해 봉합될 수 없다. 반면, 우리는 이러한 환원 불가능한 차이들이 극단화되어 내전으로 나아가지 않을 수 있도록 노력해야 한다. 번역은 바로 이러한 과정을 지칭하는 것이다. 번역은 차이를 문명화한다. 이 과정에서 문화들 사이에 필연적으로 존재하는 갈등은 폭력을 향해 나아가지 않고 비로소 길들여질 수 있을 것이다.

오늘날 "이방인과 적이라는 역사적이고 정치적인 범주들과 관련된 점증하는 혼동"[31] 역시 이와 같은 번역의 실패에서 비롯하는 현상이다. 그리고 적으로 혼동된 이방인에 대한 차별과 배제, 폭력에 맞서 시민권의 확장과 다원화를 추구하는 시도들은 이러한 번역의 정치적 시도들의 일환으로 이해될 수 있을 것이다. 오늘날 번역적 실천은 문화들 사이의 필연적 차이를 인정하고, 그것이 갈등으로 비화될 가능성을 인정하면서도 이 차이 속에서 문명의 공존과 비적대적 방식의 화해가 일어날 수 있는 토대를 이룰 것이다.

그런데 이것은 우리가 흔히 사용하는 '다문화주의' 또는 '인정의 정치'와 동일한 관점이 아니다. 이러한 관점은 문화적, 종교적 갈등을 특수성들 사이의 대립으로 파악하며, 이보다 더 고차적인, 초월적인 보편주의로의 통합을 통해서 갈등을 해소하는 것이 가능하다고 주장한다. 그러나 발리바르가 보기에, 이러한 갈등들은 서로 다른 보편주의들 사이의 갈등이며, 따라서 '다문화주의 헌정'을 도입하는 것만으로 이러한 갈등이 해결되는 것은 아니다. 왜냐하면 이것은 다시금 하나의 보편성 속에 여러 특수성을 통합하는 절차이며, 이로 인해 하나의 보편성 그 자체에 대한 물음을 허용하지 않기 때문이다. 반면 발리바르에 따르면, 오늘날 세계정치의 기획은 통합 불가능한 보편주의들 사이에 존재하는 갈등의 실재성을 인식하는 데에서 출발해야 한다. 하나의 보편주의 속에 각기 다른 특수성들을 통합하는 전략과 달리, 번역의 정치적 실천은

31. 같은 글, p. 128.

상이한 보편주의들 사이의 번역을 통한 대화와 소통을 기획하는 것이다.[32]

3) 디아스포라적 시민권과 정치체에 대한 권리

오늘날의 세계는 한편으로 자유롭게 이동하는 노마드적 주체를 예찬하면서도, 다른 한편으로 국경을 넘어 타국으로 이주해 온 인간 집단을 '불법'으로 낙인찍으며 생명 정치적으로 관리하고 있다. 국경은 국경을 넘는 자들을 보호할 권리 없는 신체로 만든다. 어떠한 법적 권리 없이 권력 앞에 노출된 생명 정치적 신체를 만들어 낸다는 점에서 국경은 (조르조 아감벤Giorgio Agamben이 말하듯) '예외의 일상화'를 창출한다. 아감벤은 불법 이민자에 대한 통제를 통해 사실상 전 세계적으로 수용소의 논리가 확산되고 있다는 점에서 이 문제를 "전 세계의 새로운 생명 정치적 노모스"[33]라고 부른다.

발리바르는 이처럼 노마드적인 세계에서 특정 인간 집단이 불법화되는 현실 속에서 세계화의 존재론적 역설과 인간학적 귀결을 읽어낸다. 세계화의 존재론적 역설이란, 로마법 이래 법적 담론이 기반을 두고 있었던 '인격'과 '사물' 사이의 고전적인 대립

---

32. Étienne Balibar, *Secularism and Cosmopolitanism*, pp. 23~25.
33. 조르조 아감벤, 『호모 사케르: 주권 권력과 벌거벗은 생명』, 박진우 옮김, 새물결, 2008, 332쪽.

구도가 오늘날 도전받고 있음을 지칭한다. 오늘날 (자본과 같은) 사물의 이동은 자유화된 반면, (노동력과 같은) 인격의 이동은 강한 통제에 직면한다. 이것은 세계화의 인간학적 귀결로 이어진다. 오늘날 이동이나 순환과 관련된 물음은 사회정치적 물음으로 전화되며, 이는 '누가 인간인가'라는 인간학적 물음과 범주에 영향을 미친다. 즉 그것은 '정주'하는 인간과 '유목적(노마드적)' 삶을 사는 인간 유형 사이의 새로운 범주 구분과 위계를 낳는다. 이민자는 새로운 '인종'을 구성한다. 경찰에 쫓기는 난민의 출현은 세계가 새로운 위험사회로 진입했음을 말해주며, 노마드적 삶이 찬양받는 오늘날에도 여전히 규범적 척도는 유목주의nomadism가 아닌 정주residency에 있다는 사실을 보여준다. 반면, 영토로부터 독립적이지만 주관적이고 객관적인 권리들을 온전히 실행할 수 있는 시민권의 제도화는 시민권 이념의 과정에 새로운 역사적 요소를 도입할 것이다. 이것을 일련의 학자들이 제안하듯 '노마드적 시민권'이라고 부를 수도 있겠지만, 실상 그러한 유목적(노마드적) 삶의 형태가 그들이 겪은 지구적 위기 속에서 강요된 것이라는 점에 비추어 볼 때, 발리바르는 이러한 새로운 시민권을 '디아스포라적 시민권'이나 '유비쿼터스 시민권'으로 개념화하는 것이 더 바람직해 보인다고 말한다.[34] 디아스포라적 시민권은 '지구적 시민권',

---

34. Étienne Balibar, "Toward a Diasporic Citizen?: From Internationalism to Cosmopolitics," eds. Françoise Lionnet and Shu-mei Shih, *The*

'세계시민적 시민권'과 같이 단일한 하나의 동질적 세계에 대한 표상과도 다르며, 국민국가와 경계의 불가피한 실존이라는 현실적 조건 속에서 이동과 순환의 권리와 결합된 관국민적 시민권을 부르는 다른 이름을 의미한다.

이러한 논의가 오늘의 민주주의에서 뜻하는 바는 무엇일까? 난민수용소에서 보듯, 법적 권리 없이 폭력에 노출된 신체들의 대규모 발생이 낳은 이미지는 일정한 효과를 발생시킨다. 그것은 그러한 폭력이 오늘날의 세계에서 가능하고 아무런 문제 없이 반복될 수 있다는 그릇된 믿음을 정당화한다. 국경봉쇄와 익사자들의 출현, 난민수용소에서의 극단적 폭력들이 반복되는 현실 속에서는 그들을 추방하고 남은 자들의 민주주의 공동체 내에서 잠재적으로 수용소의 논리가 발생할 위험을 항시적으로 제기한다. 게다가 하나의 사회에서 함께 살아가는 시민들이 동등한 지위를 누리지 못하고 2등 시민으로 격하되는 현실 속에서 시민권이 일종의 법적 특권으로 간주되는 상황은 민주주의의 전반적인 퇴보를 불가피한 것으로 만든다. 일본의 재일조선인들 사례에서 보듯, 무국적자에 대한 차별 대우는 수십 년 이상 지속되기도 하며, 그것은 이러한 법 외부의 존재들에 대한 "민주주의와 사회를 파괴할 만한 수위로까지 상승한 가장 위험한 인종주의 폭력"[35]을 일상

Creolization of Theory (Durham, NC: Duke University Press, 2011), p. 224.

적인 것으로 만들어 버린다. 결국 이방인을 환대하며 시민권을 확대하는 정치적 실천의 창출은 민주주의 그 자체를 위한 것이다. 국민국가 주권을 제도화한 영토성의 원칙이 어떤 개인이나 집단을 지구적 이동이나 순환의 자유에서 배제한다면, 그것은 결국 보편적 재현과 인민주권이라는 민주주의의 이념을 파괴할 것이기 때문이다.

도시라는 기본 의미 외에도 정치 공동체를 뜻하기도 하는 라틴어 키비타스^{civitas}는 시민들이 주어진 통일성으로 귀속된다는 의미에서 자신을 정의하지 않았다. 오히려 그것은 평등한, 또는 도시의 평등한 권리들을 향유하는 공동 시민들 사이의 구성적 관계 속에 있는 정치적 공동체로 간주되었다. 오늘날 시민권을 주권의 틀속에서 사유하지 않고, 정치체에 대한 권리$^{droit\ de\ cité}$, 즉 권리들을 가지고 도시에서 거주할 권리라는 의미로 사유하는 것은 그러한 키비타스로서의 정치 공동체의 이념이 갖는 현재성을 말해준다. 결국 관국민적 시민권의 제도화는 국민국가에서의 '시민권=국적' 이라는 등가 논리를 넘어서야 함을 함축한다. 그런데 이것은 구체적으로 무엇을 의미하는 것일까? '경계 없는 공동체'가 불가능하듯, 국경 그 자체를 철폐하는 것은 불가능하다. 국경의 철폐는 아래로부터의 요구가 아니라, 초국적 금융자본과 지역 과두 집단

---

35. 량영성, 『혐오표현은 왜 재일조선인을 겨냥하는가』, 김선미 옮김, 산처럼, 2018, 21쪽.

의 오랜 소망이기도 했다. 오히려 오늘날 세계정치의 과제는 시민권과 국적 사이의 등가 논리가 갖는 자명성 자체에 도전하는 것이어야 한다. "중요한 것은 시민권=국적이라는 등식을 재정초하거나 그것을 초국민적 수준으로 전위시키는 것, 또는 반대로 그런 등식이 이제는 효력을 상실했노라고 선언하는 것이 아니라, 명증성의 특권들을 분쇄하는 것, 이런 명증성을 주어진 사실이나 규범으로 받아들이지 않고 하나의 문제로 나타나게 만드는 것이다."[36]

이것이 어떻게 가능한가? 하나의 도시에 살아가는 모든 사람들이 그 도시가 갖는 공통의 것the common에 기여하기에 동등한 권리를 갖는다는 새로운 권리개념(이를테면 도시에 대한 권리)을 제기하는 것이 필요하다. 이는 '시민들의 공동체'라는 관념을 재활성화하는 것이다. 이런 맥락에서 발리바르는 "'시민들의 공동체'라는 관념을 다시 가동하되, 그런 관념이 사회적 공간 속에 현존하고 능동적으로 활동하는 모든 이들의 기여의 결과일 수 있도록 가동해야 한다"고 말한다.[37] 특히 이주노동자들은 노동을 통해 사회적으로 그 공동체에 기여한다. 그럼에도 그들은 정치적 시민권의 측면에서 차별받는다. 그렇다면 시민권을 사회적 기여를 포괄하는 정치적 권리로 확장해서 생각해 볼 수 있을 것이다. 발리바르는 이를 "이민자에게 열려 있는 시민권의 물질적 기초"라고 부르면

---

36. 에티엔 발리바르, 『정치체에 대한 권리』, 86쪽.
37. 에티엔 발리바르, 『우리, 유럽의 시민들?』, 116쪽.

서, 이에 의거해 '유럽적 시민권'을 '유럽에서의 시민권'으로 전환하자고 제안한다. 그것은 "유럽에 거주하는 다양한 주민들이 함께 참여하여 건설하는 시민권, 인권의 역사에서 실제적인 진보를 이루는 것으로서의(따라서 '인도주의적 간섭'과는 다른, 진정한 '인권의 정치'의 구성요소로서의) 시민권"[38]이 될 것이다.

이와 같은 관점은 점차 법적 특권으로 고정되고 있는 시민권 제도 자체의 민주화를 함축한다. 발리바르는 "시민권을 고정된 개념이 아니라, 역사적으로 다양한 변종들, 위기들 그리고 새로운 정의들에 노출된 열려 있는 문제로" 바라볼 것을 제안한다.[39] 시민권 제도는 민주주의의 전제조건이며 시민들 사이의 평등한 공동체를 가능케 하기 위한 출발점이지만, 동시에 고정된 경계 내에서의 법적 지위나 특권으로 결정화되는 한에서 민주주의가 지닌 보편성이라는 원리를 잠식하는 위험성을 내포한다. 그것은 하나의 사회에서 시민권을 가진 사람과 갖지 못한 사람을 인간학적 차이에 따라 구분하면서 새로운 형태의 인종주의적 아파르트헤이트에 복무할 수 있다. 따라서 시민권 제도 그 자체의 민주화는 동시에 '민주주의의 민주화'를 의미하며, 이것은 결국 민주주의와 마찬가지로 시민권 역시 완성될 수 없고 그것의 적용은 매 순간 새로운 발명일 수밖에 없음을 함축한다.

---

38. 같은 책, 393쪽.
39. 같은 책, 131쪽.

4. 나가며: 우리의 민주주의는 왜 이민자에게 빚을 지고 있는가?

이 글이 제기한 처음의 논점으로 돌아가 보자. 국민국가 이후에 무엇이 오는가? 아무것도 오지 않는다. 우리는 하나의 세계를 대체하는 또 다른 세계에 대한 유토피아적이고 종말론적인 전망 속에서 현재의 위기를 사유할 수 없다. 국민국가는 위기를 맞이했지만, 사라지지 않았다. 국민국가의 위기와 함께 탈국민국가적 방향 속에 추진되어 온 세계화 역시 위기를 초래했기 때문이다. 이 이중의 위기가 만들어 낸 세계 속에서 오늘날 암울한 전망만이 가득한 것처럼 보인다. 특히 세계화 이후 유럽을 비롯해 각국에서 나타나는 외국인에 대한 점증하는 혐오 정서는 현대 민주주의가 처한 가장 커다란 난점이다. 국민국가 체계에 가해진 세계화의 위협은 새로운 불안정에 대한 공포를 낳았으며, 이는 이질성에 대한 거부와 배타적 공동체성에 대한 노스탤지어의 형태로 나타난다. 그럼에도 새로운 형태의 아파르트헤이트를 거부하고 시민권을 확장하기 위한 투쟁들 역시 곳곳에서 출현하고 있다.

발리바르는 오늘날 세계정치가 제기하는 문제를 다음과 같이 정식화한다. 지구적 정치와 경제가 모든 민주적 혁신을 어렵고 전망 없는 것으로 만들고 있는 지금의 상황에서 새로운 관국민적 시민권의 형상을 기획하고 관철시키는 것이 어떻게 가능한가? 정치적 민주주의 자체의 제도들과 실천들이 위기에 처해 있고

그에 대한 불신이 존재하는 상황에서 어떻게 지구적 정치의 야만
화에 대항하는 시민적 저항이 가능한가? 이에 대한 메시아적 해결
책을 기대하는 것은 불가능하다. 유일한 탈출 방법은 시대에 대항
하는 투쟁의 형태 속에서 복잡하게 꼬인 매듭을 풀기 위해 시도하
는 기획들과 노력들을 일체의 환상 없이 지속적으로 제기하는
것이다. 말하자면 그것은 일종의 시지프스의 노동을 감수하면서
앞으로 나아가려는 시도를 반복해서 수행하는 것일 수밖에 없다.

그 출발점 중 하나는 "주체적 권리의 관국민화transnationalization
of subjective rights"[40]를 향한 운동이다. 이는 주체가 될 권리, 주체로서
의 권리를 국민적 소속의 법적 형식과 분리하는 사고방식이 필요
함을 뜻한다. 정치적 행위의 집합적 주체인 '인민'은 국민국가의
시대에 특정한 민족 또는 국민의 형상과 결합되어 있었다. "인민이
끊임없이 자기 자신을 국민적 공동체로 산출하는"[41] 과정에서 또
하나의 '상상의 공동체'로서 인민 개념의 정치적 역동성과 함께
그 공동체적 배타성이 출현하기도 했다.

동시에 발리바르는 또 하나의 '상상의 공동체'로서 인민 개념의
실체적 내용이 텅 비어있으며, 따라서 인민을 구성하는 새로운
역동적 운동이 가능하다는 점을 지적한다. "인민 그 자체와 마찬가

---

40. Étienne Balibar, *Equaliberty*, p. 275
41. 에티엔 발리바르, 「국민 형태: 역사와 이데올로기」, 에티엔 발리바르,
   이매뉴얼 월러스틴, 『인종, 국민, 계급: 모호한 정체성들』, 김상운 옮김,
   두번째테제, 2022, 180쪽.

지로, 정치적 행위의 영역은 주어져 있거나 미리 형상화되어 있지 않다. 그것은 '부재'한다." 그렇다면 민주주의 정치의 집합적 주체로서 인민을 '관국민화'하는 과정이란 곧 인민을 "혼종적 정치적 행위자hybrid political actor'[42]로 호명하는 것이며, 오늘날 시민권의 민주화는 이러한 전략의 성공 여부에 달려 있다고 말할 수 있을 것이다. 물론 이러한 관국민적 수준에서의 정치적 행위자의 출현을 위한 존재론적인 또는 자연적 토대는 존재하지 않는다. 그러나 오늘의 우리는 정치적 주체를 하나의 단일한 형상(노동자, 프롤레타리아, 피식민지인, 탈식민지인, 여성, 노마드 등)으로 이해할 수 없으며, 차이들로 구성되며 가시적이고 비가시적인 경계를 횡단하면서 형성되는 혼종적 주체성이 필요하다는 점 역시 분명한 사실이다.

특히 난민과 미등록 이주노동자의 정치적 주체화는 기존의 국민국가적 틀 속에 사유되었던 '인민' 개념을 재구성할 수 있는 하나의 새로운 사건임이 분명하다. 그것은 '국적과 동일시되는 시민권'의 테두리에서 가능했던 권리개념을 관국민화하는, 즉 국적과 영토를 넘어서는 정치적 권리개념을 가시화하기 구체적 논의들의 출발점을 이룬다. 그러한 관국민화의 구체적 형상은 미리 주어져 있지 않으며, 정해진 최종목적 역시 존재하지 않는다. 그러나 국가의 소속과 일치하지 않는 정치적 권리의 개념을 구체화하

---

42. Étienne Balibar, *Equaliberty*, p. 31.

는 과정에서 그러한 권리들의 주체가 직접 출현하는 일은 분명 고정된 영토나 경계와 결합된 권리개념의 해체(탈구축)를 불가피 한 것으로 만든다.

이를 통해 이민자들에게 "정치체에 대한 권리/출입 및 거주의 권리"을 부과하는 것은 그러한 새로운 관국민적 시민권을 위한 진전으로 이어질 것이다. 이는 "정치체에 대한 권리 및 그것을 넘어 시민권 역시 단지 위로부터 허락되는 것이 아니라, 본질적으로는 아래로부터 구성되는 것이라는 점"[43]을 증명하는 사례이자, 새로운 국제주의를 위한 준거점을 형성할 것이다. 이러한 맥락에서, 미등록 체류자들은 경계의 민주화를 위한 능동적 주체들로 간주되어야 한다. "미등록 체류자들 및 그 옹호자들의 투쟁은 국경의 민주화 및 사람들 (…) 의 이동의 자유의 전진에 기여했다는 점"[44]에서 관국민적 시민권의 성립을 위한 첫걸음으로 환영되어야 한다. 이것은 타자에 대한 배제를 통한 폭력이 잔존하는 사회에서는 내부자들 역시 온전히 자신의 권리를 누릴 수 없다는 인식이 필요함을 뜻한다. 누군가를 수용소에 가두고 그들을 법적 권리로부터 배제하는 '호모 사케르'로 만들어 버리는 사회에서는 누구나 잠재적으로 호모 사케르가 될 수 있다는 아감벤의 경고처럼, 함께 거주하는 타자에게 온전한 권리를 주지 않는 사회에서는 또 다른

---

43. 에티엔 발리바르, 『우리, 유럽의 시민들?』, 112쪽.
44. 같은 책, 114쪽.

누군가에 대해서도 권리를 주지 않음으로써 그를 차별하는 일이 당연시될 것이다.

이것은 2018년 예멘 난민 입국 이후 드러난 난민 혐오, 2020년 코로나 초기 급증한 혐중 정서, 2021년 아프가니스탄 특별 기여자 입국 이후 벌어진 초등학생 입학 거부 시위, 2022년 대구의 이슬람 사원 건립 중단 등에서 확인되는 이주민에 대한 한국 사회의 차별적 시선에 던지는 문제 제기이기도 하다. 오늘날 우리는 경계가 새로운 인종차별을 구성하는 세계에서 그러한 불평등과 차별을 넘어서기 위한 기획을 수행하지 않는다면, 경계 밖이 아닌 경계 안에서도 새로운 차별들이 재생산될 것이라는 사실을 인식해야 한다. 우리는 '경계 없는 세계'라는 순수 유토피아의 불가능성을 인정하면서도, 동시에 공동체의 경계 그 자체를 끝없이 개방하고 확장하기 위한 정치적 실천들을 발명해야 한다. 자신의 권리를 요구하는 미등록 이주노동자들과 난민들의 실천은 시민권이 특권적 지위로 전락하여 민주주의 자체를 반민주적인 방향으로 탈각시키는 오늘날 사회의 경향에 대립하는 대항 정치의 출발점을 이룰 것이다. 이런 의미에서 우리는 오늘날 이주민들에게 빚을 지고 있다.

| 발표지면 |

─ 「"우리, 인민"은 누구인가: 정치의 가능성과 한계로서 인민주권」, 『시대와철학』(한국사상연구회) 제33권 3호(통권 100호), 2022.

─ 「포퓰리즘, 데모스, 급진 민주주의: 라클라우와 무페에게서 '인민'의 담론적 구성에 관하여」, 『시대와철학』 제31권 2호(통권 91호), 2020.

─ 「포퓰리즘의 이중성과 민주주의의 민주화」, 『시대와철학』 제33권 1호(통권 98호), 2022.

─ 반지성주의와 위기의 민주주의: 탈진실 정치와 민주적 집단지성 경제·인문사회연구원 인문정책보고서 「'적대주의 정치'에 대한 이해와 해법」, 2022.

─ 「혐오발언 규제 논쟁과 인권의 정치」, 『시대와철학』 제32권 1호(통권 94호), 2021.

─ 「인간과 시민의 '이데올로기적' 권리선언?: 맑스, 아렌트, 발리바르」, 『인문학연구』(인천대 인문학연구소) 34호, 2020.

─ 「맑스의 국제주의와 환대의 정치-윤리」, 『시대와철학』 제29권 2호(통권 83호), 2018.

─ 「세계시민주의의 자기반성: 부정변증법적 비판을 통한 고찰」, 『시민과세계』(참여사회연구소) 40호, 2022.

─ 「국민국가 이후에 무엇이 오는가?: 발리바르의 세계정치와 관국민적 시민권」, 『시민과세계』 42호, 2023.

ⓒ 한상원, 2024

데모스의 민주주의 — 정치 공동체와 주체적 역량에 관한 철학적 시론들

초판 1쇄 발행 | 2024년 5월 28일

지은이　한상원
펴낸이　조기조
펴낸곳　도서출판 b

등　록　2003년 2월 24일 제2023-000100호
주　소　08504 서울특별시 금천구 가산디지털2로 169-23 가산모비우스타워 1501-2호
전　화　02-6293-7070(대) | 팩스　02-6293-8080
이메일　bbooks@naver.com | 홈페이지　b-book.co.kr
유튜브　www.youtube.com/@bbookspublishing

ISBN 979-11-92986-22-7　93100
값　22,000원

• 이 책은 2021년 대한민국 교육부와 한국연구재단의 지원을 받아 수행된 연구(NRF-2021S
　1A3A2A02096299)임.
• 이 책 내용의 일부 또는 전부를 재사용하려면 저작권자와 도서출판 b 양측의 동의를 얻어야
　합니다.
• 잘못된 책은 교환해드립니다.